LE GRAND **COURS** DE **DESSIN**

MARABOUT

LE GRAND **COURS** DE **DESSIN**

Sommaire

Les bases

Publié en Grande-Bretagne en 2017
par Dorling Kindersley Limited
sous le titre ***Artist's Drawing Techniques***

Dépôt légal : octobre 2017
ISBN : 978-2-501-12497-3
80-8592-4

Traduction : Audrey Favre, Christian Vair
Adaptation française : Graph'M

Imprimé en Chine
par RR Donnelley Asia Printing Solutions

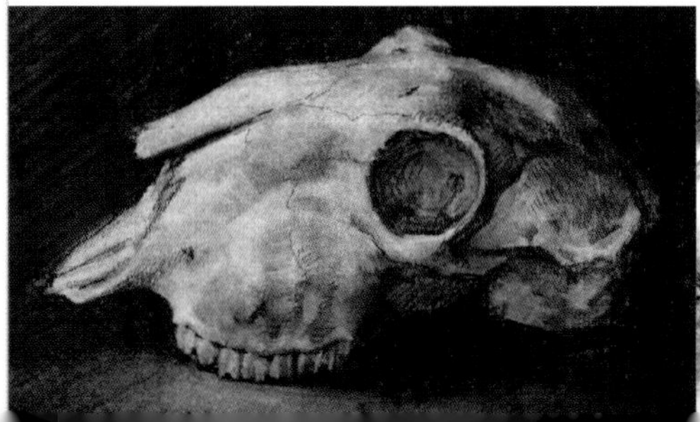

Le crayon

1 Techniques pour débutants

2 Techniques intermédiaires

3 Techniques avancées

Le fusain

1 Techniques pour débutants

2 Techniques intermédiaires

3 Techniques avancées

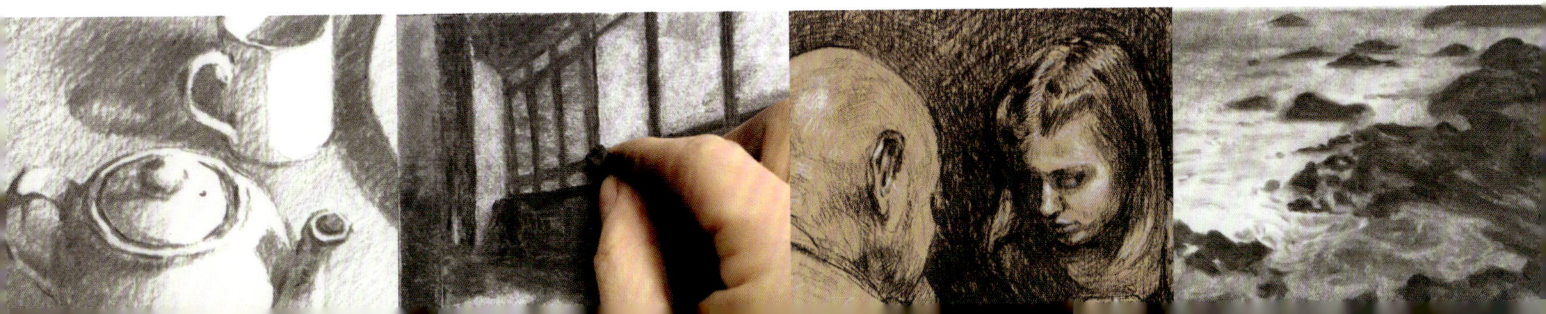

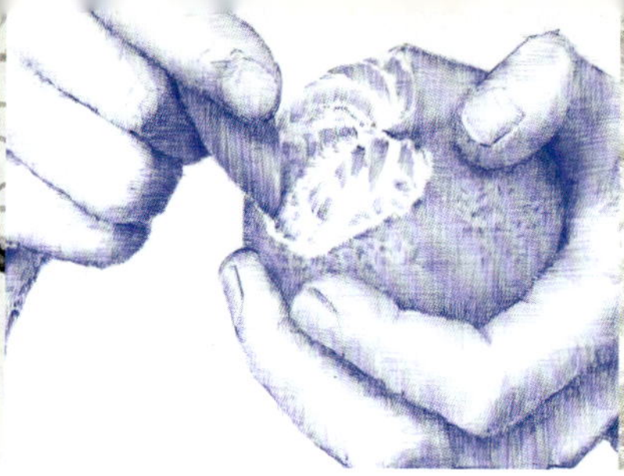

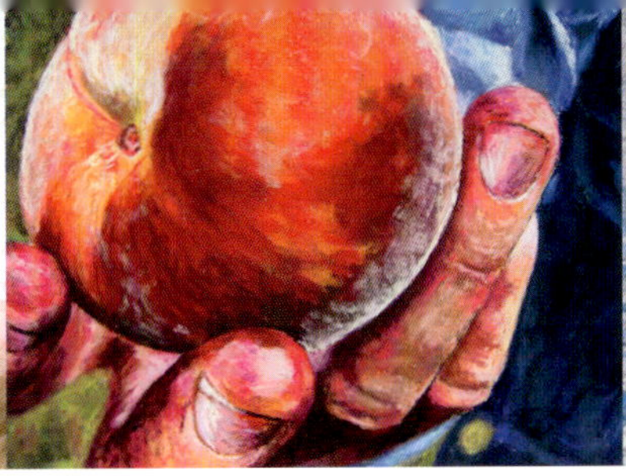

Le pastel

1 Techniques pour débutants

2 Techniques intermédiaires

3 Techniques avancées

Les bases

Pour commencer

OSER SE LANCER

Une œuvre d'art commence bien souvent par un dessin. Dessiner le monde qui nous entoure répond à un instinct immémorial. Représentation naturaliste ou bien création expressive et abstraite : tout dépend de vos envies et inspirations. Une feuille de papier, un crayon, et vous voilà prêt à vous exercer. Vous ne tarderez pas à gagner en assurance dans le choix de vos sujets, la composition de vos vues, et la finition de vos œuvres.

Prendre confiance en soi

Tout le monde peut dessiner, et il n'y a ni bonne ni mauvaise façon de procéder. Enfant, vous dessiniez sans doute pour vous amuser, sans arrière-pensée. Même s'il y a bien longtemps que vous ne vous y êtes pas exercé, vous savez quelle joie profonde cette activité peut procurer.

Que vous soyez débutant ou artiste confirmé, vous possédez des savoir-faire qui ne demandent qu'à être perfectionnés. Reprendre le dessin si vous ne l'avez pas pratiqué depuis longtemps peut être intimidant, mais une fois que vous aurez trouvé votre style et appris à tirer le meilleur parti de vos sujets, le plaisir et l'inspiration seront au rendez-vous.

Tout dessinateur s'améliore avec la pratique : plus vous dessinerez, plus vous gagnerez en assurance. Il ne s'agit pas forcément de représenter fidèlement les choses (même s'il faut parfois savoir prendre des mesures, voir p. 20-21), mais plutôt de traduire votre façon de voir le monde et de communiquer ce que vous inspirent ses couleurs, son atmosphère et son énergie. Quel que soit votre niveau, vous trouverez entre ces pages des techniques pour progresser en explorant le champ des possibles, du monochrome du crayon et du fusain à l'explosion de couleurs du pastel.

Choisir ses sujets

Par où commencer ? Munissez-vous tout d'abord d'une feuille de papier et d'un crayon, bien sûr. Mais il vous faut aussi un sujet. Regardez autour de vous : votre intérieur est sans doute plein d'objets à dessiner. Repérez ceux qui suscitent votre attention et vous inspirent – c'est la clé pour créer un dessin intéressant.

Monochrome
C'est bien souvent au crayon que l'on commence à dessiner. Pratique et bon marché, il se prête au croquis rapide, au dessin linéaire, comme au travail tonal (ici un modelé par hachures simples et croisées).

Dessin expérimental

Sachez parfois quitter le confort de votre technique préférée : essayez-vous à d'autres moyens d'expression pour découvrir leurs ressources en termes de lignes, de tonalités et de contrastes.

Votre choix peut se porter sur votre paire de chaussures préférée ou une tasse posée sur une table ; ou bien sur des objets plus naturels et organiques, comme une classique nature morte de fruits ou une vue sur un jardin voisin. Et si vous prenez plaisir à dessiner les trous d'une passoire, votre enthousiasme transparaîtra sûrement dans votre œuvre !

Naturellement, la satisfaction que procure le dessin n'est pas toujours synonyme de facilité. Porter un regard attentif et singulier sur le monde et le traduire sur le papier requiert un certain investissement, de l'entraînement, et donc du temps. Expérimentez, explorez les techniques et matières abordées dans ce livre : vos efforts vous seront rendus au centuple.

Réalisme ou inventivité

Avant de vous lancer, fixez-vous un objectif, une intention. Souhaitez-vous faire le portrait fidèle d'un modèle, consigner un souvenir visuel, ou bien jouer sur le rapport au réel ?

Passage à la couleur

Pastel, crayon de couleur ou encre : tout un monde multicolore s'offre à vous. En passant à la couleur, vous étofferez votre répertoire technique et ouvrirez de nouvelles voies à votre créativité.

Les principes de base du dessin

QUELQUES CLÉS POUR RÉUSSIR UN DESSIN

Que vous vous lanciez dans une série de croquis rapides ou une nature morte longuement peaufinée, il vous faut prendre en compte certains paramètres qui contribueront à l'impact d'ensemble de votre création. Intégrez-les pour développer votre style propre, qu'il soit appliqué et réaliste, ou plutôt expressif et abstrait.

Composition
C'est l'un des paramètres clés. La composition désigne la manière dont les éléments d'un dessin sont disposés sur sa surface afin de créer différents effets. Mettez au point plusieurs stratégies tenant au cadrage, au point de vue et à la perspective (voir p. 18-19), pour contrôler votre composition et mettre en valeur les éléments souhaités. Recombinez les éléments d'une nature morte ou faites des aménagements ponctuels pour trouver l'harmonie.

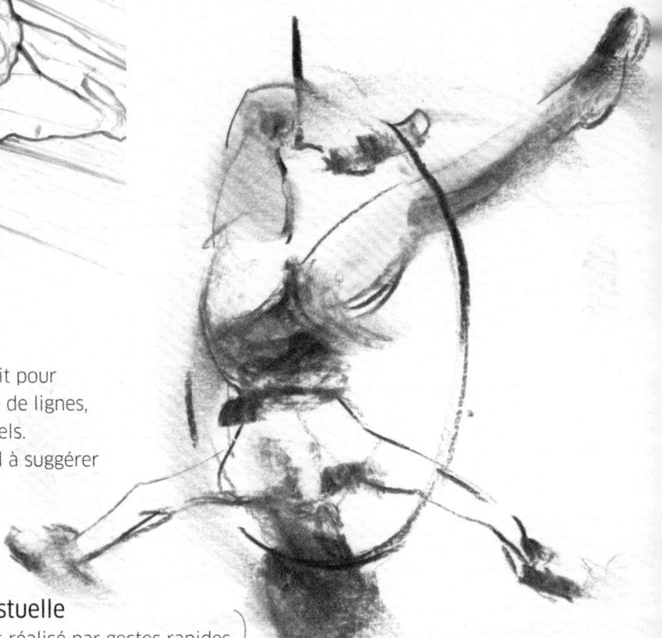

Ligne concertée
Affinez votre art du trait pour vous doter d'un lexique de lignes, contours et guides visuels. Un dessin contrôlé tend à suggérer un certain statisme.

Ligne gestuelle
Un croquis réalisé par gestes rapides (idéalement au fusain ou au crayon tendre) peut être retravaillé ou laissé tel quel de manière à saisir en quelques lignes l'essence du sujet et l'énergie de l'instant.

Représentation fidèle

Interprétation abstraite

« En dessin, il n'y a pas de style "correct" : vous êtes libre d'exprimer votre vision. »

Expression

En dessin, il n'y a pas de style « correct » : vous êtes libre d'exprimer votre vision. Le sens du détail maîtrisé est tout aussi valable qu'une approche spontanée et gestuelle. Les principes directeurs présentés ici vous aideront à trouver votre voie, mais c'est votre manière d'interpréter et de représenter vos sujets qui déterminera votre singularité en tant qu'artiste.

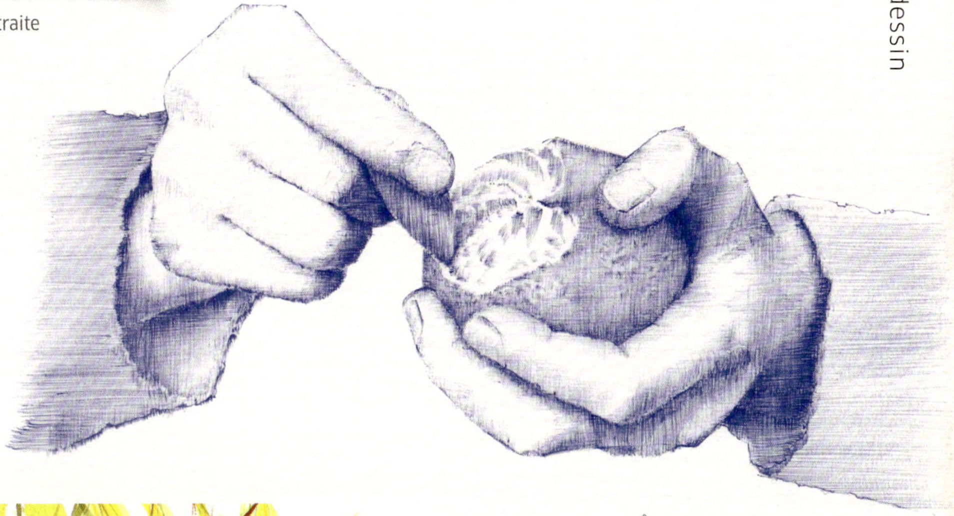

Ton

Identifier les principaux contrastes d'ombre et de lumière est essentiel pour donner vie à votre dessin. Le travail des nuances de ton suggère la profondeur, mais aussi l'atmosphère d'une scène. Il peut parfois même suffire à construire la forme.

Couleur

De l'encre au pastel, une multitude de techniques permet d'introduire la couleur dans vos dessins. Employez celle-ci pour représenter plus fidèlement ce que vous voyez, mais aussi pour créer l'ambiance ou exprimer vos états d'âme. La couleur peut jouer un rôle moteur dans la composition en dirigeant l'attention vers certains éléments.

Observation et imagination

EN QUÊTE DE SUJETS INTÉRESSANTS

Que vous préfériez dessiner sur le vif au gré de vos promenades ou vous concentrer sur une vue de votre intérieur, sachez repérer ce qui vous intéresse. Il vous faudra peut-être recourir à des photographies de référence pour bien saisir votre sujet ; si cette approche présente quelques inconvénients, elle peut aussi donner d'excellents résultats.

DESSINER SUR LE VIF

Représenter ce qui vous entoure – chez vous, dehors, ou lors d'un cours de dessin – tend à affûter votre regard et requiert de travailler vite pour saisir les formes changeantes de la vie. Composer vous-même une vue statique, comme une nature morte, vous donnera plus de temps pour observer contours, couleurs et textures.

Le croquis rapide entraîne le sens de l'observation.

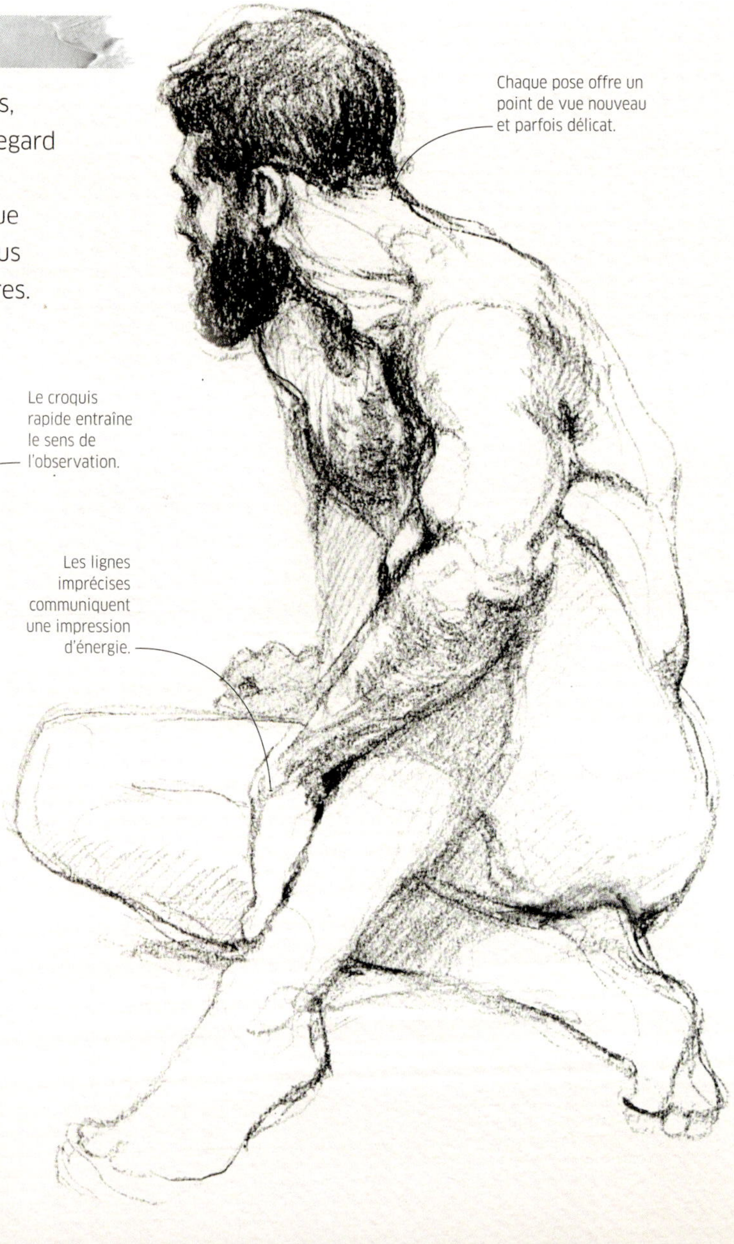

Chaque pose offre un point de vue nouveau et parfois délicat.

Les lignes imprécises communiquent une impression d'énergie.

Dessiner sur le vif : avantages et inconvénients

AVANTAGES	INCONVÉNIENTS
■ Propice au croquis rapide	■ Contrainte de temps : travail rapide pour saisir les mouvements ou gérer les aléas météorologiques
■ Bon entraînement à la ligne gestuelle	■ Engagement de chaque instant
■ Se pratique en tous lieux	■ Dessiner en public peut être intimidant
■ Passage possible à d'autres échelles ou techniques	

DESSINER D'APRÈS RÉFÉRENCE

Faire des photos lors de vos déplacements de tous les jours permet de saisir des scènes fugaces que vous pourrez retravailler ultérieurement chez vous. Collectez aussi les images qui suscitent votre intérêt (magazines, Internet...) pour nourrir votre inspiration et vous lancer dans des projets intéressants. Toutes ces ressources, jointes à vos croquis sur carnet (voir p. 22-23), seront vos références de travail. N'oubliez pas, bien sûr, de demander l'autorisation de prendre une photo lorsque cela s'impose...

D'après photographie
Réalisez des œuvres éminemment personnelles à partir de clichés d'événements marquants, de proches ou d'animaux de compagnie. Inspirez-vous-en aussi pour travailler sur le motif.

La photographie permet d'observer en détail la texture du pelage du chat.

Le travail de l'encre à la plume traduit bien la douceur du poil.

Dessiner d'après référence : avantages et inconvénients

AVANTAGES	INCONVÉNIENTS
▪ Source d'information sur des sujets difficiles à observer (animaux sauvages...)	▪ Images plates et parfois mal définies
▪ Variété des images	▪ Problème de droits dans le cas de copies directes
▪ Élargit l'éventail des thèmes abordés	▪ Risque de se détourner de l'exploration et de l'observation directe

COMBINER LES DEUX APPROCHES

Pour la plupart des artistes, l'idéal consiste à dessiner sur le vif en s'aidant d'images de référence. Plutôt que sur des photos, presque tous s'appuient sur des croquis préliminaires, et se fient à leur imagination pour les détails manquants. Même si elle est imaginaire, une scène ancrée dans des détails réellement observés paraîtra plus crédible.

Donner du caractère à une scène
Certains visages se détachent parmi les autres : croquez-les sur le vif ou photographiez-les pour les inclure ensuite dans vos dessins.

Saisir les figures dans leur contexte
Croquer différentes postures vous permettra d'enrichir un dessin de retour dans votre atelier. Ces vignettes peuvent aussi vous guider dans le choix d'un cadrage et d'une composition.

Dessin d'intérieur ou de plein air

SE NOURRIR DE SON ENVIRONNEMENT

Dessiner dans diverses situations vous permettra à coup sûr de gagner en assurance. Si le dessin en intérieur est un gage de constance, de maîtrise et de temps, le plein air est synonyme de défis toujours renouvelés, qui stimuleront votre technique et élargiront votre horizon créatif. Scènes fugaces, animation, aléas climatiques : ne vous laissez pas intimider et exploitez la variété des environnements.

LE DESSIN D'INTÉRIEUR

Vous ne disposez peut-être pas d'un atelier, mais certainement d'une table ou d'un bureau auxquels vous installer. De là, observez votre intérieur en profitant de cet environnement maîtrisé, dont les sujets et les éclairages sont prévisibles. Si vous pouvez vous aménager un petit espace dédié, avec un panneau où épingler des images de référence et vos outils à portée de main, vos moments libres seront autant d'occasions de reprendre un dessin inachevé ou le fil de votre inspiration.

Le dessin d'intérieur : avantages et inconvénients

AVANTAGES

- Maîtrise des conditions, et notamment de l'éclairage
- Liberté d'interrompre et de reprendre le travail
- Gamme infinie de sujets

INCONVÉNIENTS

- Empiétement possible sur votre espace de vie
- Équipement souvent lourd à ranger et à déballer
- Travail plutôt solitaire

Chevalet
Un chevalet permet de travailler sur support vertical et de s'adapter à la lumière. Vous pouvez y laisser reposer le travail en cours, et y jeter un œil de temps à autre avant de vous y remettre.

Crayons bien rangés dans leur emballage d'origine.

Un pot pour retrouver sans peine stylos et plumes.

À chaque compartiment son type d'ustensile.

Un petit carnet peut également trouver sa place dans la boîte.

S'organiser pour gagner du temps
Rangez votre équipement dans une boîte à outils. Une fois la boîte ouverte, vous voilà opérationnel !

DESSINER EN GROUPE OU EN SOLITAIRE ?

Le choix de travailler seul ou en compagnie n'appartient qu'à vous. Le dessin invite naturellement à un labeur solitaire, et vous gagnerez à savoir travailler seul. Réaliser des croquis à vos moments libres enrichira votre production personnelle. Mais une dynamique de groupe, avec ses échanges d'idées, d'encouragements, de conseils et d'astuces, ne peut que bénéficier à votre épanouissement artistique. Un cours de dessin avec séances de pose constitue un excellent coup de pouce pour se lancer. Y assister régulièrement est un engagement motivant, et le professeur saura vous aiguiller dans vos observations. Vous pourrez sûrement intégrer non loin de chez vous un groupe encadré par un artiste, qui vous guidera dans vos premiers pas, vous enseignera les techniques, et vous permettra d'expérimenter avant d'investir dans du matériel.

LE DESSIN DE PLEIN AIR

Même si vous êtes sensible à l'image romantique de l'artiste posant son chevalet pour dessiner sur le vif, inutile de vous encombrer d'un matériel aussi lourd. Un carnet, quelques crayons et une gomme tiennent facilement dans un petit sac. Si votre carnet n'est pas rigide, fixez-le sur une petite planche à dessin avec des pinces. Un tabouret pliant peut également être pratique. Selon votre projet, déclinez les points de vue à travers plusieurs croquis rapides avant de vous lancer dans une étude approfondie. Pensez aussi à la contrainte du temps : le dessin d'un animal, rarement immobile, exige un travail plus sommaire. Des images de référence peuvent alors servir.

Le dessin de plein air : avantages et inconvénients

AVANTAGES

- Variété des vues et scènes
- Idéal pour se faire la main sur des croquis rapides
- Possible travail en groupe

INCONVÉNIENTS

- Aléas météorologiques et nature changeante des scènes
- Lieux publics intimidants ou inconfortables
- Variations liées à l'heure et à la saison

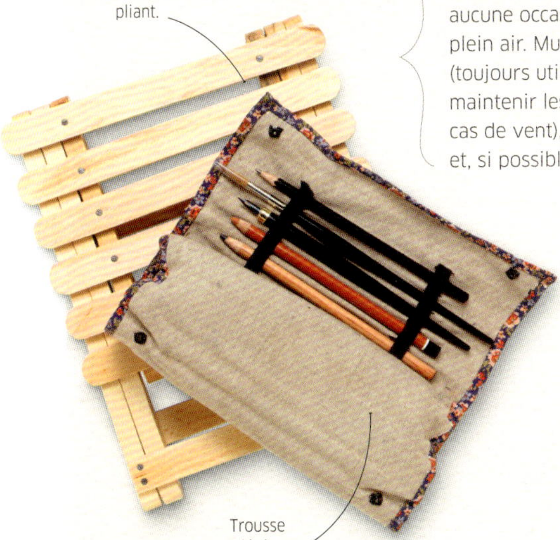

Équipement léger
Soyez préparé pour ne manquer aucune occasion de dessiner en plein air. Munissez-vous d'élastiques (toujours utiles, par exemple pour maintenir les pages d'un carnet en cas de vent), d'une trousse compacte et, si possible, d'un tabouret pliant.

Chevalet pliant
Votre équipement peut également comprendre un chevalet pliant et divers contenants portatifs pour mettre votre matériel à l'abri des éléments.

La composition

QUELQUES RÈGLES SIMPLES POUR TROUVER L'ÉQUILIBRE

Avec la pratique, votre œil apprendra à envisager les objets en termes de composition sur la surface du dessin. Vous donnerez ainsi un sens à vos images. La démarche est plus ou moins évidente selon le sujet : dans le cas d'une nature morte, vous êtes à même de choisir et de disposer les objets selon l'agencement qui vous paraît idéal. En plein air, vous devrez composer avec les vues qui s'offrent à vous, mais le respect de certaines règles vous aidera à obtenir un résultat satisfaisant.

LES PRINCIPES DE CADRAGE

L'art de cadrer une vue détermine l'impact d'une composition. Vous pouvez rogner le cadre pour exclure ce qui distrait l'attention et la concentrer sur les éléments clés. Si vous travaillez d'après photographie, une astuce simple permet de décliner cadrages et formats : découpez deux morceaux de carton noir en équerres, puis positionnez-les sur l'image jusqu'à trouver la configuration la plus intéressante.

Règle des tiers
Vous finirez par intégrer de façon instinctive ce principe visant à équilibrer un dessin : divisez par trois la hauteur et la largeur de l'image afin d'obtenir une grille de neuf cellules de même surface. L'horizon, par exemple, devra se situer au tiers ou aux deux tiers de la hauteur pour assurer l'équilibre de la composition.

Portrait
Ce choix de la verticalité sied à merveille aux figures humaines, à l'architecture et aux gros plans.

Carré
Un rognage carré est idéal pour « zoomer » sur un objet en excluant le superflu. Ce format convient aux natures mortes, mais aussi aux vues où l'élément clé est décentré.

Paysage
C'est bien sûr le format tout trouvé pour les vues extérieures, et les compositions centrées sur un axe horizontal.

VARIER LES POINTS DE VUE

L'angle sous lequel vous considérez votre sujet peut modifier totalement l'impact de votre dessin. En extérieur, l'horizon détermine le point de vue le plus naturel ; en l'absence d'horizon, celui-ci correspond à la hauteur de vos yeux. Mais il est intéressant d'explorer des angles de vue inhabituels pour trouver une configuration plus dynamique.

Plongée
Cette vue de dessus est idéale pour s'exercer à créer l'illusion de la profondeur.

À hauteur d'œil
Regarder face à soi constitue la vue la plus naturelle, au point de rencontre entre le sol et l'horizon.

Contre-plongée
Cette vue plus artificielle est orientée du sol vers le haut. Elle convient à l'architecture et aux modèles vivants.

UNE COMPOSITION RÉUSSIE

Pour bien composer votre nature morte, ou choisir la vue extérieure la plus intéressante, commencez par repérer les axes et points d'arrêt qui canaliseront l'attention et le regard. En plein air, laissez-vous guider par l'horizon et les lignes du paysage. Dans un cas comme dans l'autre, trois grands types de composition s'offrent à vous : en « S », en « V » et en « L ».

En « S »
Fréquente dans les paysages, cette composition guide l'œil selon un parcours sinueux en direction d'un objet éloigné.

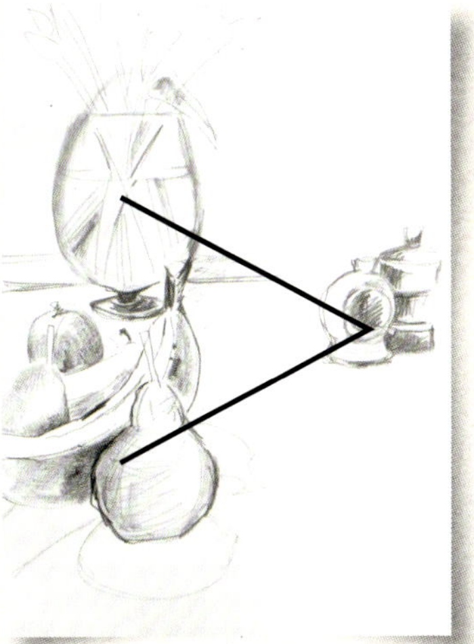

En « V »
Un agencement en triangle plus ou moins aplati, épousant les lignes de la perspective (voir p. 20-21), pointe avec dynamisme l'élément clé.

En « L »
Dressez une forte verticale d'un côté de votre composition (à gauche, comme ici, ou bien à droite), et équilibrez-la avec une horizontale de manière à former un angle droit permettant au regard de traverser la largeur de l'image.

Perspective et prise de mesures

REPRODUIRE FIDÈLEMENT ÉCHELLES ET PROPORTIONS

Savoir lire la perspective et l'exploiter à bon escient est la clé pour bien situer les objets dans l'espace du dessin. Comprendre le fonctionnement de la perspective linéaire vous aidera à suggérer la profondeur et la troisième dimension. Pour donner un équilibre séduisant à vos dessins, apprenez à mesurer les objets que vous voyez et à traduire correctement leurs proportions.

LA PERSPECTIVE LINÉAIRE

Toutes les lignes parallèles semblent converger vers un point de fuite situé sur l'horizon. En traçant deux lignes rejoignant respectivement les sommets et les bases de ces cabines de plage, on les voit converger à mesure qu'elles s'éloignent. La perspective linéaire sous-entend que les objets apparaissent plus gros au premier plan, et rapetissent tandis qu'augmente la distance.

Une ligne de perspective.

Point de fuite

La convergence des lignes de perspective sur l'horizon est appelée « point de fuite ». La taille apparente des objets diminue le long de ces lignes.

Simples verticales

En raison du point de vue, les lignes verticales apparaissent parallèles, et de plus en plus serrées en direction de l'horizon.

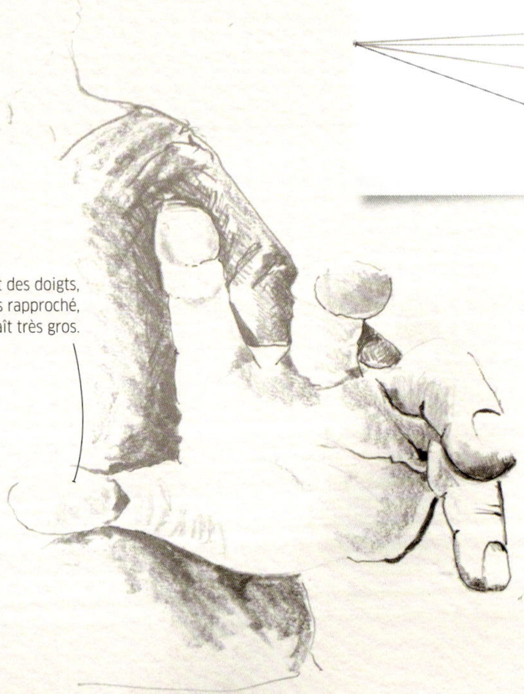

Le bout des doigts, très rapproché, apparaît très gros.

Raccourci

Pour cet exercice souvent délicat, il est très utile de prendre des mesures avec un crayon (voir page ci-contre). Le raccourci est d'autant plus accentué que l'on observe un objet de près. Fréquent dans la figure humaine et les vues intérieures, la mise en œuvre de cette technique atteste votre compréhension de ce que vous voyez.

LA PRISE DE MESURES

L'art de décomposer les proportions d'une figure ou de mesurer les objets proches à l'aide d'un crayon requiert un peu d'entraînement, mais vous finirez par l'intégrer instinctivement à votre pratique du dessin. Avec le temps, vous serez peut-être capable de lire et d'analyser le terrain en quelques lignes et mesures, mais tentez pour commencer de situer un certain nombre de verticales et d'horizontales avant de vous lancer dans la réalisation d'un dessin abouti. En fixant dès le croquis l'emplacement des objets, vous éviterez les télescopages de détails hors d'échelle ou de proportion.

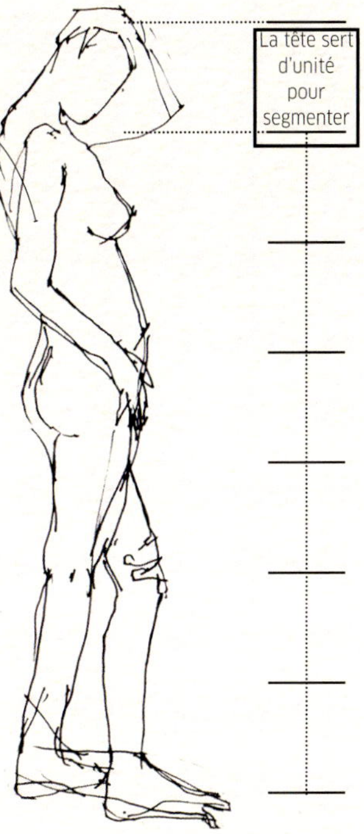

Unité de mesure

Pour réaliser un dessin correctement proportionné d'un modèle vivant, la tête fournit une bonne unité de mesure. La taille du corps dressé d'un adulte équivaut en effet à sept ou huit fois celle de sa tête. Utilisez votre crayon comme une règle (voir ci-dessous) pour segmenter la hauteur du corps. Déduisez-en également les proportions du torse et des membres pour affiner votre approche de la figure humaine.

Mesurer avec un crayon

Tenez un crayon verticalement devant vous, bras tendu. Alignez l'extrémité du crayon avec le sommet de l'objet à mesurer. En fermant un œil, faites coulisser votre pouce comme un curseur sur le crayon jusqu'à l'aligner avec la base de l'objet. Sans bouger votre pouce, posez le crayon sur la page à l'endroit voulu pour reporter la hauteur exacte du sujet à dessiner.

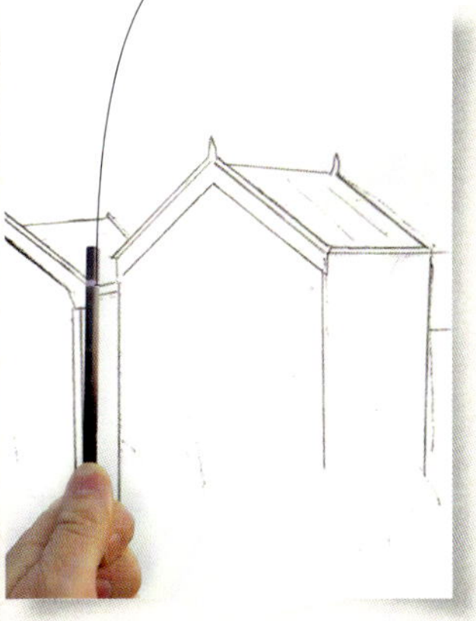

Ligne de référence

Mesurez une ligne et utilisez-la comme étalon pour mesurer les autres : telle ligne sera deux fois plus longue, telle autre deux fois plus courte...

Mesurer les angles

Utilisez le crayon comme ci-dessus, mais cette fois-ci inclinez-le pour le faire coïncider avec la ligne qui vous intéresse – la pente d'un toit, par exemple. Transférez le crayon sur la page sans en changer l'inclinaison. Pour faciliter l'opération, tracez des horizontales et des verticales aux endroits clés du dessin. Ces « abscisses » et « ordonnées » vous aideront à reporter correctement les angles.

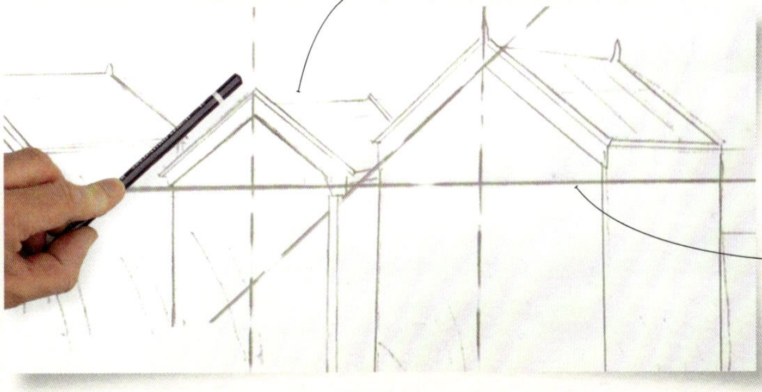

Les carnets de croquis

FAIRE TRÉSOR DE SES INSPIRATIONS

Le carnet de croquis est l'un des outils les plus chers au cœur du dessinateur. Prenez l'habitude d'en transporter un avec vous en permanence pour y jeter des idées ou saisir des vues du quotidien. Un griffonnage ou un détail croqué sur le vif peut contenir en germe une œuvre plus aboutie.

Visages et postures
Plus vous dessinerez, mieux vous dessinerez. Qu'il s'agisse de personnages en mouvement ou de statues, votre sens de la figure humaine s'affinera à chaque croquis.

De l'utilité du carnet de croquis

Envisagez votre carnet comme à une extension de vos pensées, une sorte de mémoire externe où stocker vos idées et observations : détails remarqués dans une exposition, nuages de forme intéressante, coureurs dans un parc... À la maison aussi, vous pouvez y expérimenter des techniques ou de nouveaux types de traits, sans rechercher la forme parfaite. Une page de carnet n'a pas vocation à être une œuvre en soi, mais plutôt l'enregistrement d'un sujet qui pourra vous être utile, d'un détail que vous réemploierez ultérieurement parmi d'autres références telles que des photos. C'est un peu un coffre au trésor – forcément très personnel – dans lequel vous puisez ce qui inspire et nourrit votre art.

Quant au format, votre préférence évoluera peut-être à mesure que vous gagnerez en assurance et trouverez votre style, mais un petit A5 est un bon viatique à transporter dans votre sac. Si vous souhaitez changer d'échelle, sachez qu'il en existe de tous formats et dimensions : carré, paysage, portrait, et même en accordéon... Ne lésinez pas sur la qualité : un rendu déjà soigné facilitera la traduction de vos idées sous une forme plus aboutie.

En voyage
Partout où vous pouvez vous asseoir, vous pouvez dessiner. Dans le train, le bus, en avion ou, comme ici, en voiture, entraînez votre sens de l'observation et fixez l'expérience du voyage.

À la maison
Un sujet intéressant peut se présenter où que vous soyez, y compris chez vous. Plus vous dessinerez, plus votre œil sera alerte, à même de déceler la beauté du quotidien.

En vacances
Sachez apprécier les changements de décor. N'hésitez pas à dessiner à cheval sur deux pages si nécessaire.

Un espace de liberté

Il n'y a ni bonne ni mauvaise façon d'utiliser un carnet de croquis ; sentez-vous libre d'y explorer techniques, dimensions et sujets à votre guise. Posez vos idées sans vous soucier de la convention de la page : si votre croquis doit chevaucher deux pages ou sortir du cadre, qu'à cela ne tienne. Prenez-y aussi des notes ou faites-en un *scrapbook* empli de photos, collages ou découpages propres à inspirer votre travail. Certains artistes aiment noter près de leurs croquis des informations utiles, concernant le dessin ou bien tout autre chose – un numéro de téléphone, l'adresse d'une boutique d'art locale…

Si vous utilisez beaucoup d'eau, laissez sécher avant de refermer le carnet. Fixez vos croquis au fusain ou au pastel, ou glissez des feuilles de papier de soie entre les pages. Utiliser et enrichir votre carnet de croquis doit être un plaisir ; faites-en le témoignage vivant de vos progrès.

En visite
En visitant une galerie ou un musée, vous ne manquerez pas d'opportunités de vous asseoir pour dessiner. Croquez aussi les monuments qui vous séduisent.

« Dans votre carnet de croquis, sentez-vous libre d'explorer techniques, dimensions et sujets à votre guise. »

Le vocabulaire des couleurs

COMPRENDRE LES COULEURS POUR MIEUX LES UTILISER

Le dessin est généralement envisagé comme une pratique monochrome, mais cet art du noir et blanc peut aussi vous ouvrir et vous préparer au travail en couleur. Une fois familiarisé avec la palette chromatique à disposition et le vocabulaire associé, vous pourrez transposer dans l'univers de la couleur ce que vous avez déjà assimilé en matière de tons et de valeurs.

La roue des couleurs

Également appelée « cercle chromatique », cette représentation de la théorie des couleurs prend la forme d'une sorte d'arc-en-ciel rond. Elle illustre toutes les couleurs de base et la manière dont elles se mélangent, à travers les notions de couleurs primaires, secondaires et tertiaires.

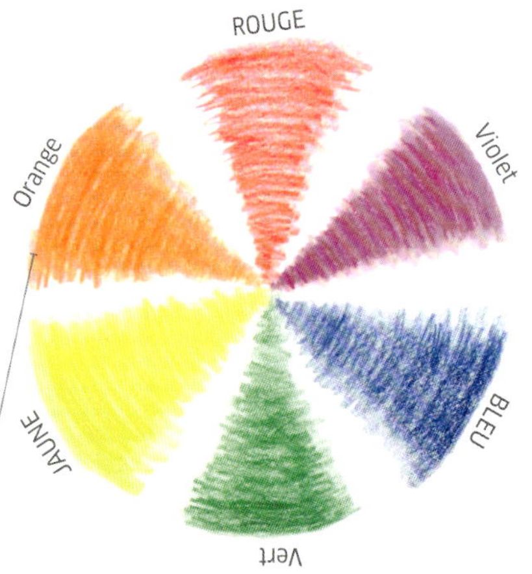

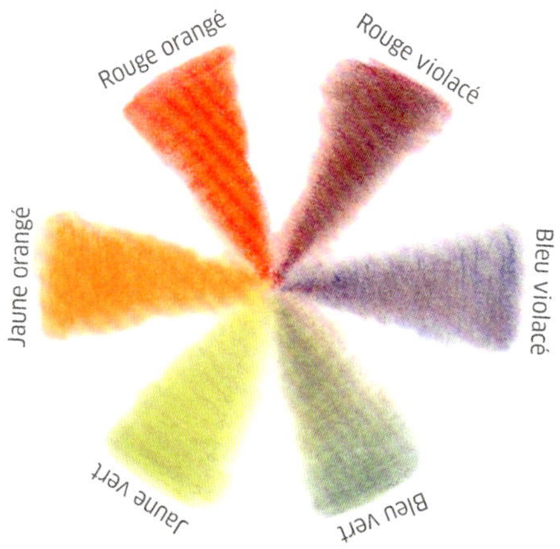

Couleurs primaires
Le rouge, le jaune et le bleu ne peuvent pas être créés à partir d'autres couleurs. Mais, en les mélangeant, on peut produire toutes les autres teintes.

Couleurs secondaires
En mélangeant une couleur primaire avec une autre, on obtient une couleur secondaire. Le bleu et le jaune produisent le vert, le rouge et le bleu le violet, le jaune et le rouge l'orange.

Couleurs tertiaires
Mélanger une couleur primaire et une couleur secondaire donne une couleur tertiaire. Par exemple, le rouge (primaire) et le violet (secondaire) produisent un rouge violacé (tertiaire).

Décrire une couleur

Trois composantes de base permettent de décrire toute couleur : la saturation, la teinte, et la valeur. Elles peuvent être ajustées par ajout de blanc ou de noir.

Saturation
Elle correspond à la richesse d'une couleur pure. Ci-dessus, le vert est de plus en plus saturé de gauche à droite.

Teinte
C'est le nom donné à une couleur sur le cercle chromatique : couleur primaire, ou mélange secondaire ou tertiaire.

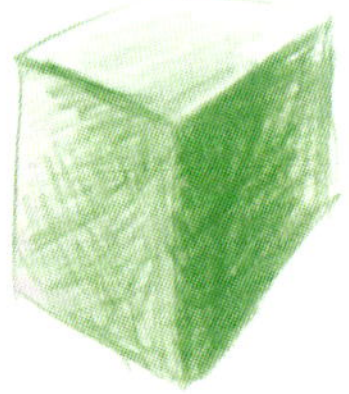

Valeur
Ou valeur tonale : c'est la composante qui se traduit, en monochrome, par différents niveaux de gris. Un dessin réussi présente une large gamme de valeurs tonales.

Un bleu plus pâle est obtenu par le mélange avec du blanc.

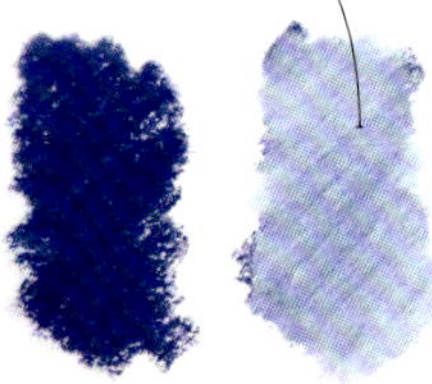

Ajout de blanc
Une couleur peut être mélangée à du blanc pour obtenir une nuance de plus en plus pâle à mesure qu'augmente la proportion de blanc.

Le bleu est assourdi par l'ajout de noir.

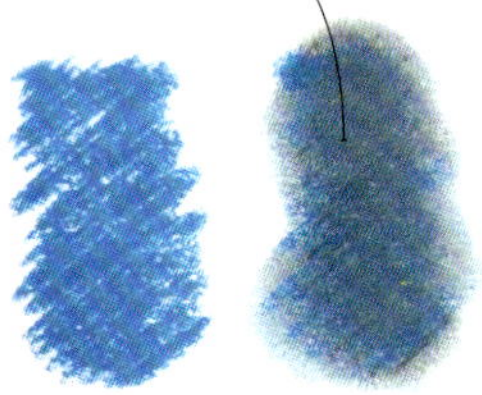

Ajout de noir
La couleur peut aussi être déclinée en nuances sombres par ajout de noir. Le noir prend toujours le dessus, mais un dosage finement ajusté donne des nuances subtiles.

La température des couleurs

Le passage à la couleur est l'opportunité de révéler vos talents de dessinateur. Expérimentez et variez les plaisirs. N'hésitez pas à distordre les couleurs au détriment du naturalisme, ou à combiner plusieurs techniques : des traits d'encre sur un aplat au lavis, ou du pastel sur du crayon de couleur peuvent créer une fabuleuse luminosité. Gardez à l'esprit la notion de température des couleurs.

Couleurs chaudes

Les couleurs allant du jaune au rouge ont tendance à évoquer la lumière et les variations de température naturelles. Dans un dessin, elles donnent l'impression de se projeter vers l'observateur.

Couleurs froides

L'autre moitié du cercle des couleurs – violet, bleu et vert – a pour propriété de suggérer le calme et l'apaisement des passions.

Bleu chaud | Bleu froid | Jaune chaud | Jaune froid | Rouge chaud | Rouge froid

Versions d'une même couleur

Derrière chaque nom de couleur se cache une multitude de nuances, dont certaines sont plutôt chaudes et d'autres plutôt froides. Ici, bleu, jaune et rouge sont déclinés chacun en deux versions.

La notion de valeur tonale

« Valeur », « ton » ou « valeur tonale » : ces termes à peu près synonymes désignent la composante des couleurs qui se traduit, dans une reproduction en noir et blanc, par les différents niveaux de gris. Pour obtenir un dessin riche et diversifié dans sa gamme de valeurs, il peut être intéressant de le réduire d'abord à une composition en noir et blanc. Penser en termes de valeurs plutôt que de couleurs permet de donner à votre dessin de la profondeur (grâce aux gradations de couleurs) et du contraste (par la juxtaposition de valeurs sombres et claires).

Gradation de gris

Sept niveaux de gris s'intercalent entre le noir de gauche et le blanc de droite. Le gris situé au milieu de l'échelle est dit en « demi-ton ».

Noir — Blanc

Sous-exposition — Surexposition

Gradation de rouge

Sur le modèle de la gradation précédente, on passe ici du rouge sombre de gauche au rose pâle de droite en sept étapes.

Rouge sombre — Rose pâle

Sous-exposition

Ce terme emprunté à la photographie peut servir à décrire une image dont les couleurs présentent des valeurs sombres.

Surexposition

Le dessinateur peut au contraire s'inspirer de la surexposition photographique en privilégiant des couleurs de valeur claire.

Choisir une technique

TROUVER MATIÈRE À S'EXPRIMER

Face à l'éventail des outils et techniques, peut-être vous demandez-vous par où commencer. N'hésitez pas à expérimenter, à découvrir. En intégrant un cours en groupe vous pourrez explorer diverses matières et approches avant d'investir dans un équipement souvent coûteux. Réfléchissez aussi aux artistes dont le travail vous attire : quelles techniques utilisent-ils ? Il ne s'agit pas forcément de vous en tenir à une seule : en combiner plusieurs donne souvent des résultats surprenants et inspirants.

LE CRAYON

Pour se lancer, le crayon constitue le choix le plus évident, et souvent le plus judicieux. Prévoyez un assortiment de différentes duretés, du 2H au 2B par exemple. Les mines dures vous serviront pour le tracé maîtrisé de contours clairs ; les tendres, pour les traits plus sombres et le travail des tons. Si le graphite tendre s'étale ou tache le papier, profitez-en pour y dégager des touches plus claires à la gomme. Pensez aussi au crayon de fusain, idéal pour les lignes expressives et les ombres adoucies.

Le crayon : avantages et inconvénients

AVANTAGES
- Facile à se procurer et à transporter
- Différentes duretés pour différents effets
- Facile à gommer

INCONVÉNIENTS
- Fragile et cassant
- Caractère volatil et salissant du graphite tendre
- Recours fréquent au taille-crayon

Portrait au crayon
Choisissez des duretés de mines appropriées pour insuffler vie, contraste et texture à votre dessin. Faites des gestes amples et énergiques pour les contours, plus maîtrisés pour les traits du visage.

LE DESSIN NUMÉRIQUE

Presque tous les outils de dessin ont aujourd'hui leur équivalent numérique : le travail sur tablette permet de reproduire crayon, plume, fusain, pastel, encre, peinture, pinceau, couteau à palette, aérographe... Vous pouvez ainsi dessiner, écrire ou griffonner sans avoir à multiplier carnets de croquis ou types de papier. Le principal avantage de la tablette réside dans son faible encombrement : elle tient parfois dans une grande poche, et donne accès à une gamme d'instruments et de matières dont les versions « réelles » occuperaient toute une boîte à outils. Plus besoin de monopoliser l'espace lorsque vous voulez travailler sur la table de la cuisine, au café ou dans un musée ! Autre atout non négligeable, personne ne saura que vous êtes en train de dessiner...

LE FUSAIN

Le fusain se présente sous diverses formes. Ses ressources sont inépuisables : dessin gestuel et expressif, aplats homogènes, dégradés allant du noir mat au blanc du papier, en passant par toute la gamme des gris. Les bâtons de fusain de saule ou de vigne sont les plus fins, et donc les plus cassants : manipulez-les avec douceur. Mais un morceau brisé n'est pas perdu, sa cassure permettant d'obtenir des démarcations nettes. Il existe aussi des bâtons ou crayon de fusain compressé de différentes duretés.

Le fusain : avantages et inconvénients

AVANTAGES	INCONVÉNIENTS
■ Facile à casser pour obtenir un bord net	■ Facile à casser par accident également !
■ Facile à étaler ou à superposer pour enrichir les tons	■ Salissant, nécessite l'emploi de fixatif
■ Encourage expressivité et spontanéité	■ Peu adapté au travail des détails

Acrobate au fusain
Outil par excellence de la ligne souple et décomplexée, le fusain permet de travailler très vite pour saisir des sujets dynamiques. Ses traits peuvent être étalés et estompés pour suggérer le modelé et le mouvement.

L'ENCRE

Les plumes traditionnelles, trempées dans l'encre, peuvent donner des lignes irrégulières ou de légères mouchetures. Stylos-plume et feutres, avec leur débit d'encre constant, autorisent plus de fluidité dans le trait. Toute une gamme d'épaisseurs est disponible sur le marché. Il existe aussi des stylos-pinceau, qui imitent le travail du peintre. L'encre est utilisée pure pour des couleurs intenses, ou diluée pour des lavis plus modulés.

L'encre : avantages et inconvénients

AVANTAGES

- Encres de toutes les couleurs
- Encre de Chine au fini laqué et indélébile
- À chaque stylo ou plume son type de ligne

INCONVÉNIENTS

- Lavis parfois impossible, bavures, décoloration
- Coût élevé pour un matériel de bonne qualité
- Nécessité de plusieurs outils pour varier les lignes

Encre plus ou moins diluée
Sur le blanc du papier, l'encre de Chine peut produire différents tons selon son degré de dilution. Les détails linéaires sont rendus avec une plume trempée dans de l'encre pure.

LE CRAYON DE COULEUR

Certes, le dessin au crayon de couleur donne moins droit à l'erreur que le travail au crayon de graphite. Mais l'éventail des couleurs est attractif, tout comme la possibilité de les mélanger par des superpositions de hachures ou d'aplats étalés avec le côté de la mine. Les crayons solubles, une fois mouillés, permettent de fondre les tons sur de grandes surfaces, comme en aquarelle (on les dit de ce fait « aquarellables »). Après séchage, on peut poursuivre le dessin.

Le crayon de couleur : avantages et inconvénients

AVANTAGES

- Large gamme de couleurs, qui peuvent en outre être mélangées
- Propriétés particulières de certaines variantes (pigment soluble…)
- Permanence : pas besoin de fixatif ni de protection

INCONVÉNIENTS

- Difficile à effacer
- Coût élevé des crayons de couleur de qualité
- Recours fréquent au taille-crayon

Portrait au crayon de couleur
Même avec une gamme limitée de nuances, la légèreté des touches peut donner beaucoup de caractère à un portrait. Les superpositions de couleurs permettent de jouer sur les textures et les tons.

LE PASTEL

Parmi toutes les techniques, le pastel est celle qui offre la plus éclatante gamme de couleurs. On distingue les pastels secs (généralement ronds pour les tendres, et carrés pour les durs) et les pastels gras (à l'huile). Le pastel existe aussi sous forme de crayon, idéal pour les fins croquis et les détails linéaires. L'éventail des nuances se démultiplie encore lorsqu'on les mélange par un jeu de couches superposées et étalées au doigt – avec le pastel, il faut vraiment mettre la « main à la pâte », et ne pas craindre de se salir. C'est donc aussi une technique difficile à maîtriser, mais les résultats en valent la peine. L'usage de fixatif s'impose, surtout avec les pastels tendres, pour éviter de brouiller le dessin ou d'en salir d'autres par contact.

Le pastel : avantages et inconvénients

AVANTAGES	INCONVÉNIENTS
■ Riche palette de couleurs	■ Coût élevé pour des pastels de bonne qualité
■ Facile à transporter et à utiliser, très tactile	■ Salissant, pigment pulvérulent
■ Convient à divers supports	■ Nécessité de fixer pour éviter le transfert par contact

Couleurs éclatantes
Les sujets hauts en couleur permettent au pastel d'exprimer toute sa vibrante palette chromatique. Le support idéal est un papier à gros grain qui accrochera bien le pigment.

Frottis au pastel
Cette technique consiste à manier avec doigté le côté du pastel pour étaler un fin film de couleur sur une couche préalable d'une autre couleur. Elle enrichit les tonalités et les textures.

Le crayon

Le dessin au **crayon**

Outil primordial de l'artiste, le crayon de graphite sert à tout, de l'écriture au dessin, du croquis le plus rapide à l'étude la plus technique et détaillée. Avec sa mine dont la dureté va, par ordre croissant, du 9B au 9H, il s'adapte à tous les sujets. La gamme des marques et traits qu'il met à votre portée saura vous stimuler, quels que soient votre niveau et votre style. Pour gagner encore en expressivité, exercez-vous aux autres formes du graphite, en bâton ou en poudre.

Ce chapitre explore les qualités propres aux différents types de graphites, et les manières les plus efficaces de les mettre en œuvre. Les 14 approches proposées sont étudiées pas à pas, et réparties en trois niveaux : débutant, intermédiaire et avancé. Chaque niveau aboutit à une création graphique récapitulant les techniques abordées.

1 Techniques pour débutants

■ Voir p. 38-49

Dans cette première partie, vous apprendrez à tenir votre crayon en fonction des traits que vous souhaitez tracer, et à jouer sur leur épaisseur, ainsi que sur l'espace négatif et les hachures pour obtenir des effets.

Récapitulatif des techniques pour débutants (p. 48-49)

2 Techniques intermédiaires

■ Voir p. 50-61

Cette deuxième section vous montrera comment cadrer et composer vos scènes, suggérer le volume par des traits de modelé, et travailler la profondeur et le ton avec différentes duretés de crayon ou du graphite soluble.

Récapitulatif des techniques intermédiaires (p. 60-61)

Le graphite est communément utilisé pour le dessin depuis la découverte, au XVIe siècle, d'un important gisement de ce carbone naturel dans le nord de l'Angleterre. On employait autrefois des bâtonnets de graphite brut entourés de peau de mouton ou de ficelle.
Le crayon moderne, dont la mine, faite de graphite réduit en poudre mêlé à de l'argile, est sertie dans un bâton de bois, fut inventé par le Français Nicolas-Jacques Conté en 1795. Auparavant, les maîtres anciens utilisaient des pointes d'argent ou de plomb pour obtenir les fins traits gris que nous associons aujourd'hui au dessin au graphite ; mais ce dernier offre des possibilités plus larges.

Travailler au crayon

Bon marché et très facile à transporter, le crayon de graphite est l'outil tout trouvé pour s'initier au dessin. Pour le débutant qui ne se sentirait pas encore à l'aise avec la précision de ses traits, une bonne alternative est le graphite en bâton, plus expressif. Bien taillée, une mine de crayon est très pointue et s'émousse moins vite que son équivalent en fusain : c'est donc l'outil par excellence du dessin linéaire et des hachures. Les crayons « H » (*hard*), plus durs, permettent de décliner les gris clairs ; les « B » (*bold*), plus tendres, donnent des tons denses et fondus, sans pourtant atteindre le noir du fusain.

Facile à gommer sans salir ni brouiller le dessin, le crayon est parfait pour les croquis préparatoires et esquisses de départ. Mais, en combinant plusieurs techniques et en exploitant la gamme des traits possibles, on peut faire d'un dessin au crayon une œuvre d'art à part entière.

3 Techniques avancées

■ Voir p. 62-73

La dernière partie aborde la manière de tracer des rehauts lumineux à la gomme, de réserver le papier en le masquant, et d'étoffer sa technique au graphite : fourrure et chevelure, tons par couches, dessin des reflets.

Récapitulatif des techniques avancées (p. 72-73)

Crayons et graphite

BIEN CHOISIR SON OUTIL DE DESSIN

Le crayon de graphite est l'outil de dessin le plus facile à se procurer. Taillé en pointe fine, il laisse sur le papier une marque linéaire grise qui peut être effacée sans peine. Il se décline en différentes duretés qui permettent de passer de la ligne la plus nette au modelé le plus doux. Le graphite se présente aussi en bâton, ou encore en poudre que l'on étale sur le papier.

Choisissez bien le type et la dureté de graphite qui conviennent le mieux à la tâche que vous vous fixez. Faites de petits dessins d'essai et des dégradés avec différents crayons pour vous familiariser avec les caractéristiques de chacun.

Les différentes duretés

L'aspect naturel du graphite est très proche de celui du minerai de plomb, métal tendre qui fut longtemps utilisé pour fabriquer les pointes servant au dessin. Mines de crayons et bâtons sont aujourd'hui faits de poudre de graphite diversement mêlée d'argile. Leur dureté forme deux échelles symétriques : de B à 9B pour les plus tendres (*bold*), de H à 9H pour les plus durs (*hard*). Au 9B, qui « marque » plus et donne les traits les plus sombres, s'oppose donc le 9H, qui est le plus clair. Au milieu se trouvent le HB et, à peine plus dur, le F. Aux États-Unis, les catégories sont moins nombreuses et simplement numérotées de 1 à 4 : un #2 américain correspond donc à un HB européen.

Les crayons tendres offrent une large gamme qui permet de poser les tons les plus sombres d'un dessin. Ils donnent davantage de grain au trait, et se prêtent surtout aux croquis. Pour ombrer légèrement ces derniers, on optera plutôt pour les crayons durs, qui restent dans les gris clairs. Les mines dures peuvent être taillées en pointe très fine et s'émoussent moins vite, ce qui les destine également au dessin technique de précision.

Crayon, bâton, poudre ou porte-mine

La mine d'un crayon est sertie dans un bâtonnet de bois (en général de cèdre). On peut la tailler avec différents outils

Crayons à croquis
On trouve des assortiments de crayons de différentes duretés pour le croquis. Certains sont aussi solubles dans l'eau : on peut en tremper la pointe ou mouiller le papier pour adoucir les traits ou les changer en lavis.

Outils
Taille-crayon et gomme plastique sont indispensables ; la gomme mie de pain sert surtout pour la poudre de graphite.

Gomme mie de pain

Taille-crayon

Gomme plastique

Poudre de graphite
Appliqué au pinceau, au chiffon ou au doigt, ce graphite finement broyé est idéal pour couvrir de grandes surfaces, notamment sur un support un peu rugueux.

(taille-crayon manuel ou électrique, ou encore couteau) pour obtenir une pointe plus ou moins longue et aiguë. La prise en main du crayon, ou bien du bâton de graphite compressé, favorise l'immédiateté et la maîtrise du dessin.

La poudre de graphite sert plutôt aux grands aplats de ton. Achetée telle quelle ou récupérée en taillant un bâton, elle peut être appliquée et étalée au doigt, au pinceau, à l'estompe ou encore au chiffon.

Le porte-mine, avec ses recharges dont le diamètre va de 0,2 à 5,6 mm, produit une ligne constante : on s'en sert comme d'un crayon, mais inutile de le tailler.

Gommage et estompage

Le graphite est facile à gommer. Une gomme en plastique dur au bord bien effilé permet de « dessiner » d'assez fines lignes blanches parmi les tons préalablement crayonnés, tandis qu'une gomme mie de pain peut éclaircir en douceur la poudre de graphite. Bien qu'il accroche davantage sur le papier que le fusain, le graphite peut être étalé et travaillé à l'estompe, au tortillon ou au chiffon.

> « Le crayon est le premier outil du dessinateur, idéal pour les croquis enlevés comme les études détaillées. »

Bâton de graphite

Types de crayons
Du plus tendre (9B) au plus dur (9H), les crayons déclinent tous les tons de gris. Combinez-en plusieurs pour donner de la variété à votre dessin.

Bâtons de graphite
Les bâtons de graphite compressé sont très polyvalents ; en les tenant bien inclinés, on obtient des traits plus larges que ceux d'un crayon.

Blocs de graphite
Disponibles en plusieurs duretés et couleurs, les blocs de graphite couvrent de grandes surfaces et produisent de bons dégradés. Certains sont solubles dans l'eau.

Le choix du support

LES SURFACES IDÉALES POUR LE DESSIN AU CRAYON

Le dessin au crayon s'adapte à tout type de papier, de la feuille isolée au carnet de croquis. Même si votre support préféré venait à manquer, vous trouveriez toujours une page de carnet de notes, une chute de bristol ou même une vieille enveloppe où exercer votre coup de crayon.

Bien sûr, le choix du papier est déterminant pour le rendu final de votre dessin. Explorez les qualités de différents supports et leur réponse aux divers types de graphite.

Le papier

Carnet de notes ou de croquis, ou bien papier libre, vous avez l'embarras du choix. Si vous optez pour des pages volantes, fixez votre support sur une planche à dessin avec des pinces ou de la bande de masquage. Assurez-vous que votre planche est bien lisse, car toute rugosité de la surface affecterait votre dessin. Le papier carton est le plus communément employé avec le crayon, car sa texture fine et lisse n'entrave pas le parcours de la mine et permet de tracer des traits fluides.

Un papier carton de 120 à 200 g est idéal, mais le grammage importe peu. Un support plus lourd, au-delà de 200 g, résistera mieux aux hachures vigoureuses, au travail à la gomme et aux lavis de crayon soluble. Attention, une mine dure peut écorcher le papier, tandis qu'une mine très tendre sera difficile à effacer. Une texture trop marquée risque d'interrompre la continuité du trait et de compromettre la fluidité des lignes, mais elle se prête bien aux modelés et aux contours adoucis au crayon tendre. Le crayon fonctionne bien sur papier coloré, mais un support trop sombre pourrait faire ressortir la brillance métallique du graphite.

La conservation des dessins

Plus difficile à étaler ou à brouiller que le fusain, le crayon n'impose pas l'usage de fixatif, qui est cependant souhaitable pour la poudre de graphite. Si vous dessinez au graphite tendre sur des feuilles volantes, conservez-les

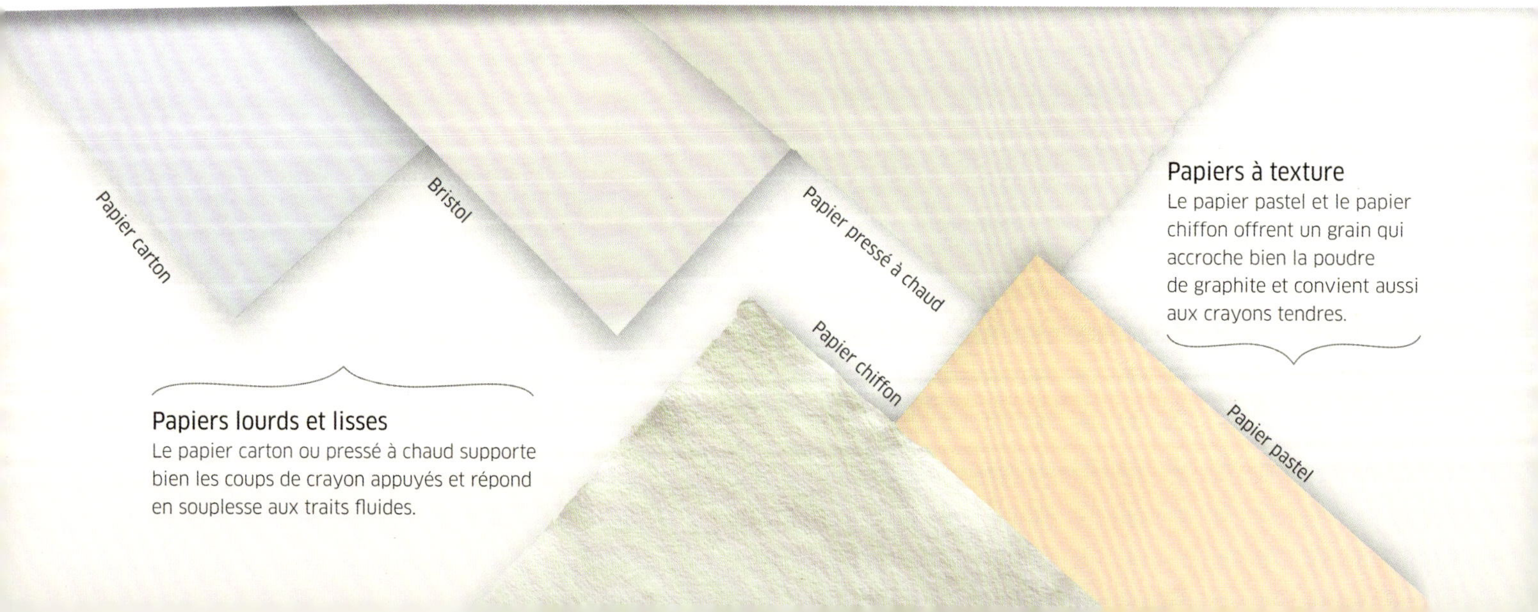

Papiers à texture
Le papier pastel et le papier chiffon offrent un grain qui accroche bien la poudre de graphite et convient aussi aux crayons tendres.

Papiers lourds et lisses
Le papier carton ou pressé à chaud supporte bien les coups de crayon appuyés et répond en souplesse aux traits fluides.

Planche à dessin
Pour un travail sans accroc, il vous faut une planche dure (le bois verni est idéal) et de quoi immobiliser le papier : pinces ou bande de masquage.

Carnet de notes
Un carnet rigide tenant dans la poche et un crayon à croquis sont idéaux pour travailler en extérieur ou sur une inspiration soudaine. N'oubliez pas la gomme et le taille-crayon.

idéalement entre des feuilles de carton ou de papier de soie non acide. Si vous utilisez une mine très tendre ou de la poudre de graphite dans un carnet de croquis, ne dessinez pas sur deux pages en regard : une fois le cahier refermé, vos dessins risqueraient de déteindre l'un sur l'autre.

Le croquis

Facilement transportable et très peu salissant, le crayon est idéal pour le dessinateur nomade muni de son carnet de croquis. Mais ne le faites pas tomber en chemin : sa mine est cassante. Ayez toujours un taille-crayon sur vous pour être sûr d'obtenir la pointe qu'il vous faut, et une gomme pour effacer vos erreurs.

Bien choisir son carnet de croquis

Réfléchissez à l'usage que vous ferez de votre carnet : doit-il tenir dans la poche pour vous suivre dans vos déplacements, ou y ferez-vous plutôt de grandes études en cours de dessin ? Travaillerez-vous en technique mixte ou par lavis ? En tout cas, ne lésinez jamais sur la qualité du papier.

> « Explorez les qualités de différents papiers et la gamme de traits offerte par le graphite sous toutes ses formes. »

Carnets de croquis
Avec un carnet à spirale, vous pouvez travailler sur une ou deux pages à la fois.

Blocs de papier
Disponibles dans une large gamme de papiers, dimensions et grammages, leurs pages offrent les mêmes avantages que des feuilles détachées, mais sont plus faciles à transporter et à ranger.

Les bases de l'art du trait

BIEN POSER LE CRAYON SUR LE PAPIER

Le crayon offre d'infinies possibilités. Dans votre apprentissage du dessin, tâchez d'explorer la gamme de traits qu'il met à votre portée. La vitesse et la pression appliquées au crayon, ainsi que la manière de le tenir, sont autant de facteurs qui déterminent l'aspect d'une ligne sur le papier.

Tenir son crayon

La prise en main du crayon influe sur le niveau de contrôle et l'angle de contact – par la pointe ou le côté – de la mine sur le papier. En changer durant la réalisation d'un même dessin permet de varier les types de traits.

Comme pour écrire
En tenant votre crayon comme pour écrire de votre main dominante, vous contrôlez au mieux la pointe de la mine, mais limitez la gamme de traits. Préférez cette prise pour les détails. Essayez-la également avec votre autre main.

Loin du papier
Une prise légère du crayon vers le milieu de sa longueur donne des traits déliés, moins précis et moins maîtrisés. Elle se prête particulièrement aux croquis enlevés et aux traits expressifs cherchant à saisir un sujet aux lignes continues.

Sous la paume
Il s'agit de frotter le crayon sur le papier en le maintenant presque parallèle à la feuille. Sous cet angle, c'est le côté de la mine qui laisse sa marque. Manié de façon lâche, le crayon produit ainsi des traits larges ou des aplats vite réalisés.

EN PRATIQUE

Les objets simples du quotidien, comme cette vieille paire de chaussures, se prêtent aux rapides études linéaires. Entraînez votre sens de l'observation, mais aussi votre trait, en tenant votre crayon de différentes façons.

Matériel

- Crayon 2B
- Taille-crayon
- Papier carton

Une vieille paire de chaussures

1 Souplesse et vivacité
Votre première impression du sujet sera probablement une vision d'ensemble, que vos traits vont devoir traduire. D'un crayon tenu vers la mi-longueur, croquez avec énergie les grandes lignes du sujet, esquissez son aspect général et son échelle sur la feuille.

« En variant votre **prise en main** du crayon, vous variez aussi votre **niveau de contrôle** du trait. »

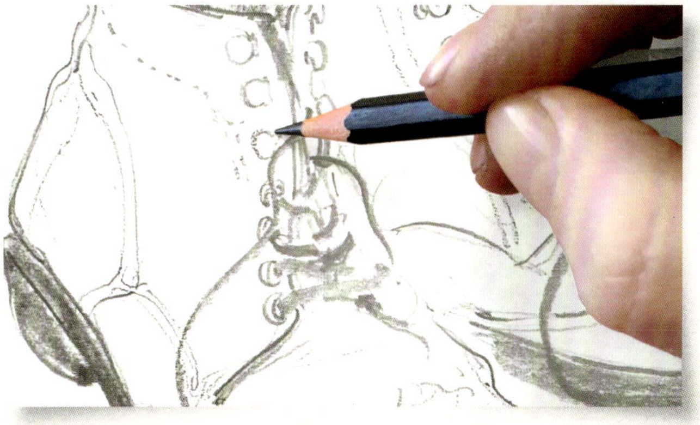

2 Pression latérale
Tout aussi imprécise que la précédente, cette prise en main permet de ne contrôler que l'un des bords du large trait que laisse le côté de la mine. Vous pourrez ainsi tracer des courbes épaisses très efficaces pour les lacets, ou noircir rapidement les ombres.

3 Maîtrise du détail
Une fois les principales formes apposées sur la feuille, saisissez votre crayon comme pour écrire afin de préciser votre premier croquis. Contrôlez votre trait pour repasser les lignes clés et introduire les menus détails.

L'espace négatif

VOIR ENTRE LES LIGNES ET LES FORMES

Pour réaliser le croquis d'observation d'un sujet complexe, vous pouvez commencer par dessiner les espaces « négatifs » qui entourent et séparent les formes « positives » pour vous aider à voir le motif de façon plus objective. Envisagez votre dessin comme un puzzle : chaque forme – négative ou positive – doit s'imbriquer dans toutes celles qui l'entourent.

Une aide à la composition

Voir et dessiner les espaces négatifs qui cernent une composition peut vous permettre de vérifier que les proportions fonctionnent, et de vous concentrer sur les formes en présence. Découpez un viseur (un rectangle de mêmes dimensions que votre dessin) dans une feuille de carton afin d'isoler et de cadrer une vue, en ménageant de nets espaces négatifs entre les bords du motif et le cadre.

Découvrir une composition
On est toujours tenté de se fier à ce que l'on sait plutôt qu'à ce que l'on voit : ici, à l'idée préconçue d'une plante araignée en pot, et non à la composition de formes, tant positives que négatives, qui s'offre au regard.

Plante araignée dans un pot.

À l'aide d'un viseur
Grâce au viseur, les proportions et formes des espaces négatifs entourant la plante apparaissent clairement. Une fois celles-ci posées sur la feuille, vous repérerez plus facilement espaces négatifs secondaires (internes) et formes positives.

Cadrage au viseur.

EN PRATIQUE

En sélectionnant une vue partielle de la plante à l'aide d'un viseur, vous trouverez matière à une très bonne étude formelle. Les espaces négatifs se découpent idéalement sur le mur blanc.

1 Croquis de départ
Esquissez d'un trait léger les formes positives de la plante au crayon HB. Fixez son échelle et son emplacement en marquant à peine vos traits.

2 Ajours
Ce sont les espaces négatifs entre les feuilles. Dessinez-les au crayon 3B, en vous focalisant sur leurs formes « en creux » plutôt que sur les contours positifs de l'objet.

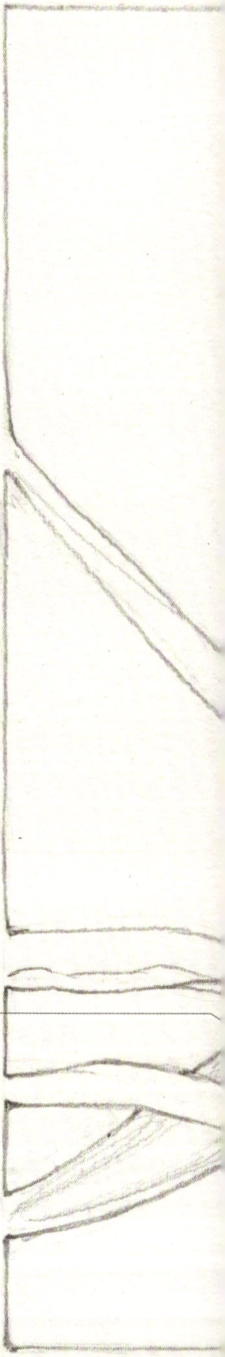

Matériel

Crayon HB
Crayon 3B

- Viseur
- Crayons HB et 3B
- Taille-crayon
- Gomme
- Papier carton

Une plante araignée

« Pour mieux **identifier les formes**, apprenez à **voir l'espace négatif** qui les sépare. »

3 Marge
Délimitez ensuite les surfaces qui rencontrent les bords du viseur : vous inscrivez ainsi la plante dans le cadre qui les contient.

4 Sujet « en positif »
Élaborez la forme positive de la plante, découpée et incolore, en traçant les contours des feuilles et en suggérant leur texture.

Les hachures simples et croisées

DES TRAITS QUI DONNENT LE TON

Les hachures suggèrent une gradation de tons. Les décliner dans un dessin permet de moduler l'ombre et la lumière, la forme et le modelé des objets.

Les types de hachures

Des hachures efficaces sont des traits bien parallèles, rapides et sûrs. Entraînez-vous à remplir des surfaces de hachures homogènes, puis faites varier la pression et la densité des traits pour créer des dégradés. Réalisez aussi des hachures croisées pour travailler densité et texture.

Hachures régulières

Dégradé obtenu en variant la densité

Dégradé obtenu en variant la pression

Hachures parallèles
Pour obtenir un ton homogène, hachurez vite, avec assurance et constance dans la pression et la direction. Déclinez les tons en modulant l'intensité ou la densité des traits.

Types de hachures croisées
Deux sens de hachures créent un treillis de lignes qui assombrit le ton ; on peut aller plus loin en introduisant un troisième sens de hachures.

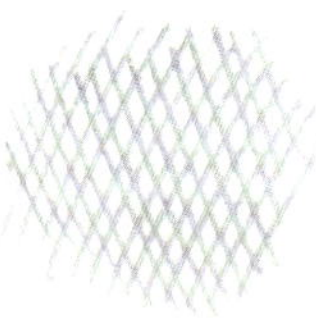

Deux sens de hachures

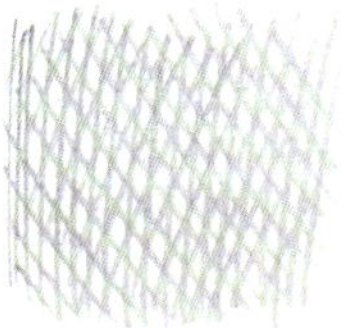

Trois sens de hachures

EN PRATIQUE

Cet assortiment de récipients cylindriques est idéal pour explorer les gradations d'ombre et de lumière permises par les hachures. Celles-ci vont permettre de traduire la surface lisse des objets.

Matériel

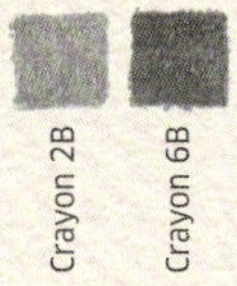

- Crayons 2B et 6B
- Taille-crayon
- Gomme
- Papier carton

Une nature morte de pots de cuisine

1 Contours
De la pointe bien taillée d'un crayon 2B, tracez les contours des pots ; suggérez grossièrement leurs formes par des traits légers et approximatifs, puis précisez-les d'un trait plus assuré et appuyé.

2 Premières hachures

Maniez avec souplesse votre crayon 2B pour matérialiser des surfaces simples de tons clairs à l'aide de hachures diagonales. Variez l'épaisseur et la densité des traits sans craindre de déborder les contours linéaires.

3 Gommage

Ne levez pas votre crayon au bout des hachures pour respecter les contours : vos traits perdraient en énergie, et vous créeriez un halo de lumière malvenu autour des formes. Vous gommerez les débordements.

4 Hachures plus denses

Prenez du recul et observez votre sujet : faites passer votre regard des objets au dessin pour décider des parties à assombrir. Foncez les ombres les plus profondes en densifiant les hachures parallèles.

>

5 Hachures croisées
Pour les parties les plus foncées, réalisez des hachures croisées dans deux sens différents, ou plus encore. Croisez-les d'abord en losanges, puis introduisez des traits verticaux et horizontaux soulignant le volume cylindrique des objets.

6 Dernières ombres
Repassez les contours les plus sombres au crayon 6B bien taillé, et renforcez les ombres par des hachures denses sans noyer vos traits. Déclinez diverses hachures croisées pour traduire forme et texture.

« L'assurance du trait garantit l'efficacité des hachures parallèles et croisées. »

L'épaisseur de la ligne

VARIER LES COUPS DE CRAYON

En variant la pression que vous appliquez à votre crayon, vous obtenez des traits d'épaisseurs différentes, offrant une large gamme d'effets. Les traits légers posés aux premières étapes du dessin sont aisément gommés ou retravaillés. Une ligne dont l'épaisseur varie suggère énergie et mouvement, mais nécessite assurance et souplesse dans le maniement du crayon. Une ligne épaisse et dense permet d'ancrer le dessin sur la feuille.

EN PRATIQUE

Une séance avec modèle vivant est idéale pour s'exercer au dessin linéaire. Les poses sont d'ordinaire brèves au début, puis tenues plus longtemps. Pour ce dessin, le modèle a posé pendant 45 minutes.

Matériel

Crayon HB
Crayon 2B
Crayon 6B

- Crayons HB, 2B et 6B
- Taille-crayon
- Papier carton

Un modèle de dos

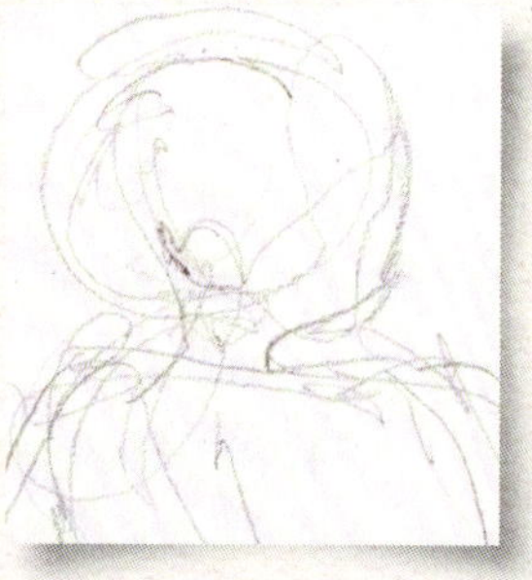

1 Grandes lignes
Avec un crayon HB, saisissez la forme d'ensemble par des traits légers et spontanés. Tandis que vous affinerez votre approche du modèle, ce premier croquis sera renforcé par des traits plus appuyés.

2 Traits légers
Une deuxième couche de traits légers au crayon 2B permet de souligner des détails morphologiques, en insufflant de l'énergie à la structure initiale.

Le choix du trait

Réfléchissez bien au type de ligne à employer pour représenter chaque sujet. Appuyez plus ou moins vos traits dans un même dessin pour décliner coups de crayon rapides et expressifs, lignes fluides d'épaisseur variable, et contours plus précis et réfléchis. Vous développerez ainsi un répertoire de traits dans lequel vous piocherez toujours plus intuitivement, au gré de vos intentions.

Lignes variées
Le trait se fait léger pour saisir le profil, et plus appuyé pour situer les traits du visage et amorcer l'ombrage de la mâchoire.

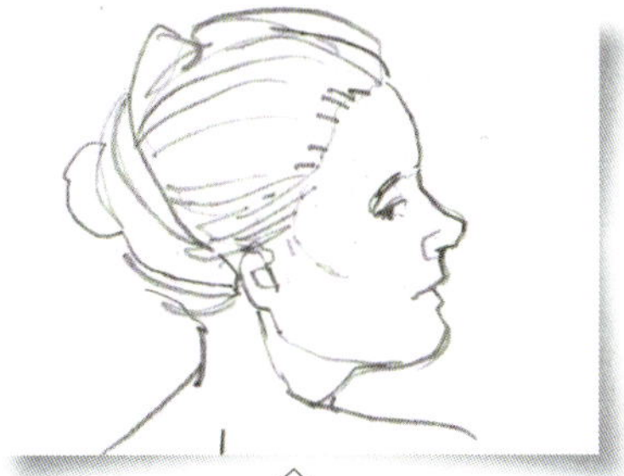

Lignes homogènes
Une ligne sûre, d'épaisseur constante, traduit la précision de l'observation, et produit un portrait délibérément plat et stylisé.

3 Variation maîtrisée
Une fois satisfait des premières lignes, vous pouvez diversifier vos traits en variant la pression exercée sur le crayon.

4 Tons simplifiés
Garnissez prestement de hachures parallèles les surfaces de tons différents, pour sculpter le corps et faire ressortir ses parties éclairées sur le fond plus sombre.

5 Contours sombres
Passez à un crayon 6B bien taillé pour souligner les contours les plus foncés et créer des contrastes qui attirent l'œil.

Les traits les plus appuyés sont tracés au crayon le plus tendre.

Artiste **Katarzyna Kmiecik**
Titre ***Nature morte aux trois courges***
Technique **Crayons de graphite du B au 6B**
Support **Papier carton 300 g**

L'épaisseur de la ligne

« Voir p. 46-47

Des lignes d'épaisseur variée ont servi à élaborer la composition initiale et à mettre en valeur les différentes matières, notamment le tissu aux plis amples.

L'Espace négatif

« Voir p. 40-41

L'artiste a observé les espaces négatifs séparant et entourant les formes positives pour mieux définir l'agencement et les proportions de la nature morte.

Traits libres

« Voir p. 38-39

Le crayon a été tenu de différentes manières pour moduler la gamme de traits, notamment ceux qui traduisent la frange de la toile suspendue.

Récapitulatif des techniques

Plusieurs techniques de niveau débutant sont mises en œuvre dans cette nature morte : l'espace négatif a été exploité pour agencer les objets, et une riche variété de traits a servi à créer formes et tonalités.

Hachures simples

≪ Voir p. 42-45

Le ton a été travaillé par des hachures épousant le galbe de la citrouille pour suggérer sa rondeur généreuse et sa masse lourde.

Hachures croisées

≪ Voir p. 42-45

Des hachures incurvées s'entrecroisant en losanges ont été ajoutées aux premières pour traduire la surface verruqueuse de la petite courge.

Traits maîtrisés

≪ Voir p. 38-39

Par contraste avec la texture de la troisième courge, le trait s'étire en longueur pour suggérer la trame fine du tissu au premier plan.

Les compositions linéaires

CADRER LES VUES

Avant d'arrêter votre choix sur un dessin plus détaillé, explorez les différentes compositions possibles. Croquez en dix minutes des vues resserrées dans divers formats, de manière à développer une approche plus inventive de vos compositions.

La simplification du sujet

Vous pouvez vous aider d'un viseur pour isoler votre sujet et, tel un photographe, rechercher la composition la plus intéressante. Tracez d'abord ses grandes lignes, puis posez les principales ombres et lumières.

Photographie d'intérieur
Avec leurs arrangements de formes et d'ombres, des vues du quotidien constituent des sujets de choix à une recherche sur la composition. Cet escalier se prête à un travail sur la force et le contraste des verticales et diagonales.

Grandes lignes
Construisez votre composition en la réduisant à de simples lignes qui se partagent la surface du dessin, pour cerner les formes générales et leur interaction.

Plan tonal simplifié
Remplissez les plages d'ombre de simples hachures. Votre vignette devient le point de départ d'un éventuel dessin plus détaillé.

EN PRATIQUE

Ces vignettes sont le fruit de l'exploration graphique d'un intérieur et de la recherche – plus ou moins heureuse – de vues intéressantes. Croquez plusieurs compositions sur un carnet avant de choisir celle que vous souhaitez approfondir.

Formes abstraites
Une image réussie peut mettre en scène une composition abstraite de formes autant qu'un groupe d'objets. Ici, un jeu de rectangles plus ou moins sombres tranche avec la rondeur de la pomme, qui se trouve mise en valeur.

De fortes horizontales soulignent la rangée de pots.

Angles variés
Observez votre sujet sous des angles insolites. L'assiette d'une autre composition est ici vue de dessus. Son contour rond, inscrit dans le carré du cadre, encercle une poire.

Menus objets

La composition peut guider le regard vers de petits éléments. La diagonale de cet escalier se prolonge par celle formée par l'ombre au sol pour amener l'œil vers la paire de chaussons négligemment posée non loin de la première marche.

« Les croquis en vignettes permettent de décliner les compositions. »

Triangles

Dans cette solide composition, trois centres d'intérêt – rangée de pots, assiette et tableau – forment un triangle autour du fauteuil central.

L'œil va et vient entre les bornes sombres qui cantonnent la frise.

Composition simple

Preuve qu'une composition même simple peut produire de l'effet, les fortes horizontales de cette étagère, fermées par des parenthèses sombres, invite le regard à un va-et-vient entre les pots alignés.

Trajet emprunté par l'œil.

Œil baladeur

L'œil est invité à se déplacer dans l'image en empruntant l'espace vide entre le canapé et la table basse ; la lampe de gauche et le rideau sombre de droite l'empêchent de s'échapper du cadre.

Le modelé par le trait

SUGGÉRER LA MASSE ET LE VOLUME

Pour suggérer la troisième dimension d'un objet, réalisez des traits qui en épousent le volume. Renforcez l'impression de relief par des hachures suivant la direction principale des surfaces. Ombre et lumière sont la clé pour évoquer masse et volume, et des traits bien dirigés confèrent au dessin un solide sens de la forme.

Un volume courbe

Un objet figuré par ses seuls contours semble plat (voir la première image ci-dessous). Mais des séries de traits dont la courbe épouse le volume de l'objet, comme un bracelet s'enroule autour du poignet, suggèrent une surface convexe ou concave. Les deux images du bas montrent comment une subtile inversion du sens des courbes donne une forme entièrement différente au bâton, dont les branches semblent tour à tour s'éloigner ou se rapprocher.

Contours du bâton

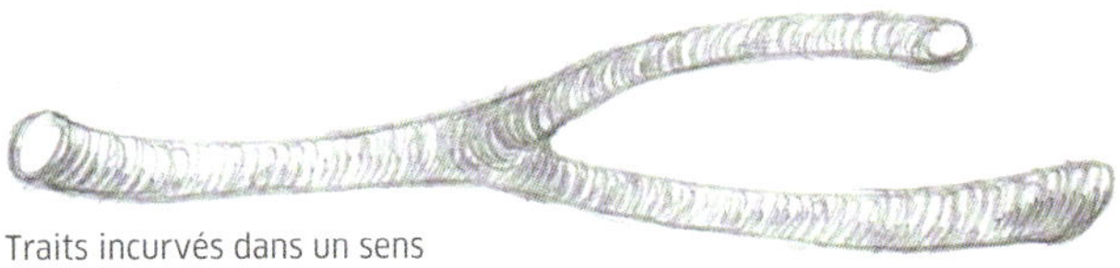

Traits incurvés dans un sens

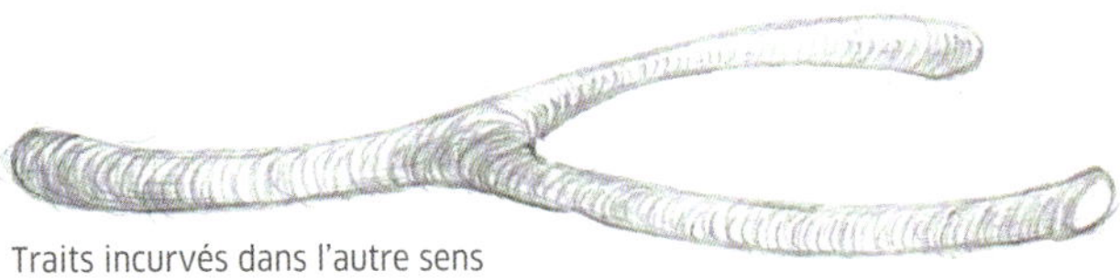

Traits incurvés dans l'autre sens

EN PRATIQUE

Les légumes se prêtent idéalement au dessin avec leur merveilleuse variété de formes et de textures. La surface côtelée et striée de la courge et des champignons facilite la lecture de leur forme.

Matériel

Bâtonnet de graphite 2B
Bâtonnet de graphite 4B

- Bâtonnets de graphite 2B et 4B
- Gomme
- Taille-crayon
- Papier carton

Un assortiment de légumes

Contours à peine évoqués.

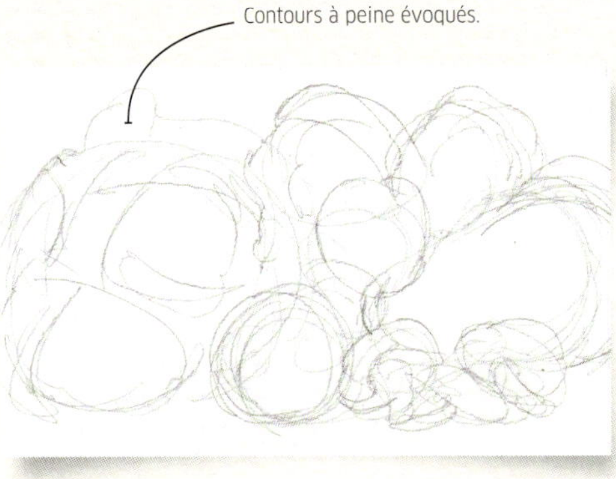

1 Croquis initial
Maniez un bâtonnet de graphite 2B avec souplesse pour saisir prestement les formes des légumes. Prenez-les en main pour apprécier leur poids et leur texture, et laissez l'expérience tactile nourrir votre dessin.

2 Traits de surface
Tracez rapidement des courbes épousant le galbe des légumes, s'enroulant autour d'eux tel un bracelet sur le poignet. Essayez d'oublier les contours linéaires.

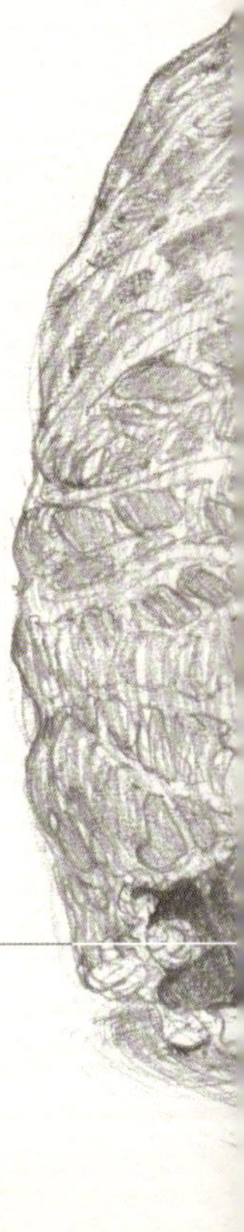

3 Tracé des contours
Définissez les formes des légumes par des traits d'épaisseur variable, en prêtant attention aux espaces négatifs qui les séparent et en affinant les volumes.

4 Hachures croisées
Tracez des hachures suivant également les surfaces, mais perpendiculairement à vos premiers traits de modelé, de façon à saisir pleinement la troisième dimension.

5 Touches finales
Réalisez des hachures croisées moins énergiques et plus réfléchies que les précédentes. Terminez au bâtonnet de graphite 4B pour les ombres denses, et à la gomme pour les rehauts de lumière.

Adoucir les tons

MÊLER LE CRAYON À L'EAU

Certains crayons et bâtonnets de graphite sont dits « solubles » ou « aquarellables ». À sec, ils se comportent comme les autres ; mais leur graphite, une fois mouillé, se dissout et peut être étalé sur la feuille. Le maniement d'un pinceau et l'ajout maîtrisé d'eau permettent alors de créer de nouveaux tons et textures. Après séchage, le dessin peut reprendre.

Créer un dégradé de tons

Pour appréhender cette technique, mieux vaut l'expérimenter avant de l'utiliser immédiatement dans un dessin. Réalisez d'abord un dégradé de hachures croisées au graphite soluble. Une fois obtenue une bonne gradation de tons, mouillez et fondez les traits à l'aide d'un pinceau à réservoir d'eau, en progressant du plus clair au plus foncé. Estompez et mélangez en douceur pour obtenir un dégradé fluide.

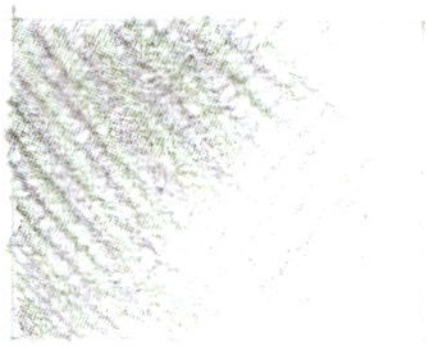

Dégradé de hachures
Créez un dégradé du plus foncé au plus clair au moyen de hachures simples et croisées dont la densité déterminera le ton.

Au pinceau à eau
Avec un pinceau au réservoir rempli, mouillez le papier et étalez le graphite des hachures en glissant doucement du côté clair vers le côté foncé.

Tons bien fondus
Le ton s'uniformise au fil des passages du pinceau mouillé sur les traits de graphite ; une série de mélanges produit un fondu de plus en plus parfait.

EN PRATIQUE

Dans cette étude, les grandes formes ont d'abord été croquées par traits enlevés et expressifs, traduisant l'aspect changeant des nuages. Les tons ont ensuite été introduits puis assombris en mouillant le graphite.

Matériel

Crayon ou bâtonnet de graphite 6B

- Crayon ou bâtonnet de graphite soluble 6B
- Taille-crayon
- Pinceau à réservoir d'eau
- Gomme plastique
- Papier aquarelle pressé à chaud

Un paysage nuageux

Traits énergiques saisissant la forme des nuages.

1 Croquis rapide
Pour saisir l'aspect changeant du sujet, croquez rapidement les contours des formes tant qu'elles sont distinguables. Combinez de multiples formes de nuages.

2 Texture vaporeuse
Suggérez par des traits le modelé des nuages en gardant à l'esprit la première impression que vous avez croquée et en vous référant au besoin à d'autres observations ou à des photographies.

3 Clair-obscur
Assombrissez l'arrière-plan pour faire ressortir les nuages. Accentuez les ombres derrière les zones plus claires et les sources de lumière derrière les formes sombres.

4 Mouillage
Ajoutez de l'eau aux endroits voulus, et utilisez un pinceau pour étaler et déplacer le graphite dissous comme s'il s'agissait d'encre ou d'aquarelle.

5 Gommage
Quand le papier est bien sec, utilisez une gomme pour éclaircir des zones devenues trop foncées. Attention, il est difficile d'effacer entièrement le graphite mouillé.

Créer la profondeur

VARIER LA DURETÉ DES CRAYONS

Les objets proches comportent davantage de détails et de plus forts contrastes que ceux lointains, aux formes et aux tons moins tranchés. Recourir à différents crayons permet de traduire ces effets de distance : crayons durs pour les tons atténués de l'arrière-plan, et tendres pour les ombres denses du premier plan.

À chaque dureté sa gamme de tons

Choisissez la dureté la mieux adaptée à chaque étape de votre dessin : les crayons tendres offrent une gamme de tons allant vers le foncé ; les durs permettent un travail plus subtil sur les gris clairs.

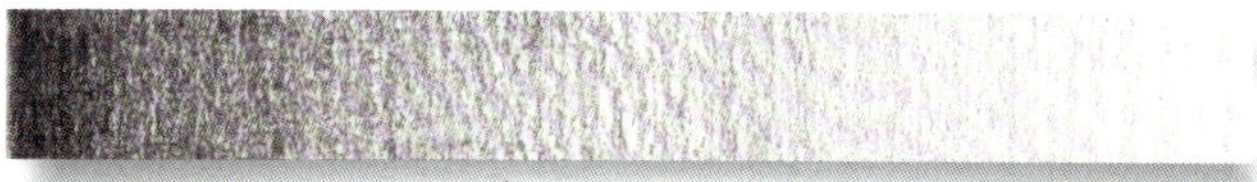

Dégradé au 4B
Le tendre 4B offre une large gamme de tons allant jusqu'au très sombre, mais produit un grain visible aux tons clairs.

Dégradé au 4H
Le 4H, très dur, n'offre qu'une gamme limitée ; sa trace n'est pas aussi sombre que celle des mines tendres, mais permet des variations plus subtiles dans les tons clairs.

Dégradé du 4B au 4H
Pour négocier en douceur une très large gradation de tons, équipez-vous de mines de plusieurs duretés (4B, 2B, HB, 2H et 4H), dont chacune interviendra dans le segment approprié.

EN PRATIQUE

Dérivée de croquis réalisés dans la rue, dont la photographie est reproduite page ci-contre, cette vue a été dessinée par étapes, en passant du crayon le plus dur au plus tendre pour travailler de l'arrière-plan au premier plan.

1 Structure au 4H
Réalisez un croquis de la rue : envisagez la composition comme une scène de théâtre qui sera progressivement meublée d'accessoires. Si vous dessinez sur le vif, sans croquis préalable, plantez le décor avant d'introduire les acteurs en mouvement.

2 Personnages au 2H
Situez grossièrement les sujets en effectuant des ajustements pour servir la composition. Délimitez les contours des formes et des plages de tons différents.

3 Tons clairs au 2H
Un crayon dur ne sert pas que pour les lignes nettes. Tenez votre 2H proche de l'horizontale pour étaler ici et là des gris clairs. Suivez les angles des différentes surfaces pour guider vos coups de crayon.

Matériel

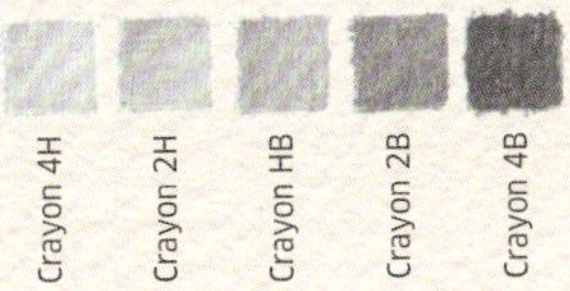

- Crayons 4H, 2H, HB, 2B et 4B
- Taille-crayon
- Gomme
- Papier carton

4 Demi-tons au HB

Passez aux demi-tons pour détailler le plan intermédiaire, en laissant pour l'instant le premier plan à l'état d'ébauche.

5 Tons sombres au 2B

Réalisez le premier plan au 2B : consolidez-le par des hachures rapides, et exercez une pression franche pour créer des zones sombres.

6 Détails les plus foncés au 4B

Saisissez les détails les plus sombres du premier plan au 4B bien taillé ; noircissez les ombres les plus proches pour les mettre en relief.

Les motifs répétitifs

TRADUIRE TEXTURE ET PROFONDEUR

Vue de près, chacune des fleurs ou feuilles d'un jardin a son identité propre ; de loin, l'aspect individuel se fond dans une masse de motifs uniformes. Exercez-vous à réaliser des séries de traits répétitifs pour suggérer de telles textures et leur éloignement dans l'espace.

Des motifs qui suggèrent l'éloignement

Pour produire une impression d'éloignement progressif, introduisez de la variété dans les masses les plus proches, qui apparaissent plus grandes, puis passez à des motifs plus petits et réguliers pour les parties plus lointaines.

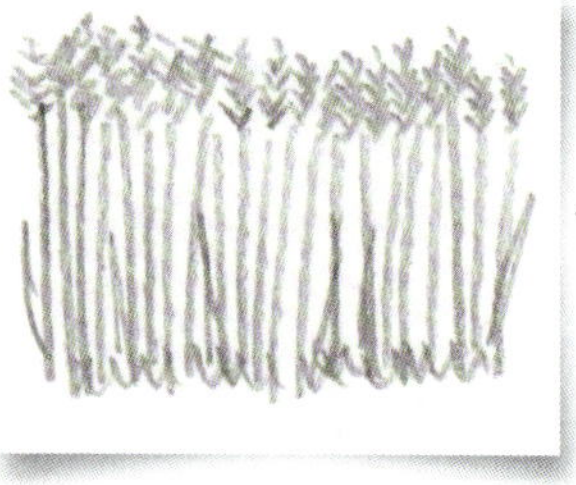

Proximité : motifs plus grands et détaillés
En quelques traits, créez un motif saisissant l'essentiel du feuillage ou des feuilles à dessiner, synthétisant leur apparence sans forcément la décrire exactement.

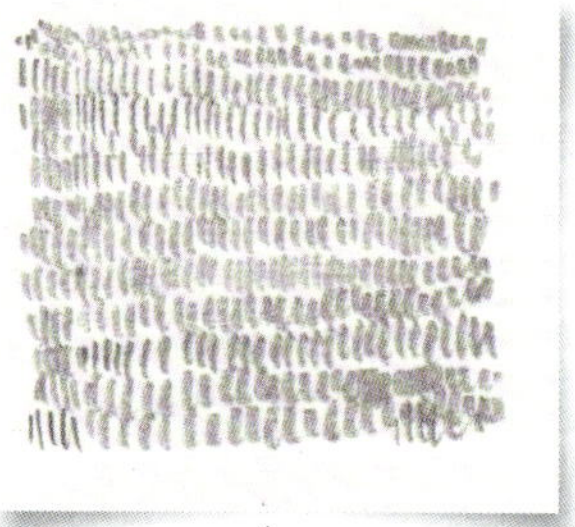

Éloignement : motifs simplifiés
Pour les plans éloignés, réduisez et simplifiez le motif du premier plan.

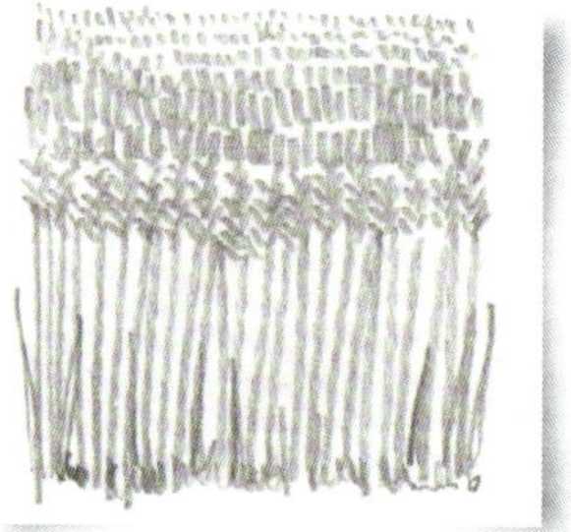

Dégradé de motifs
Le motif utilisé doit diminuer en taille et en précision au fur et à mesure que les plans s'éloignent.

EN PRATIQUE

Ce jardin a été dessiné un jour où l'atmosphère nuageuse invitait à se concentrer sur les motifs formés par les tapis de fleurs plutôt que sur leurs qualités tonales.

1 Composition initiale
Réalisez d'abord un croquis libre linéaire, établissant les grandes lignes de la composition. Orchestrez un parcours de l'œil à travers l'image.

2 Zones de motifs
Déterminez les arbres et parterres à remplir de motifs répétitifs. Délimitez d'un trait léger mais sûr les zones appelant des motifs différents.

3 Petits motifs
Garnissez les zones accueillant de petits traits précis, du haut au bas de la page. Suggérez l'éloignement par des motifs menus, simples et réguliers.

Matériel

Crayon 3B

- Crayon 3B
- Gomme
- Taille-crayon
- Papier carton

L'allée d'un jardin

« Veillez à introduire de la variété **dans les traits** qui composent vos **motifs répétitifs.** »

4 Grandes formes

Définissez toutes les zones claires, exemptes de motifs. Observez bien comment elles s'inscrivent dans leur environnement, et ménagez des espaces blancs pour guider l'œil à travers l'image.

5 Motifs proches

À mesure que vous approchez du premier plan, agrandissez et enrichissez vos motifs ; choisissez des groupes de feuilles qui attirent le regard, et mettez en valeur leur forme particulière.

Artiste **Jake Spicer**
Titre ***L'Anneau de Chanctonbury***
Technique **Crayons de différentes duretés et bâtonnet de graphite soluble**
Support **Papier carton 200 g**

Les compositions en vignettes

« Voir p. 50-51

Les bouquets d'arbres verticaux qui ferment la composition empêchent l'œil et l'attention de s'échapper du cadre.

Créer la profondeur

« Voir p. 56-57

Plusieurs duretés de crayon ont permis de creuser l'espace en modulant les tons, les mines dures étant réservées au premier plan.

Le modelé par le trait

« Voir p. 52-53

Des traits incurvés s'enroulent comme des bracelets autour des troncs d'arbres pour suggérer leur volume cylindrique.

Récapitulatif des techniques

Cette vue d'un chemin forestier met en œuvre l'ensemble des techniques intermédiaires. Plusieurs duretés de crayon permettent de creuser l'espace boisé et un jeu de traits de modelé rend compte du volume des arbres.

Regard guidé

<< Voir p. 50-51

L'œil suit le chemin qui pivote autour du bouquet d'arbres central avant de se perdre dans les bois. Tons et motifs de texture soulignent ce parcours.

Les motifs répétitifs

<< Voir p. 58-59

Des marques répétées pour l'herbe, le feuillage et les troncs couvrent certaines zones : elles traduisent les textures, mais aussi l'éloignement, par leur rapetissement.

Adoucir les tons

<< Voir p. 54-55

Pour terminer, certaines zones ont été foncées avec du graphite soluble, sur lequel a ensuite été passé un pinceau mouillé afin d'unifier le ton.

Dessiner à la gomme

EFFACER POUR FAIRE BRILLER LA LUMIÈRE

La gomme est un outil de dessin essentiel, qui permet de faire jaillir la lumière dans le noir en effaçant le graphite pour remettre à nu le papier. La poudre de graphite est idéale pour s'exercer à cette technique. Étalez-la sur le papier jusqu'à obtenir un demi-ton uni. Puis, de la pointe de votre gomme, pratiquez des rehauts de lumière ponctuels ; ou utilisez la tranche pour alléger le graphite sur de plus larges surfaces et créer de douces transitions tonales.

EN PRATIQUE

La lumière déclinante crée des zones d'ombre et de lumière idéales pour le travail à la gomme. Celui-ci ménage de subtiles transitions tonales, avant l'ajout final du détail des herbes au premier plan.

Matériel

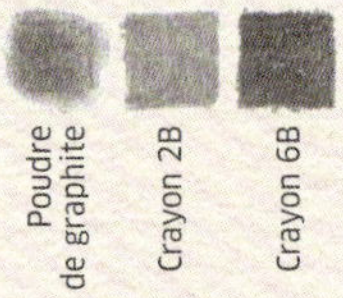

- Poudre de graphite
- Crayons 2B et 6B
- Chiffon doux ou serviette en papier
- Gomme
- Taille-crayon
- Papier carton

Un paysage de campagne

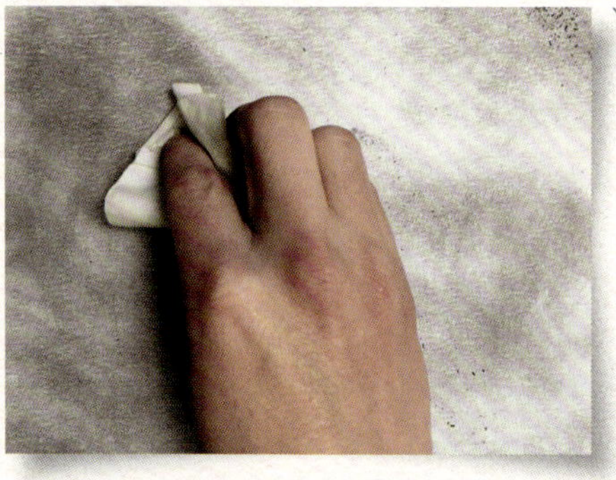

1 Fond de départ
Versez soigneusement la poudre de graphite sur le papier, en la concentrant aux endroits où les ombres seront les plus profondes. Étalez-la au chiffon en vous assurant qu'il y a au moins un peu de graphite sur toute la surface.

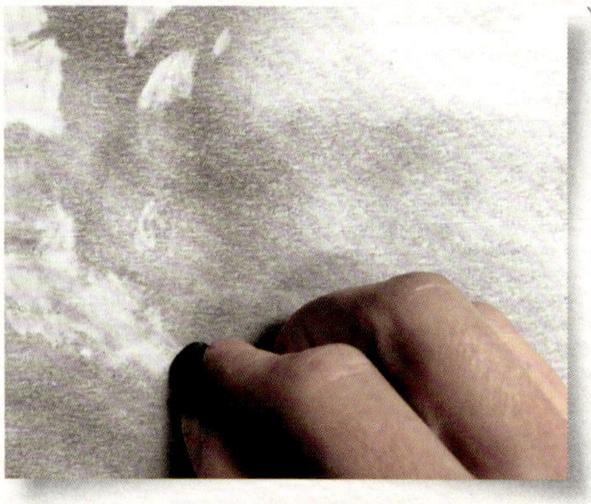

2 Gommage des tons clairs
Avec votre gomme, dégagez les grandes zones éclairées, avec un soin particulier pour les espaces négatifs clairs, entre les branches par exemple. Négociez les transitions en enlevant doucement le graphite avec la tranche de la gomme.

Un travail par soustraction

La poudre de graphite, achetée ou bien recyclée lors de la taille des crayons, donne un fond uni de ton moyen ; une série de hachures produirait un effet similaire. Entraînez-vous à dessiner à la gomme pour découvrir la panoplie de tons, formes et traits qui peuvent être obtenus.

Fond de graphite

Versez en pluie un peu de poudre sur la feuille à plat, et frottez-la avec un chiffon doux ou une serviette en papier, en soufflant doucement pour ôter l'excédent.

Lumières à la gomme

Ramenez la lumière dans l'ombre avec le bout propre et pointu d'une gomme. Appuyez plus fort pour les éclats vifs. Une sphère éclairée d'un côté constitue un bon exercice.

Ombres au crayon

Avec un crayon à papier, renforcez les ombres, précisez les contours et accentuez les contrastes en assombrissant encore le fond derrière les rehauts de lumière.

Un gommage en douceur ménage des transitions subtiles.

3 Tons sombres

Construisez les ombres bien marquées au crayon 2B, en déployant toute votre gamme de motifs et hachures pour suggérer la texture des haies et de la colline boisée. Insistez sur les ombres les plus denses au crayon 6B.

4 Rehauts lumineux

En appuyant fortement, frottez le coin le plus pointu de votre gomme sur le papier pour créer des rehauts de lumière au premier plan. Faites ressortir les pans de végétation éclairés parmi les broussailles.

Masques et pochoirs

L'ART DE LA RÉSERVE

Le blanc du papier constitue habituellement la plus grande luminosité que vous puissiez obtenir dans un dessin. Clé de contrastes spectaculaires, la réserve consiste à laisser vierges certains endroits définis dès le début. Délimitez-les en finesse avec de la gomme à masquer, ou utilisez de la bande de masquage pour un effet pochoir plus linéaire.

L'emploi de la gomme à masquer

La gomme à masquer est surtout utilisée en aquarelle, mais elle fonctionne tout aussi bien avec la poudre de graphite. Lisez attentivement les instructions se rapportant au liquide que vous avez acheté et privilégiez un papier carton assez lourd pour éviter qu'il ne gondole lors de l'application.

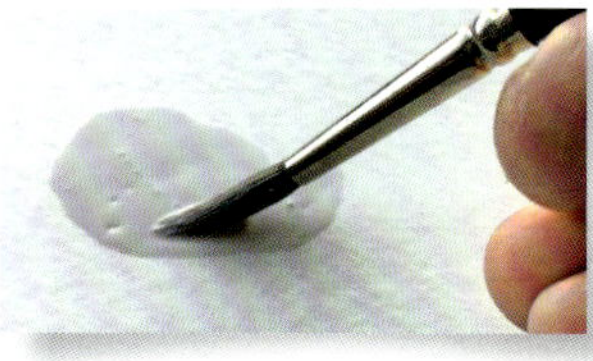

Application au pinceau
Utilisez un pinceau doux pour étaler la gomme selon la forme désirée. Ne lésinez pas sur le produit, mais n'inondez pas non plus toute la zone !

Ajout de la poudre de graphite
Laissez sécher une vingtaine de minutes, puis étalez la poudre de graphite avec un pinceau sec ou un chiffon, en prenant soin de ne pas arracher la gomme.

Bas le masque
Du bout de l'ongle ou de la pointe d'un couteau, soulevez délicatement un bord de la gomme sèche : la zone préservée se détache alors parmi les tons sombres de graphite.

EN PRATIQUE

Les rouages d'une horloge offrent des bords anguleux et de nets contrastes de tons. La gomme à masquer appliquée au pinceau va permettre de protéger les pans les plus éclairés de l'objet.

Matériel

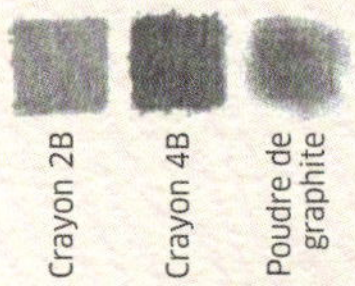

- Crayons 2B et 4B
- Poudre de graphite
- Bande de masquage
- Gomme à masquer
- Pinceau
- Estompe
- Gomme
- Taille-crayon
- Papier carton

Les rouages d'une horloge

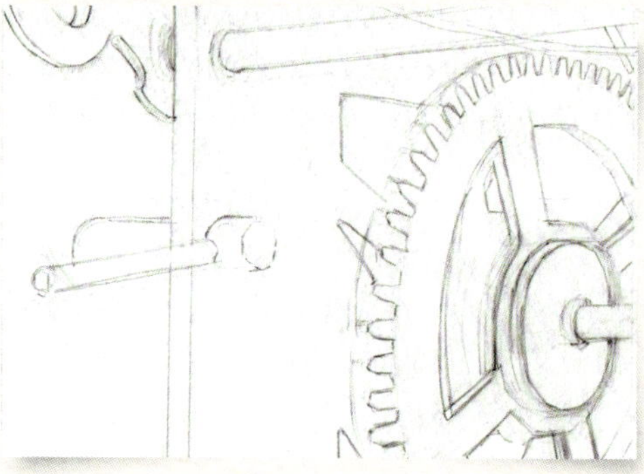

1 Dessin linéaire
Tracez les contours du sujet au crayon 2B, puis gommez légèrement votre dessin pour obtenir une base ténue sur laquelle vous disposerez bande de masquage et gomme à masquer.

2 Bande de masquage
Protégez les surfaces claires et rectilignes avec de la bande adhésive, puis garnissez les zones sombres de hachures sans crainte d'empiéter sur la bande.

3 **Gomme à masquer**
Appliquez la gomme en suivant votre croquis initial à demi effacé. Après séchage, étalez la poudre de graphite aux endroits voulus, puis ôtez la gomme.

4 **Mélange des tons**
Avec une estompe, adoucissez certaines transitions et créez les dégradés souhaités, en étalant un peu de graphite sur les zones réservées pour obtenir des demi-tons.

5 **Ombres denses**
Renforcez les ombres par des hachures au crayon 4B, et repassez sur les lignes de démarcation entre différents tons. Redessinez aussi des détails comme les engrenages.

Poils et cheveux

TRAVAILLER LA TEXTURE

Votre sens tactile peut vous inspirer pour réaliser les traits reproduisant certaines surfaces. Pour dessiner un pelage ou une chevelure, traduisez la texture et le sens du poil par la longueur, l'épaisseur et la direction de vos traits, tout en matérialisant les différents tons.

La texture d'un pelage

Un riche répertoire de traits permet de rendre différents types de pelages. Suivez des yeux le sens du poil, et laissez vos crayons épouser son parcours sur le papier ; orientez vos traits dans la même direction que si vous caressiez de l'animal. Mais ne négligez pas les caractéristiques propres au pelage que vous dessinez ; le poil d'un chien, par exemple, peut être long ou court, raide ou bouclé.

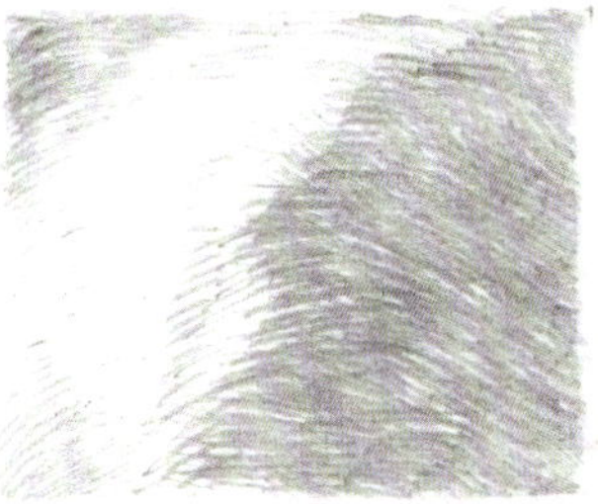

Poil court
Pour saisir les tonalités et la texture d'un pelage court, tracez des traits brefs et nets en tenant votre crayon entre le pouce et l'index. Observez et dessinez le pelage de différents animaux : dru, doux, soyeux...

Poil long
Le pelage bien tenu d'un chien à poil long reflète la lumière à la manière d'une chevelure humaine. De longs traits en traduiront l'opulence et la brillance.

Poil bouclé
Un pelage épais et bouclé reflète moins directement la lumière ; notez les ombres profondes à la base de chaque boucle, et travaillez la texture en suivant la courbe des poils.

EN PRATIQUE

Ce chien a été dessiné d'après une photographie, car il ne se tient tranquille guère longtemps. Lorsque vous travaillez ainsi d'après des images de référence, munissez-vous de plusieurs clichés.

Matériel

- Crayons 2H, HB et 2B
- Gomme
- Taille-crayon
- Papier carton

Un chien assoupi

1 Croquis initial
Au crayon HB, croquez les grandes lignes du corps du chien d'un trait ample et spontané, en vous intéressant autant à l'animal lui-même qu'aux espaces négatifs qui l'entourent. Pensez à la morphologie du chien sous son pelage.

2 Traits saillants
Repérez quelques formes clés de la composition : oreilles, museau, pattes, contour des yeux. Situez-les dès à présent, pour les retravailler par la suite.

« Un riche **répertoire de traits** sait traduire tous types de **pelages ou chevelures**. »

3 Zones ombrées
Par des hachures rapides et légères au crayon 2B, matérialisez les zones sombres du chien et de son environnement : ton local du pelage bigarré, ou ombres sur son corps, par exemple.

4 Traits sombres
Repassez au crayon 2B les contours les plus sombres, et au 2H les plus légers. Précisez et clarifiez les traits du chien, et enrichissez les tonalités de son museau, de ses yeux et de ses oreilles.

5 Texture de surface
Une fois fixés les détails de la pose, concentrez-vous sur le pelage. Travaillez le ton et la texture par des traits brefs et nets orientés dans le sens où vous caresseriez l'animal. Appuyez davantage – ou passez à un crayon plus tendre – pour les zones les plus sombres du pelage.

Les couches de graphite

UN DOUBLE TRAVAIL SUR LA LIGNE ET LE TON

Un même dessin associe souvent deux types de traits : les uns saisissent les lignes, les autres traduisent les tons. La ligne sert à installer le sujet sur la feuille, à mettre au clair les contours des objets ; le ton aide à décrire le monde tel que nous le voyons, en suggérant les jeux d'ombre et de lumière, et le volume des formes. L'association du crayon et de la poudre de graphite permet d'accentuer les différences tonales.

EN PRATIQUE

Beaucoup de choses sont représentées dans cette vue portuaire, du plan le plus rapproché au plus lointain. Choisissez un sujet offrant la même gamme de formes, de textures et de tons.

Matériel

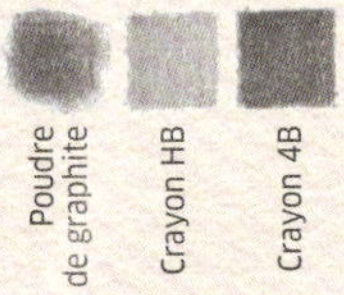

- Poudre de graphite
- Crayons HB et 4B
- Gomme
- Taille-crayon
- Estompe ou tortillon
- Papier carton

Une scène portuaire

1 Dessin linéaire
Construisez la vue en réalisant un simple croquis linéaire au crayon HB. Appuyez plus ou moins le trait selon la nature des contours : la ligne sera souple et légère pour le bord de l'eau, plus sûre et appuyée pour les bateaux et bâtiments.

2 Application de la poudre de graphite
La deuxième couche est celle de la poudre de graphite : étalez-la avec une estompe ou un tortillon pour étoffer par couches de tons la structure de votre croquis initial.

L'usage de la poudre de graphite

Ce graphite, le même que celui des crayons, se présente sous la forme d'une poudre fine. On peut l'appliquer sur un dessin préalable en le versant en pluie, en l'étalant au pinceau, à la main ou au chiffon, ou en le tamponnant sur le papier, selon le niveau de contrôle désiré. Bien utilisée, la poudre de graphite donne des tons profonds et très unis.

Tamponnage
Enroulez une serviette en papier autour de votre doigt, trempez-la dans la poudre, et tamponnez-la sur le papier, sans risque de bavures dues au gras de la peau.

Estompage
Trempez une estompe ou un tortillon dans la poudre pour une application plus maîtrisée, plus soigneuse et localisée qu'avec un chiffon.

Les contours nets ont été repassés avec une mine tendre 4B.

3 Gommage lumineux

Ôtez un peu de graphite pour ramener la lumière dans le dessin. Dégagez des blancs avec la pointe d'une gomme, et nettoyez les autres zones qui auraient été salies par la poudre de graphite.

4 Ombres précises

Avec un crayon 4B bien taillé, précisez les détails les plus sombres ; repassez nettement certains contours et assombrissez des tons pour attirer le regard vers les endroits clés et clarifier le dessin préalable.

Les surfaces réfléchissantes et transparentes

DESSINER LE VERRE ET LE MÉTAL

Représenter une surface réfléchissante ou transparente, c'est exercer son objectivité. En plus de l'objet lui-même, il faut prendre en compte et traduire la vision déformée de son environnement qui s'y reflète ou le traverse.

Dessiner ce que l'on voit

Nous tendons à voir les objets tels que nous attendons qu'ils apparaissent. Dessiner des objets de même forme mais de matériaux divers permet de saisir à quel point ils révèlent différemment ombres et lumières.

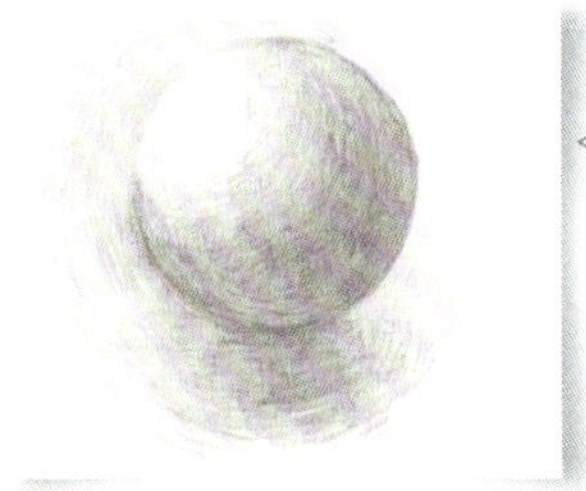

Boule de bois
Le bois est opaque et peu réfléchissant : la lumière renvoyée par la surface de la boule ne dénote que sa forme sphérique et la direction de l'éclairage.

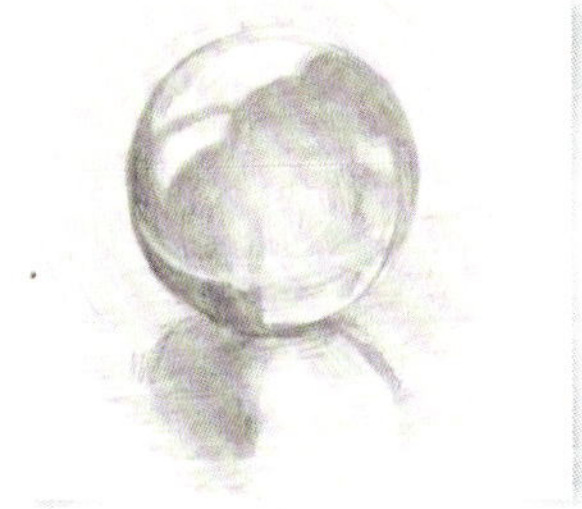

Boule de verre
Elle est à la fois réfléchissante (sa surface reflète la lumière d'une fenêtre) et transparente (elle laisse transparaître, en l'amplifiant, la lumière projetée sur la table).

Boule d'acier
Le métal poli est opaque, mais très réfléchissant : il reflète la pièce qui l'entoure, distordue par sa surface courbe. Dessiner la boule, c'est aussi dessiner la pièce.

EN PRATIQUE

Agencez votre propre nature morte pour vous exercer à traduire les qualités réfléchissantes et transparentes d'objets de matières différentes. Ici, la bouteille de vin, opaque et brillante hormis son étiquette mate, côtoie un verre transparent (à moitié empli de vin opaque) et un bol en métal rutilant.

1 Croquis initial
Un croquis au crayon HB vous permet de situer les objets, de composer la nature morte sur la feuille et d'ajuster les proportions avant de fixer les contours définitifs.

2 Forme des objets
Gommez doucement les traits là où les lignes se dérobent au regard, puis précisez au crayon HB les contours de la bouteille, du verre et du bol.

Le contour de la bouteille disparaît derrière le vin contenu dans le verre.

3 Zones de tons
Tracez les contours des zones claires, intermédiaires et sombres telles que vous les voyez à la surface des objets. Départagez simplement l'ombre et la lumière d'une ligne ténue, qui vous servira de repère lors de l'application des tons.

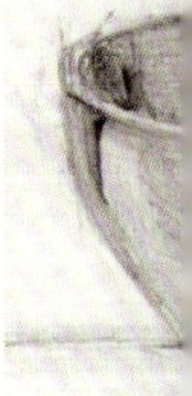

4 Tons clairs Réalisez des hachures au crayon 2H pour couvrir les zones de tons clairs, en laissant vierges celles dévolues aux lumières et aux ombres.

Matériel

Crayon 2H — Crayon HB — Crayon 4B

- Crayons 2H, HB et 4B
- Gommes (plastique et mie de pain)
- Taille-crayon
- Papier carton

Une nature morte riche en reflets

5 Demi-tons Reprenez votre crayon HB pour hachurer les zones de tons un peu plus foncés, en jouant sur l'épaisseur et la densité de vos traits afin de traduire les nuances telles que vous les voyez.

6 Tons sombres Appliquez les tons les plus sombres par des traits épais et denses de crayon 4B. Procédez par couches pour assombrir les demi-tons. N'hésitez pas à utiliser un crayon encore plus tendre si nécessaire.

« Traduisez simplement la forme des ombres et lumières telles que vous la percevez. »

Artiste **Jake Spicer**

Titre ***Francesca* à son miroir**

Technique **Crayon et poudre de graphite**

Support **Papier carton**

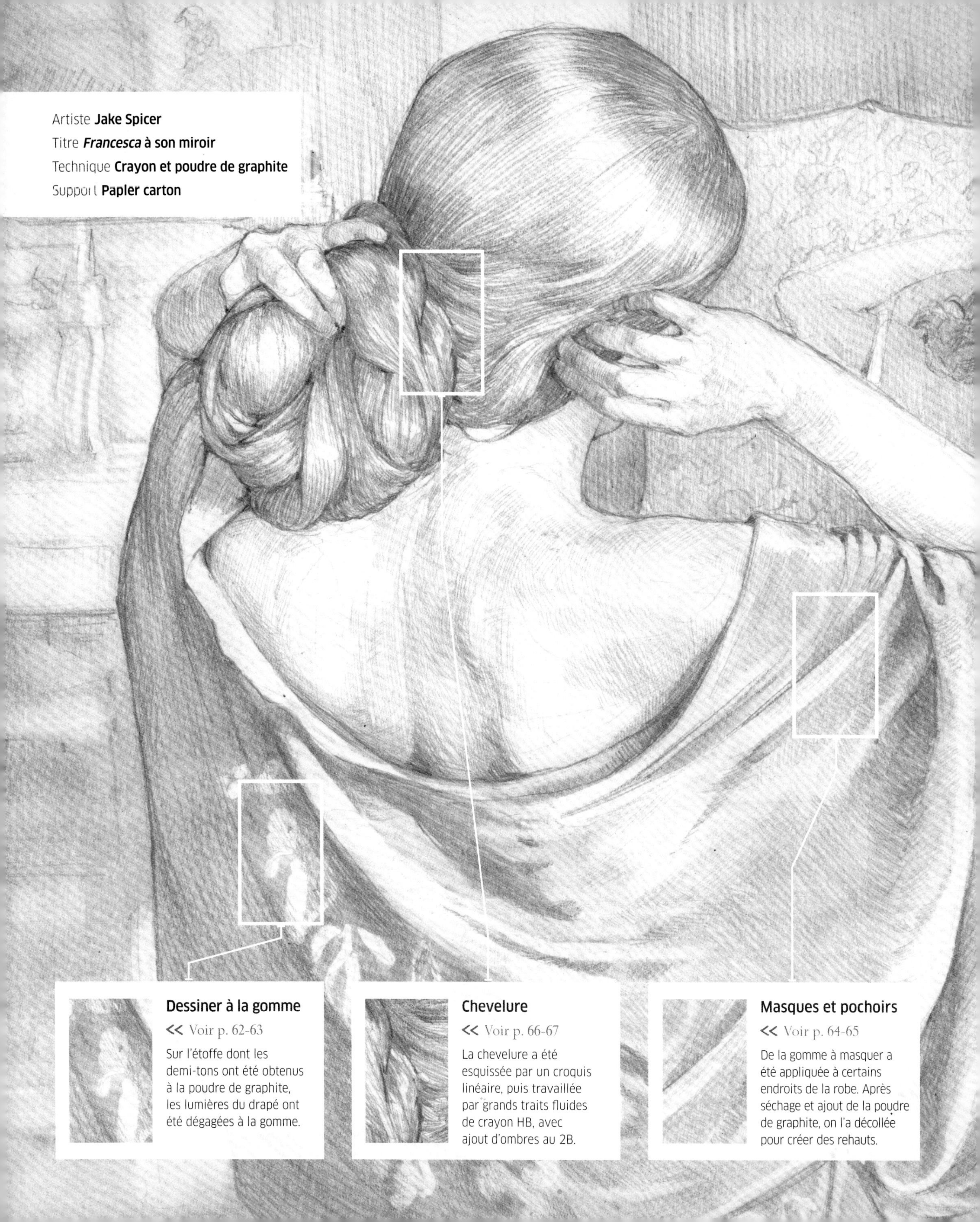

Dessiner à la gomme

« Voir p. 62-63

Sur l'étoffe dont les demi-tons ont été obtenus à la poudre de graphite, les lumières du drapé ont été dégagées à la gomme.

Chevelure

« Voir p. 66-67

La chevelure a été esquissée par un croquis linéaire, puis travaillée par grands traits fluides de crayon HB, avec ajout d'ombres au 2B.

Masques et pochoirs

« Voir p. 64-65

De la gomme à masquer a été appliquée à certains endroits de la robe. Après séchage et ajout de la poudre de graphite, on l'a décollée pour créer des rehauts.

Récapitulatif des techniques

Les techniques sont mises en œuvre dans une composition où prédominent la chevelure et les surfaces transparentes et réfléchissantes. Les demi-tons sont réalisés à la poudre de graphite, les éclats lumineux à la gomme.

Les surfaces réfléchissantes

« Voir p. 70-71

Les flacons ont été construits par étapes aux crayons 2H, HB et 2B, puis les rehauts ont été dégagés avec une gomme pointue.

Bande de masquage

« Voir p. 64-65

De la bande de masquage a préservé les zones claires du miroir avant l'application de la poudre de graphite pour les demi-tons de l'arrière-plan.

Les couches de graphite

« Voir p. 68-69

Le dessin a été élaboré par couches successives de hachures et de poudre de graphite étalée à l'estompe, fixées à chaque étape.

Le fusain

Le dessin au **fusain**

Le fusain est un charbon noir velouté qui laisse des marques très denses et sombres. Il sert presque exclusivement au dessin artistique, et se retrouve dans tous les cours de dessin sur modèle vivant. Naturellement expressif, il donne des traits souples et fluides, et permet un travail rapide des ombres. Sa gamme de traits et de tons en fait l'outil idéal pour les études destinées à être traduites en peinture.

Les pages qui suivent présentent les différentes formes de fusains et leurs multiples usages. Vous pourrez ensuite vous faire la main à travers 15 techniques de niveau d'abord débutant, puis intermédiaire, et enfin avancé. Tous ces procédés seront mis en œuvre dans une réalisation reproduite et analysée à la fin de chaque section.

1 Techniques pour débutants

■ Voir p. 82-93

Pour commencer, explorez le dessin gestuel et apprenez à isoler les zones plus ou moins sombres, puis à fondre les tons, à dessiner à la gomme, et à distinguer la couleur et la valeur tonale des objets que vous voyez.

Récapitulatif des techniques pour débutants (p. 92-93)

2 Techniques intermédiaires

■ Voir p. 94-105

Apprenez ensuite à suggérer le volume, à associer le fusain et la craie blanche sur un papier en demi-ton, à exploiter les effets de clair-obscur, à créer des compositions tonales en vignettes, et à construire les tons par pointillage.

Récapitulatif des techniques intermédiaires (p. 104-105)

Simple produit de la combustion du bois, le charbon s'offrait sans peine à nos ancêtres préhistoriques. Certains des plus anciens dessins au charbon connus, comme les figurations animales de la grotte Chauvet, en Ardèche, seraient vieux de 29 000 à 33 000 ans.

Ce matériau facile à se procurer et bon marché devait rester un moyen d'expression artistique privilégié, surtout employé dans les études de portraits et de modèles humains. Sa popularité ne semble pas près de se démentir.

Les caractéristiques du fusain

Le fusain traditionnel est issu de la combustion de brins de saule ou de vigne. Il marque bien et s'étale ou s'estompe facilement, ce qui encourage l'expressivité du trait. Le fusain compressé, sous forme de bâton ou de crayon, permet des traits plus maîtrisés, denses et sombres.

Naturellement tendre, le fusain s'émousse assez vite, ce qui convient mal au travail en précision. Certains types de bâtons peuvent cependant être affûtés sur du papier abrasif. Le crayon fusain, avec sa mine de fusain compressé, peut au besoin être taillé en pointe fine avec un cutter.

Comme la plupart des fusains s'effacent assez facilement, ils sont idéaux pour le travail par soustraction, qui consiste à éclaircir les tons sombres en les gommant, pour ramener la lumière dans le noir. Mais cette caractéristique peut aussi être un désavantage, car on a vite fait d'effacer ou de barbouiller un trait par accident ; il est donc recommandé d'utiliser un fixatif pour conserver ses dessins.

3 Techniques avancées

■ Voir p. 106-117

Exercez-vous enfin à moduler le ton pour suggérer l'atmosphère et les ambiances, à travailler par couches avec du fixatif, et à aborder l'art du portrait. Terminez en combinant plusieurs types de fusains.

Récapitulatif des techniques avancées (p. 116-117)

Les différents types de fusains

DES FORMES ET APPLICATIONS MULTIPLES

Selon le style de votre dessin, vous opterez pour l'expressivité du traditionnel bâton de fusain de vigne ou de saule, ou pour l'aspect plus contrôlé du fusain compressé. Le charme du fusain tient en partie à la possibilité de l'étaler ou de l'effacer : munissez-vous d'estompes et de gommes.

Essayez-vous aux multiples formes de fusains pour trouver celle qui convient le mieux aux sujets et procédés auxquels vous vous destinez.

Le bâton de fusain de saule ou de vigne

Le fusain est facile à mettre en œuvre, et sa ligne fluide peut sans peine être corrigée ou façonnée pour lui donner l'aspect souhaité. Le saule et la vigne produisent les meilleurs traits et la profondeur de ton la plus riche (d'autres bois peuvent également être utilisés). Obtenus par la combustion de brins naturels dans un four, ces bâtonnets sont légers, cassants et de forme irrégulière. Le saule est tendre et donne des traits veloutés, qui accrochent peu et sont donc faciles à étaler et à gommer. Les fusains plus durs peuvent être taillés en pointe avec un couteau ou du papier de verre ; leur trait est plus net et moins noir.

Le fusain compressé et en poudre

Le fusain compressé, obtenu par broyage fin puis mélange avec un liant, se présente sous forme de bâtonnets ronds, de blocs carrés ou de mines de crayon. Plus dense, plus lourd et moins cassant que les brins de saule ou de vigne, il laisse un trait plus sombre, souvent difficile à effacer. Le fusain en poudre peut être étalé sur de grandes surfaces avec le doigt ou à l'aide d'un chiffon, d'une estompe ou d'un tortillon.

Étaler, façonner et gommer le fusain

Divers outils peuvent servir à dessiner avec et « dans » le fusain, en le déplaçant ou en l'étalant sur le papier, ou bien en l'ôtant par endroits pour éclaircir le ton. Le papier, compacté sous forme d'estompe ou roulé très serré en

Crayons en bois
Ils se taillent comme des crayons de graphite, et leurs lignes fines se prêtent aux détails. Un crayon blanc peut servir aux rehauts lumineux.

Bâtons traditionnels
La forme la plus classique du fusain donne les traits les plus fluides. On utilise l'extrémité ou le côté des bâtonnets.

Crayons en papier
Légers et faciles à transporter, ils sont parfaits pour les croquis. Le papier se déroule pour dégager la mine au fur et à mesure qu'elle s'use.

Bloc de fusain
Solide et stable, la « craie de fusain » permet d'appliquer des tons intenses sur de grandes surfaces.

Planchette affûtoir
Avec ses feuilles abrasives que l'on remplace lorsqu'elles sont usées, elle offre un support ferme à la taille des délicats bâtons traditionnels.

Papier abrasif
On y frotte – avec douceur et constance – l'extrémité des fusains compressés, généralement après l'avoir effilée au cutter ou au taille-crayon.

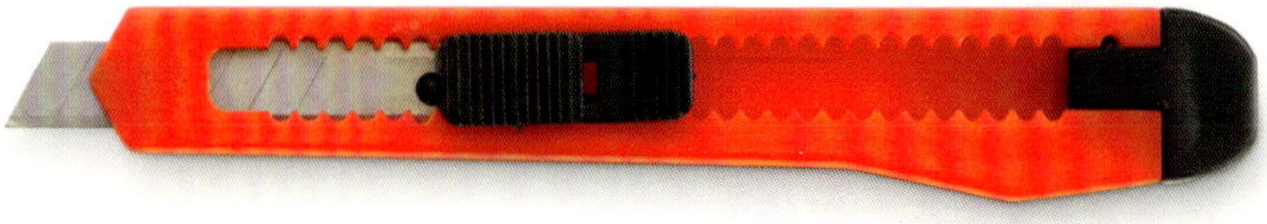

Cutter
Sa lame est idéale pour donner aux blocs de fusain dur ou aux crayons de fusain compressé la forme désirée. À manipuler avec précaution.

un tortillon, est idéal, mais un chiffon, une serviette de cuisine, un mouchoir en papier ou un gant en peau de chamois font également l'affaire. Vous pouvez aussi travailler au doigt pour un contrôle très intuitif. Pour alléger ou retirer le fusain, utilisez une gomme mie de pain malléable, façonnée selon la forme désirée, ou une gomme plastique coupée en pointe pour un travail plus précis, ponctuel ou linéaire.

Affûter le fusain

Taillez le fusain de vigne à l'aide de papier abrasif ou d'une planchette affûtoir. Frottez le bout en douceur sur la surface rugueuse, en effectuant de légères rotations, jusqu'à obtenir une extrémité finement biseautée. Appuyez à peine pour ne pas casser le bâton.

Les crayons de fusain compressé, sertis dans du bois, peuvent être aiguisés au taille-crayon sans casser. Pour les crayons entourés de papier, il suffit en général de dérouler l'enveloppe pour mettre à nu la mine, que vous affûterez sur du papier abrasif.

Estompes
Ces cylindres de papier compacté présentent une ou deux pointes fines qui servent à mélanger, étaler et déplacer le fusain sur le papier.

Gommes
Selon le niveau de contrôle et de précision souhaité, utilisez une gomme malléable – dite « mie de pain » – ou en plastique.

Tortillons
Généralement plus petits que les estompes, ces tubes de papier très serré s'utilisent de la même manière. On déroule le papier pour entretenir la pointe.

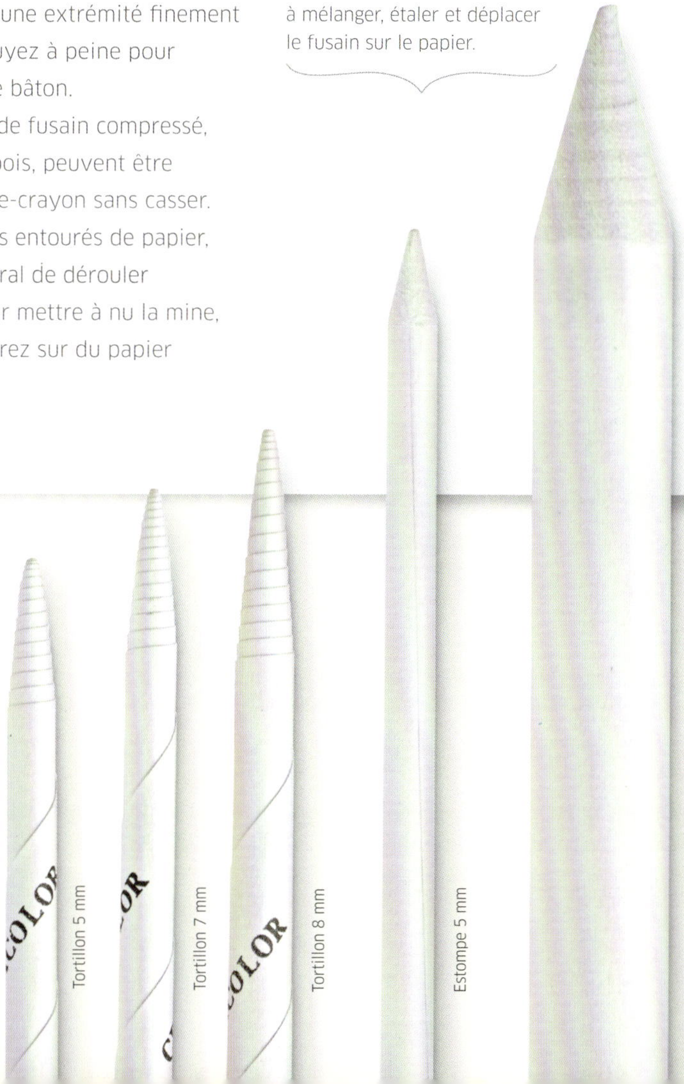

Le choix du support

LES SURFACES IDÉALES POUR LE DESSIN AU FUSAIN

Le plus souvent utilisé sur papier (feuilles volantes comme carnet de croquis), le fusain sait aussi s'adapter aux surfaces les plus variées : toile, carton, bois, ou même pierre. Dès que votre dessin est terminé, vaporisez un fixatif, puis manipulez-le avec précaution et rangez-le soigneusement.

Un support lisse, neutre et polyvalent, comme le papier carton, est idéal pour le dessin au fusain ; mais vous pouvez aussi mettre à profit divers grammages, textures et grains pour obtenir des effets inattendus.

Bien choisir son papier

Si vous dessinez sur papier libre, fixez solidement celui-ci sur une planche avec des pinces ou de la bande de masquage. Choisissez un support bien plat et lisse, car toute irrégularité transparaîtrait dans votre dessin. Comme le fusain n'est pas gras, il peut sans risque être utilisé sur du papier de faible grammage (un papier carton de 120 à 200 g est idéal), mais un support plus lourd résistera et répondra mieux aux superpositions de couches ou au gommage. Le grain du papier et la façon dont il accroche le pigment sont déterminants pour le rendu de vos traits. Appliqué sur un papier très lisse qui accroche peu, le fusain risque d'apparaître pâle et de ne pas tenir. Une surface plus rugueuse et abrasive retiendra une plus grande quantité de fusain et donnera des traits plus foncés. La texture très marquée du papier pastel ou aquarelle accrochera au mieux le fusain, mais elle aura un impact sur le rendu de surface de votre dessin. Avec son noir très opaque, le fusain recouvre bien les papiers colorés : on obtient de beaux effets en le combinant avec du crayon blanc sur un support en demi-ton.

La conservation des dessins

Si vous ne le fixez pas, votre dessin au fusain risque de se barbouiller ou de se transférer sur un autre. Choisissez de préférence un fixatif de qualité professionnelle en aérosol. Souvent utilisée comme alternative bon marché, la laque pour cheveux vieillit mal

Papier
Le papier carton lisse offre un très bon support neutre, mais, pour des traits plus appuyés et denses, préférez une texture plus marquée comme celle du papier pressé à froid, qui accrochera mieux.

Carnets de croquis
Le fusain se prêtant surtout aux amples gestes expressifs, optez pour un carnet de croquis assez grand.

Papier monté sur planche
Ici, on a fixé la feuille sur une planche à dessin avec des pinces, et utilisé de la bande de masquage pour délimiter le cadre.

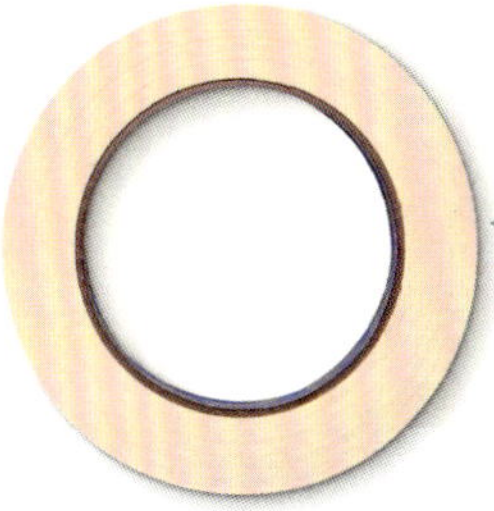

Bande de masquage
Cet adhésif repositionnable permet de fixer le papier sur une planche, ou de protéger les bords pour obtenir un cadre propre et net.

et n'assure pas une aussi bonne préservation. Si vous rangez vos créations dans un classeur, évitez les transferts entre dessins en intercalant des feuilles de papier carton ou de papier de soie dépourvues d'acide.

Les carnets de croquis

Le fusain peut être utilisé dans un carnet de croquis, à condition de ne travailler que d'un côté du papier pour éviter les transferts malheureux une fois le cahier refermé. À défaut, intercalez des feuilles de papier carton ou de papier de soie pour protéger chaque dessin. Fixez votre dessin final et laissez sécher quelques minutes avant de fermer le carnet ou de tourner la page.

L'indispensable fixatif

Avant de vous lancer, posez le papier à plat et fixez-le à une planche ou à un autre support rigide avec de la bande de masquage ou des pinces. Une fois votre dessin terminé, brossez doucement l'excédent de fusain. Dans une pièce bien ventilée, vaporisez le fixatif à un peu moins d'un mètre du papier, pour imbiber légèrement et uniformément toute la surface. Laissez sécher complètement.

« Le rendu de votre dessin au fusain est largement déterminé par la texture, le ton et le grammage du papier que vous utilisez. »

Fixatif en aérosol.

Fixatif
Un aérosol de bonne qualité est indispensable pour préserver durablement vos dessins au fusain. Il fixe les particules au papier pour éviter souillures et transferts.

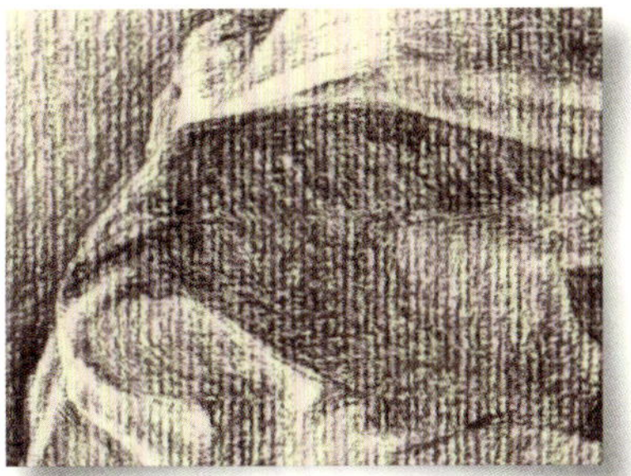

1 Dessin avant fixation
Le travail commence par les traits et tons médians. Il sera ensuite fixé à l'aérosol, et pourra être complété après séchage.

2 Dessin après fixation
Les tons légers du tissu sont préservés, tandis que de nouveaux traits viennent fouiller et densifier les plis. Le résultat est propre et net.

Le dessin gestuel

SPONTANÉITÉ ET DYNAMISME

Le dessin au fusain est une technique expressive qui offre de nombreuses possibilités, notamment pour saisir le mouvement. Pour croquer des poses tenues brièvement, fiez-vous à votre intuition et instaurez un lien direct entre l'œil et la main. Cultivez l'art de regarder et de dessiner en réponse à ce que vous voyez, sans trop préméditer chaque ligne.

Tenir le fusain

Tout votre corps doit être engagé dans vos gestes de dessinateur ; adoptez une position à la fois confortable et active, tenez votre bâton de fusain avec souplesse, et tracez vos traits en partant de votre épaule ou de votre coude (voir aussi p. 38-39).

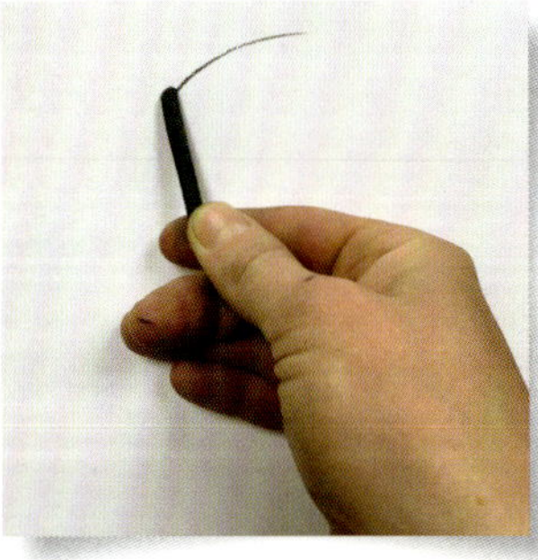

Ligne déliée
En variant la pression sur la pointe du fusain, vous donnerez plus de dynamisme à votre ligne. Votre geste doit partir de l'épaule ou du coude pour communiquer de l'énergie au dessin.

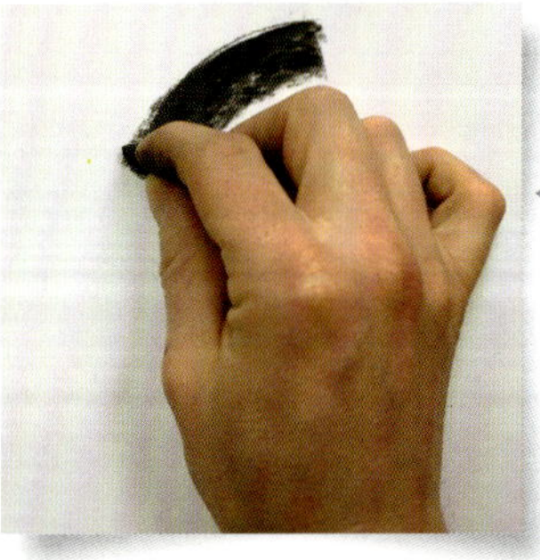

Large trait
Cassé et appliqué sur sa longueur, un petit bout de fusain peut produire des effets spectaculaires. Les bords du trait seront laissés tels quels, nettoyés à la gomme, ou au contraire barbouillés et estompés.

EN PRATIQUE

La voltigeuse, avec son cerceau métallique, a tenu plusieurs poses de 1 à 3 minutes, à la manière des poses brèves ouvrant les séances de dessin sur modèle vivant.

Matériel

Fusain de saule

- Fusain de saule
- Papier carton
- Gomme

Une voltigeuse tenant la pose

Ligne d'épaisseur variable.

1 Grands gestes
Commencez par saisir la forme et la posture du modèle par des lignes simples et rapides, légères et assurées, sans rentrer dans le détail.

« Le fusain est idéal pour saisir l'énergie et le mouvement. »

2 **Traits sombres**
Cassez un bout de votre bâton de fusain et faites-le glisser à plat sur le papier, en l'orientant selon différents angles pour varier la largeur d'un même trait.

3 **Fondus**
Un trait de fusain est sombre, mais facile à estomper ou à effacer. Avec un chiffon, la paume de la main ou un doigt, allégez ou barbouillez vos traits pour nuancer les ombres.

4 **Détails essentiels**
Avec la pointe ou l'arête d'un bout de fusain fraîchement cassé, esquissez les menus détails qui sculptent et affinent la forme : ici, les traits du visage et les collants rayés.

Le plan tonal

DÉLIMITER LES TONS

Pour bien disposer les tonalités dans vos dessins, exercez-vous à traduire la répartition des ombres et lumières sur les objets en compartiments de différentes valeurs tonales. Tracez d'abord les contours du sujet, puis ceux des zones plus ou moins sombres, que vous garnirez ensuite des tonalités voulues : vous obtiendrez ainsi sans peine de séduisants agencements de tons.

Le pourtour des ombres

Le contour d'un objet ou d'une ombre peut être une ligne nette, ou bien une transition plus floue formant un dégradé. Dotez-vous d'un lexique de traits pour traduire ces délimitations plus ou moins précises.

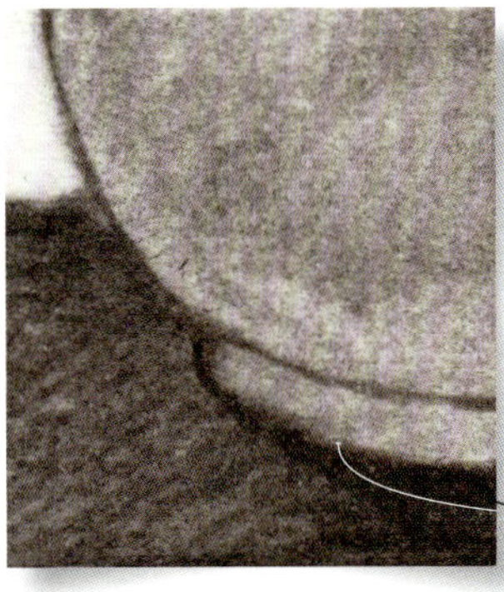

Ligne nette
Les délimitations nettes correspondent souvent au bord d'un objet dont le ton contraste avec ce qui l'entoure. Renforcez encore la démarcation en éclaircissant et en assombrissant les tons de part et d'autre.

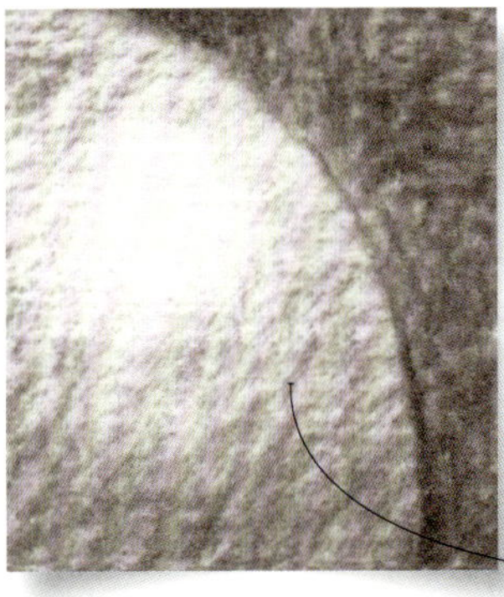

Dégradé de tons
Lorsque la lumière éclaire une surface incurvée, les tons s'assombrissent graduellement à mesure que l'on s'éloigne de la source lumineuse. Commencez du côté sombre et allégez vos traits en direction de la lumière.

EN PRATIQUE

Créez des ombres bien tranchées en éclairant un assortiment de vaisselle blanche avec une seule lampe de bureau, et en occultant la lumière ambiante.

Matériel

- Fusain dur
- Papier abrasif
- Gomme
- Papier carton

Un assortiment de vaisselle blanche

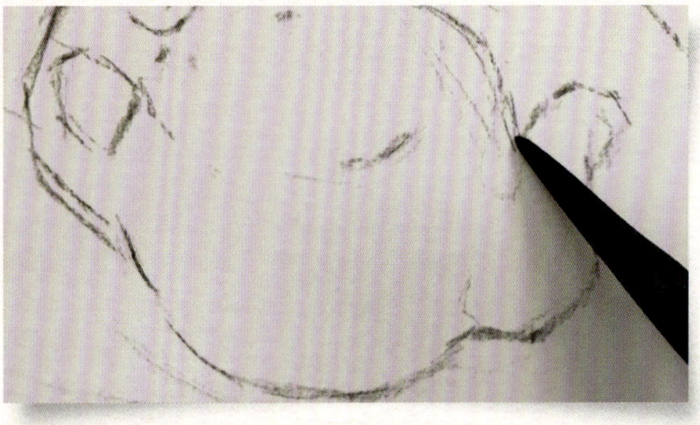

1 Contours des objets
Taillez le fusain sur du papier abrasif, puis croquez rapidement les formes générales des objets et des ombres portées.

2 Contours des ombres
Repérez les délimitations plus fines des zones d'ombres propre et portée, et traduisez-les, selon leur netteté, par un trait appuyé ou une ligne plus légère.

3 Demi-tons
Réservez le blanc du papier pour les zones éclairées et garnissez les ombres de tonalité moyenne de hachures diagonales, sans trop appuyer pour ne pas trop assombrir les tons.

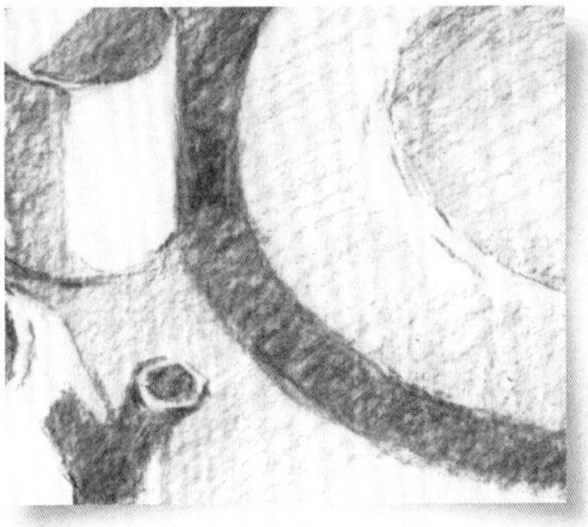

4 Tons clairs et sombres
À partir des demi-tons, négociez par des traits ténus la transition avec les zones claires, puis par des traits plus appuyés et foncés le passage à l'ombre.

« Le contour d'un objet ou d'une ombre peut être une ligne nette, ou bien une transition plus floue formant un dégradé de tons. »

Les tons fondus

ÉTALER LE FUSAIN

Le fusain peut être étalé, estompé ou barbouillé pour obtenir sans peine des effets convaincants. Pour ce faire, vos gestes doivent être pleins d'intention et de conviction. Préméditez vos traits et effets pour leur donner du sens ; de vagues tentatives de recouvrir les zones d'incertitude apparaîtraient de manière flagrante et desserviraient votre dessin.

EN PRATIQUE

Dans ce paysage côtier, le ressac baigne les rochers sombres d'un bouillonnement au blanc éclatant. Le contraste du blanc et du noir, mais aussi de la douce écume et de la pierre dure, suit des démarcations plus ou moins nettes.

Matériel

- Fusain de saule
- Serviette en papier ou chiffon
- Estompes et tortillons
- Papier carton

Une côte rocheuse

1 Réservoirs de noir
Le fusain sera votre seul pigment, que vous travaillerez avec vos outils. Faites de grands traits en frottant un bout de bâtonnet sur sa longueur, et en préservant les zones lumineuses.

2 Tons adoucis
Avec une serviette en papier ou un chiffon replié sous le doigt, passez et repassez sur la couche initiale de fusain pour éclaircir uniformément les tons sombres, sans salir les zones claires.

Les outils

Si vous étalez le fusain au doigt, le gras de la peau donnera des traits irréguliers et mal contrôlés. Privilégiez donc un chiffon en tissu ou en papier pour les grandes surfaces, et un tortillon, une estompe ou un pinceau pour les interventions plus ponctuelles.

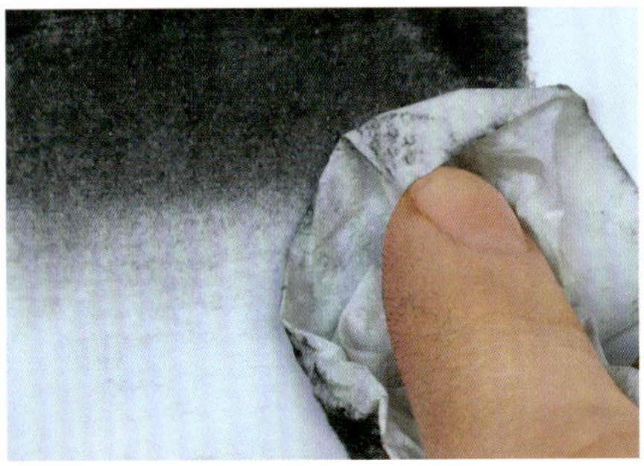

Avec une serviette en papier
Frottez de façon répétée une serviette en papier ou un chiffon en tissu sur le fond de fusain pour en tirer un ton parfaitement uni.

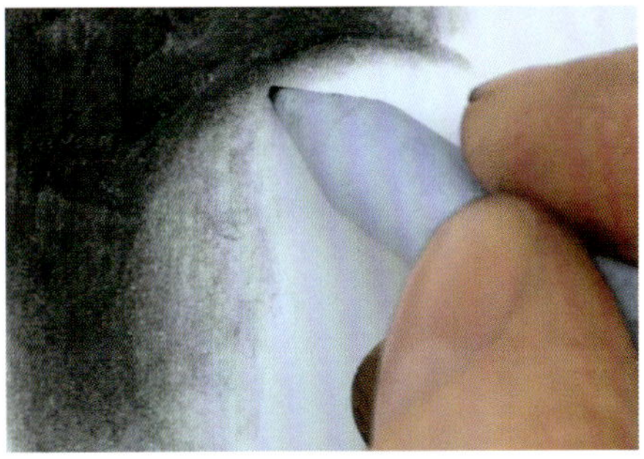

Avec une estompe
L'estompe (du papier roulé très serré en forme de crayon) peut être taillée pour un travail tout en précision.

Le fond en demi-ton fait ressortir les rochers noirs.

3 Formes sombres
Cassez un bout de fusain et appliquez-le à plat pour dessiner les zones sombres – rochers, falaises – sur le fond en demi-ton.

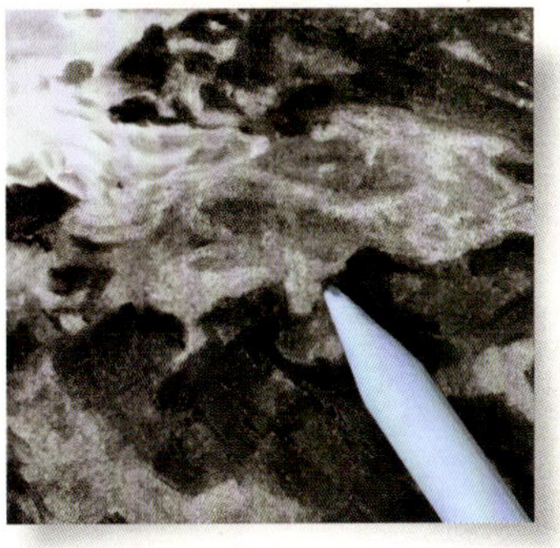

4 Estompage des détails
Avec l'estompe, ôtez délicatement le fusain pour éclaircir les espaces entre les rochers. Lorsque le bout de l'estompe a amassé assez de fusain, utilisez-le pour foncer les parties moins blanches des vagues.

Travailler par soustraction

DESSINER AVEC UNE GOMME

Une gomme sert bien plus qu'à effacer les erreurs ; c'est aussi un véritable outil de dessin, qui permet de faire rejaillir la lumière dans le noir. Commencez par étaler un fond de fusain, puis travaillez à partir de ce demi-ton : créez des éclats lumineux en mettant à nu le blanc du papier avec votre gomme, et des ombres denses en ajoutant du fusain.

De l'art de manier la gomme

En coupant en diagonale une gomme plastique rectangulaire, vous obtiendrez une longue arête effilée qui permettra de dégager de larges traînées lumineuses, ainsi qu'une pointe fine qui servira pour les éclats plus ponctuels. Pour les interventions les plus précises, vous pouvez aussi utiliser une gomme en trapèze pointu, ou en forme de crayon.

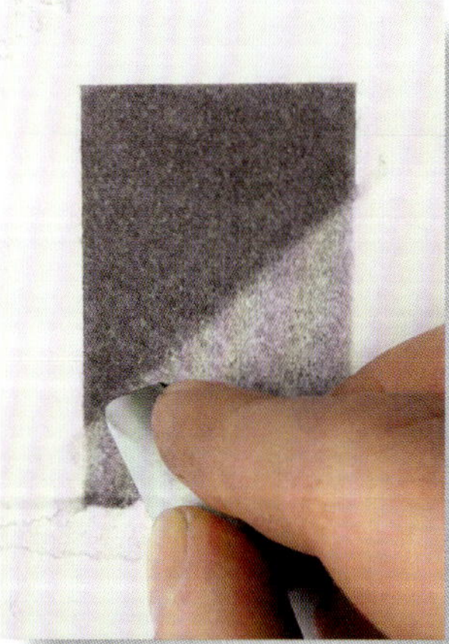

Avec le côté
Dégagez de larges bandes claires en effectuant un seul passage avec le côté long de la gomme. Appuyez avec fermeté et constance, et ôtez l'excédent de fusain avant de répéter.

Avec la pointe
Taillez la gomme à l'angle souhaité et maniez-la avec l'index tout près de la pointe pour contrôler au mieux la pression tandis que vous ôtez le fusain.

EN PRATIQUE

Ce dessin prend pour sujet la lumière elle-même : la projection d'un soleil bas au travers des baies vitrées. Il constitue aussi un exercice sur la perspective.

Matériel

Fusain de saule

- Fusain de saule
- Serviette en papier ou chiffon
- Gomme plastique
- Papier carton

Un soleil hivernal par la fenêtre

1 Fond de fusain
Avec le côté long de votre bâtonnet, couvrez rapidement la page de noir, puis passez une serviette en papier ou un chiffon pour unifier et alléger la couche de fusain jusqu'à obtenir un demi-ton uni.

2 Gommage
Appuyez bien le côté long de la gomme pour dégager des zones lumineuses. Maniez-la comme un pinceau pour dessiner les formes sans contours. Repassez au noir les parties sombres que vous auriez brouillées.

« Une gomme ne sert pas qu'à effacer les erreurs ; c'est aussi un véritable outil de dessin. »

3 Retour au noir
Approfondissez les ombres au fusain en précisant les contours des rectangles lumineux et en renforçant les zones les plus sombres.

4 Nuances claires
Avec le bord taillé de la gomme, travaillez en finesse les nuances claires. Vous constaterez qu'il est presque impossible de retrouver le blanc du papier intact.

Estimer les valeurs tonales

LIRE LA COULEUR ET LE TON

Un dessin au fusain noir sur papier blanc est monochrome : il réduit son sujet à une échelle de gris. Savoir juger de la valeur tonale d'une surface colorée est donc important, mais peu évident de prime abord. En dessinant des objets vivement colorés, vous apprendrez à saisir les rapports de valeurs entre différentes teintes.

La valeur tonale

Dans notre perception des couleurs, leur teinte et leur saturation (intensité de la pigmentation) prennent le pas sur leur valeur tonale. Lorsque vous représentez un objet coloré, figurez-vous la manière dont il apparaîtrait sur une photographie en noir et blanc.

En couleur
Les couleurs vives attirent l'œil : ici, l'orange saturé de la clémentine capte immédiatement l'attention. L'impact des couleurs est si intense qu'il occulte les valeurs tonales et empêche de les mettre en relation.

En noir et blanc
Face à la même vue en noir et blanc, l'attention se détourne des fruits vivement colorés. Une fois les couleurs réduites à leurs valeurs tonales, on constate avec surprise que citron vert et pomme rouge semblent presque équivalents.

En monochrome, l'éclat de la lumière sur le violet profond du raisin donne une valeur proche de celle de la pomme rouge.

EN PRATIQUE

Pour dessiner en noir et blanc, on gagne parfois à observer le sujet en « dézoomant » de manière à se focaliser sur les gradations de tons, sans être distrait par les couleurs.

Matériel

- Fusain dur
- Crayon fusain
- Papier abrasif
- Tortillon
- Gomme
- Papier carton

Un assortiment de fruits

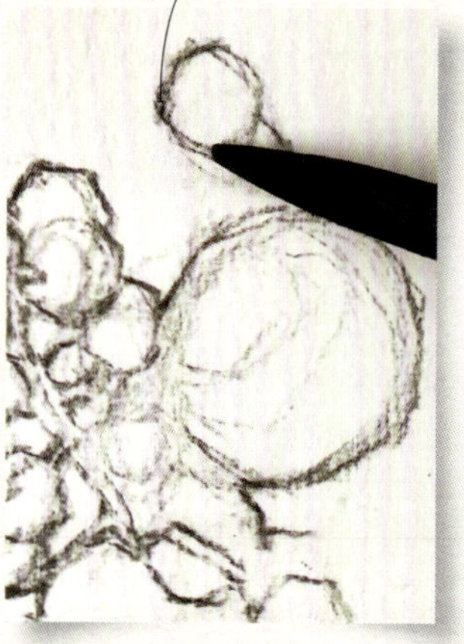

Ligne nette de fusain.

1 Croquis initial Avec un fusain dur aiguisé sur du papier abrasif, réalisez un dessin linéaire semblable à celui des pages 84-85. Concentrez-vous sur l'exactitude des contours et de la composition.

2 Demi-tons Avec le fusain dur, disposez les demi-tons, en laissant le papier vierge traduire les tons les plus clairs : le jaune du côté éclairé de la banane, par exemple, est presque aussi pâle que le fond blanc.

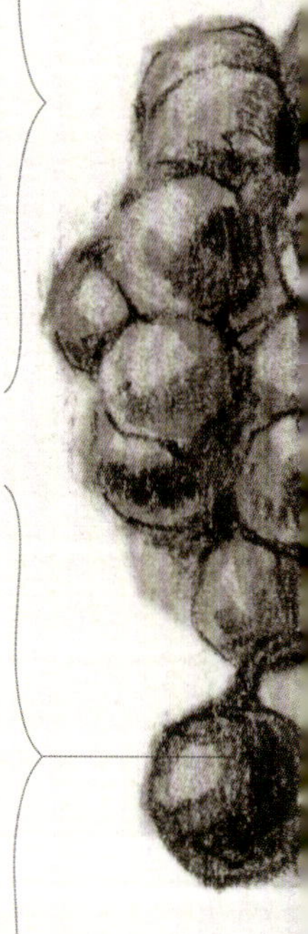

3 Fondu
À l'aide d'un tortillon, unifiez les demi-tons partout où c'est nécessaire. Ne craignez pas de trop insister : tout détail perdu pourra être rétabli par la suite.

4 Zones lumineuses
Arrachez des rehauts lumineux aux demi-tons avec une gomme. Promenez votre regard pour avoir une vue d'ensemble des rapports entre les différentes valeurs tonales.

5 Tons les plus sombres
Utilisez un crayon fusain bien taillé pour introduire les tons foncés ; le fusain compressé vous donnera accès à une gamme plus sombre que le bâtonnet.

Artiste **Jake Spicer**
Titre ***Le Viaduc de Randalstown***
Technique **Fusain**
Support **Papier carton**

Le plan tonal

« Voir p. 84-85

Le pont a été dessiné en une série de formes claires et sombres. Les zones sombres sont délimitées au fusain de saule et garnies de hachures.

Estimer les valeurs tonales

« Voir p. 90-91

Ce dessin en noir et blanc traduit les rapports de valeurs : les couleurs automnales des arbres à l'arrière-plan sont réduites à une échelle de gris.

Les tons fondus

« Voir p. 86-87

La surface miroitante et ondoyante de la rivière est rendue par un travail à l'estompe, de la lumière étant créée en arrachant du fusain aux arbres éloignés.

Récapitulatif des techniques

Sujet idéal pour explorer les techniques du chapitre, ce viaduc découpe le ciel en formes abstraites, propices à l'usage de la gomme, tandis que les jeux de lumière sur la rivière se prêtent à l'art de l'estompe.

Fondu au chiffon

« Voir p. 86-87

Les tons sombres du pont et de la route ont été égalisés et allégés avec un chiffon plié pour obtenir un demi-ton uni.

Travailler par soustraction

« Voir p. 88-89

L'une des dernières étapes a consisté à dégager de la lumière et à préciser le pourtour des pans de ciel clair avec une gomme mie de pain.

Le dessin gestuel

« Voir p. 82-83

Une figure en mouvement a été croquée tandis qu'elle traversait le premier plan. Son dessin hardi prend du relief sur le jeu de tons général.

Masse et volume

LA TROISIÈME DIMENSION PAR LE TRAIT

Pour créer l'illusion de la troisième dimension sur le plat du papier, dotez-vous d'un répertoire de traits suggérant la forme et l'orientation des surfaces. Des traits incurvés, par exemple, traduisent une surface arrondie ; en les densifiant pour foncer le ton, on renforce également la masse de l'objet.

Suggérer les surfaces

Un dessin linéaire est inévitablement plat. Pour donner l'impression de volume sans recourir à un fort éclairage exagérant ombres et lumières, introduisez des séries de traits dont l'orientation traduit la surface des objets, que celle-ci soit plate, concave ou convexe.

Contours
En maniant un crayon fusain avec souplesse, saisissez rapidement la forme de votre sujet. C'est cette base plane et linéaire que vous garnirez de traits suggérant les surfaces.

Traits courbes
Imaginez que vous parcourez du bout des doigts la surface du sujet, et traduisez-la par des traits incurvés. Étoffez vos traits pour suggérer le volume autant que la variation des tons.

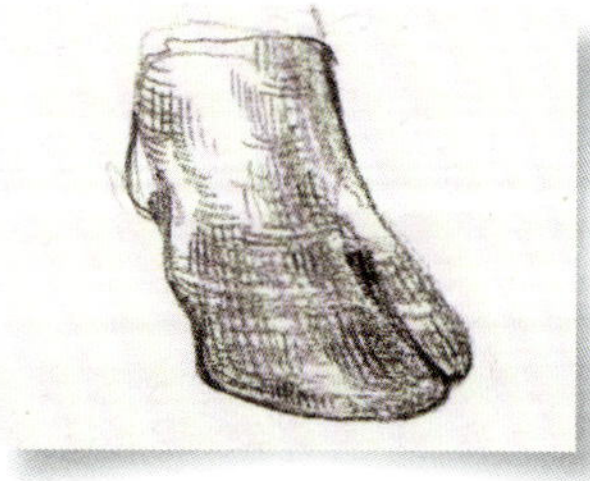

Hachures croisées
Après ces courbes ceinturant la forme, réalisez des traits transversaux décrivant l'autre direction de la surface, pour créer un treillis de hachures intensifiant et modelant le ton.

EN PRATIQUE

Sujet tout trouvé en raison de son évidente corpulence, une vache incarne en un coup d'œil la masse et le volume. L'orientation des traits nécessaires à sculpter sa forme est en outre facile à déterminer.

1 Formes structurantes
Commencez par croquer de grandes formes simples pour construire la base. Articulez les principales masses en situant les arrondis du poitrail, des jointures et de la tête.

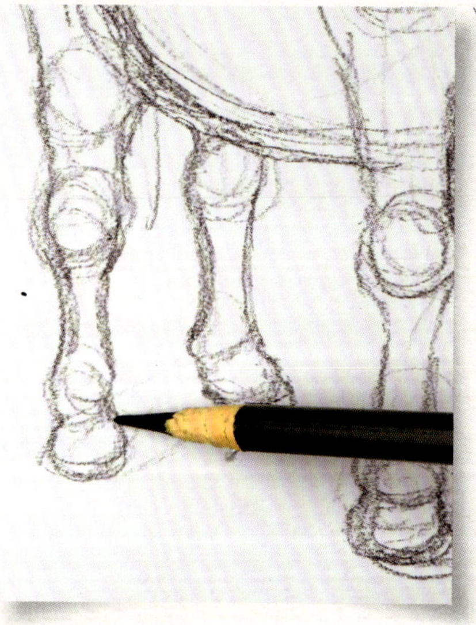

2 Grandes lignes
Avec un crayon fusain bien taillé, tracez avec légèreté les lignes droites ou courbes qui joignent les grandes masses, pour esquisser la silhouette de l'animal.

Matériel

Crayon fusain

- Crayon fusain
- Outils d'affûtage (cutter, planchette affûtoir ou papier abrasif)
- Gomme
- Papier carton

Une vache intriguée

« Développez un lexique de traits incurvés suggérant le galbe des surfaces. »

3 Traits de modelé

Sculptez les formes par des traits suggérant le galbe des surfaces. Commencez par le ventre avant de passer aux volumes plus complexes des épaules et du cou. L'orientation des surfaces est mieux perceptible en dessinant sur le vif plutôt que d'après photographie.

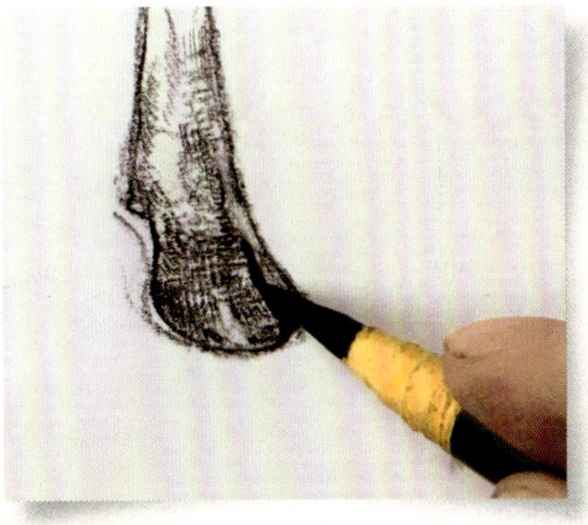

4 Hachures croisées

Une fois le volume grossièrement modelé, renforcez sa masse par des hachures transversales, suivant cette fois-ci le tronc et les membres dans leur longueur. Pensez en termes de volume autant que de ton.

Le papier en demi-ton

LES ÉTUDES TONALES SUR FOND BRUN OU GRIS

Le monde apparaît essentiellement en demi-tons ; rares sont les ombres aussi noires que le fusain ou les lumières aussi blanches que le papier. Un support en demi-ton permet de décliner ombres au fusain et lumières à la craie blanche.

Travailler à partir d'un demi-ton

Sur papier teinté, les tons clairs devront être ajoutés par des rehauts de blanc. Par traits légers, suggérez les variations de lumière qui sculptent la forme. Ombrez avec parcimonie, et introduisez les rehauts à la fin, pour éviter de mélanger la craie et le fusain.

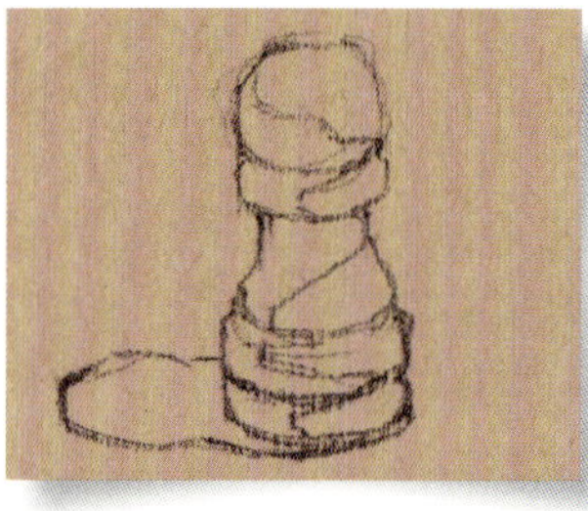

Dessin de départ
Décrivez les formes générales par des contours simples, et situez les zones d'ombre et leur démarcation avec les pans éclairés. Soyez attentif à la direction de la lumière et dessinez bien toutes les ombres portées.

Tons sombres
Repérez les formes négatives (voir p. 40-41) pour définir les zones à ombrer et les garnir de traits sombres épousant l'orientation des surfaces. Noircissez particulièrement la base de l'objet afin de l'ancrer dans son ombre portée.

Rehauts blancs
Avec une craie blanche ou un crayon Conté, introduisez les principaux éclats de lumière, en laissant le papier vierge pour les demi-tons. Orientez là encore vos traits pour épouser les reliefs, et atténuez certains contours si nécessaire.

EN PRATIQUE

Une lumière crue partage ce dessin entre éclats vifs et ombres profondes, rendus respectivement à la craie et au fusain. Le papier brun unifie la composition dans un demi-ton chaleureux.

1 Croquis initial
En traits souples et déliés au crayon fusain, saisissez rapidement les grandes lignes établissant les postures et gestes des personnages, ainsi que les objets principaux – table et chaise.

2 Zones d'ombre
Délimitez les grandes plages sombres et renforcez le croquis initial par des traits plus sûrs et appuyés, sans cesser d'observer finement votre sujet.

« Un fond en demi-ton constitue une base harmonieuse pour les études tonales. »

Matériel

Crayon fusain

- Crayon fusain
- Crayon Conté blanc
- Outils d'affûtage (cutter, planchette affûtoir ou papier abrasif)
- Papier brun

Des joueurs d'échecs

3 Ombres légères

Le papier brun fournit les demi-tons des figures et du jeu d'échecs. Restituez les tons un peu plus sombres par des hachures épousant le galbe des figures. Unifiez par endroits en étalant le fusain.

4 Rehauts lumineux

Utilisez un crayon Conté blanc pour poser les éclats lumineux les plus vifs sur les figures et le jeu. Soyez parcimonieux pour maximiser l'impact de vos traits, et traduisez bien la direction de la lumière.

Le clair-obscur

DRAMATISER LES LUMIÈRES

Les Italiens l'appellent *chiaroscuro*. L'art du clair-obscur vise à créer des effets dramatiques en accentuant les ombres et lumières d'une image. Pour ce genre d'étude tonale très tranchée, pensez strictement votre sujet en termes de lumière. En changeant la direction de l'éclairage, vous changez aussi le sujet lui-même.

Un éclairage bien dirigé

Avant de saisir votre crayon, explorez les différents éclairages possibles pour trouver la configuration qui vous inspire. Les exemples ci-dessous montrent comment l'aspect d'un crâne animal change radicalement en fonction de la lumière. Pour optimiser l'effet, occultez la lumière ambiante avec du tissu noir.

Par l'avant
L'éclairage du crâne par l'avant révèle bien le pourtour net de toute sa surface visible, ainsi que certaines ombres intéressantes. Une longue observation sous cet éclairage vous permet de repérer de nombreux détails.

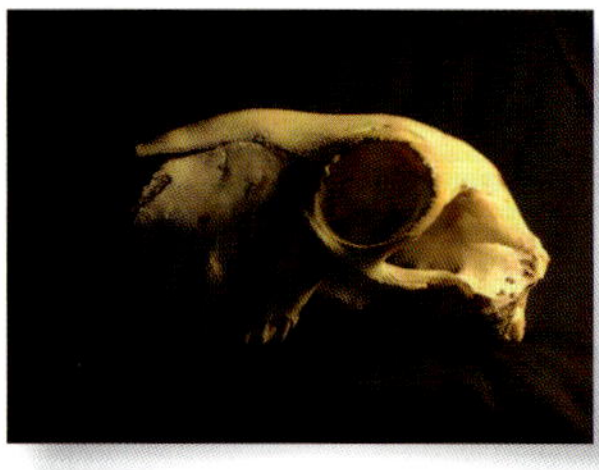

Par le côté
Le côté droit du crâne est vivement éclairé par une source lumineuse, tandis que, du côté gauche, plongé dans l'ombre, les détails sont difficiles à distinguer et tendent à se fondre dans le noir du tissu.

Par le dessous
Dirigée vers le haut, la lumière frappe la base du crâne alors que le sommet se trouve plongé dans l'ombre. L'orbite circulaire et les détails de la dentition sont plus clairement visibles.

EN PRATIQUE

Déclinez les éclairages pour mettre en lumière le maximum de détails. Choisissez un objet proche du blanc pour mieux discerner les plages d'ombre sans être distrait par les variations de couleur.

Matériel

- Bâtonnet de fusain compressé
- Serviette en papier ou chiffon
- Gomme
- Papier carton

Un crâne de mouton (sans mâchoire inférieure)

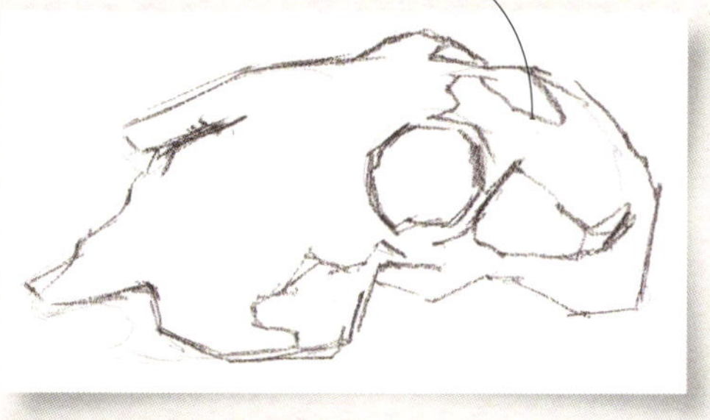

1 Contours des ombres
Du bout effilé de votre fusain compressé, dessinez les contours des ombres que vous voyez plutôt que le crâne lui-même (plissez les yeux au besoin). Délimitez simplement les plages d'ombre.

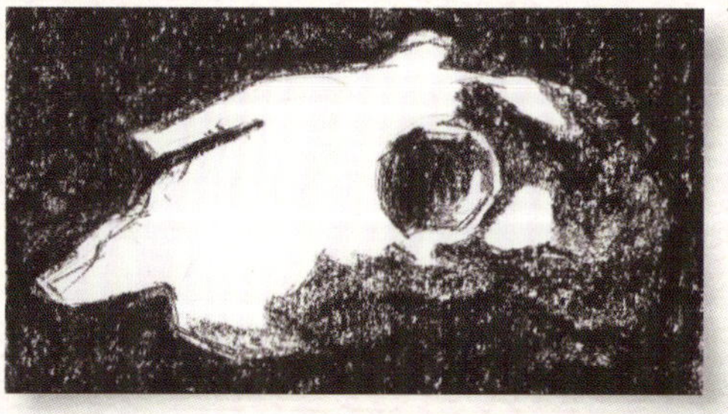

2 Fond sombre
sa longueur pour noircir le fond et les ombres les plus profondes du crâne, tout en préservant les zones de demi-ton et d'éclats de lumière.

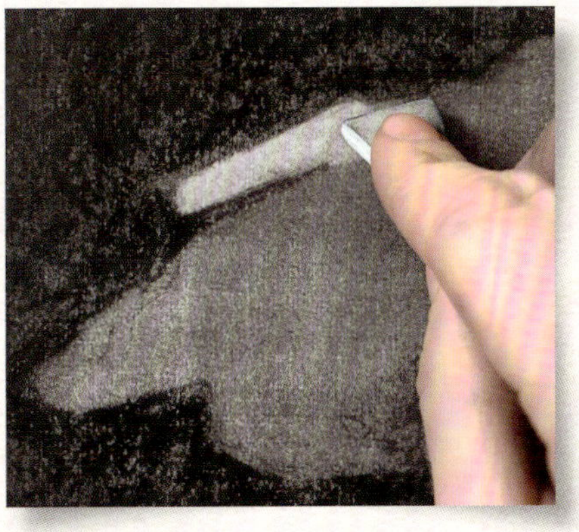

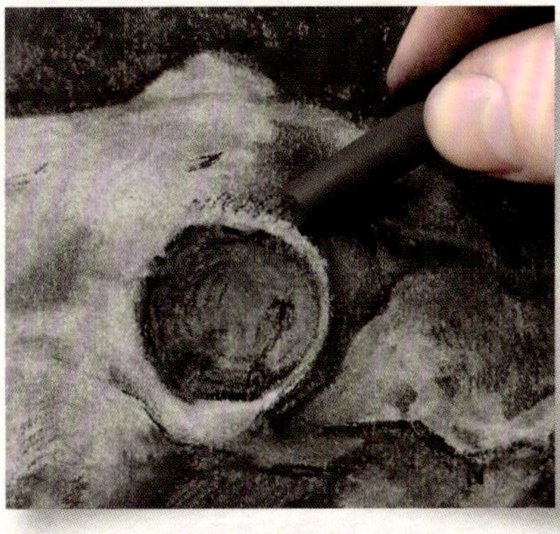

3 Réduction des contrastes
Passez une serviette en papier ou un chiffon sur votre dessin d'un geste à la fois léger et sûr, pour étaler un demi-ton sur le blanc du papier. Vous choisirez ensuite où faire jaillir la lumière.

4 Gommage des lumières
À l'aide d'une gomme, ramenez des taches de lumière dans les demi-tons. Travaillez d'abord avec le bord de la gomme, puis passez à la pointe pour les menus détails.

5 Détail des ombres
En utilisant la cassure encore nette du morceau de fusain, renforcez avec parcimonie les ombres les plus profondes, sans trop compliquer le dessin.

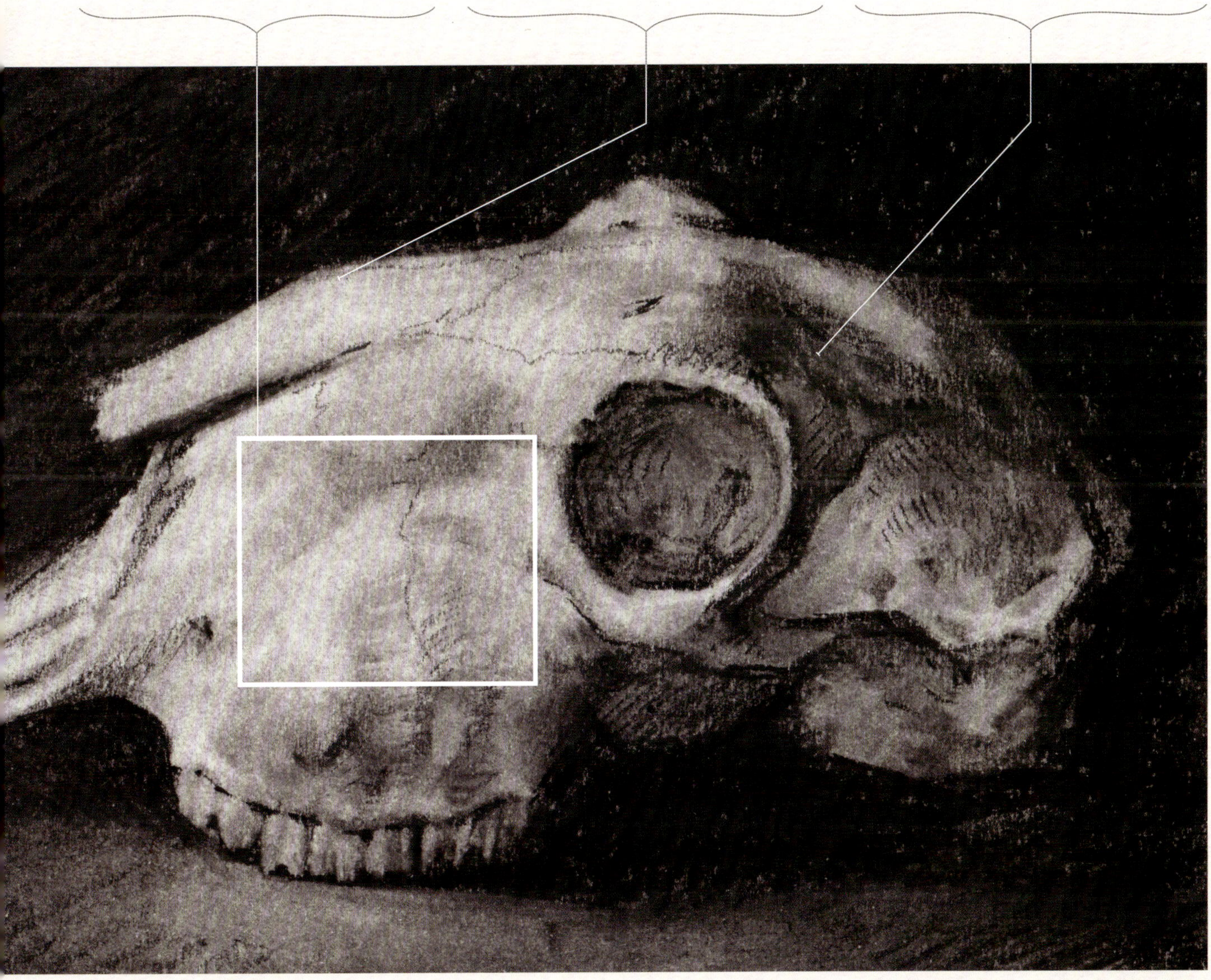

Les compositions tonales

LES ÉTUDES D'EFFETS LUMINEUX

Un dessin réussi n'est pas qu'une représentation efficace d'un sujet, mais aussi une composition satisfaisante de formes abstraites. Divisez une page de carnet de croquis en vignettes qui constitueront autant d'études rapides sur la disposition des ombres et des lumières d'un même sujet.

Cadrer une composition

Avant d'arrêter votre choix sur une vue à dessiner, explorez diverses compositions à travers une série de vignettes concises. Resserrer le cadre vous permet de moduler le rapport entre le sujet et le plan de l'image. Vous pouvez modifier les dimensions du dessin en rognant le cadre d'un croquis pour une vue plus rapprochée, en gommant pour passer du format paysage au format portrait, ou en agrandissant le cadre et en complétant l'image.

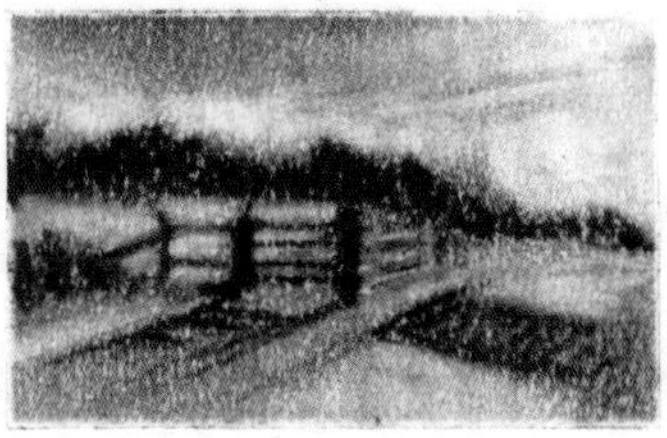

Cadrage initial
Dans ce paysage, la porte de la barrière est l'élément central, mais l'œil est aussi attiré vers l'horizon par l'éloignement des arbres et du chemin. À droite, le premier plan est relativement vide.

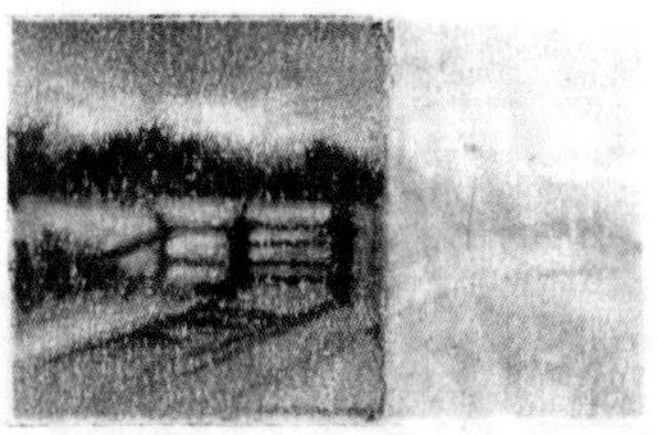

Cadrage rogné
Ce cadrage carré élimine le premier plan désert de l'image d'origine, et focalise l'attention sur la porte, plutôt que sur les éléments lointains.

EN PRATIQUE

Ces vignettes de vues campagnardes ont été dessinées dans un carnet de croquis avec divers fusains. Le soleil d'hiver était bas dans le ciel, créant des ombres spectaculaires qui ont en partie déterminé le cadrage.

Capter l'attention
Ici, l'œil est invité à suivre le chemin en direction des lumières qui se découpent entre les arbres. Les grandes plages claires du côté droit semblent converger vers le centre de l'image, pointant ainsi dans la même direction que le chemin.

Jouer sur la hauteur
Cette composition en L met en avant la verticalité des arbres. L'horizon vallonné est placé bas pour accentuer cet élan vertical, et les traînées de condensation dans le ciel guident l'œil vers les plus hautes branches.

Arbres très droits.

Jouer sur le noir et le blanc
Le prisme clair du chemin, flanqué du noir du talus et des arbres, aspire le regard vers le lointain. L'arbre isolé fournit un point d'arrêt qui empêche l'œil de s'échapper de la page.

Le chemin disparaît entre deux collines.

Jouer avec la symétrie
Le triangle sombre attire l'œil le long du chemin. Le tracé incurvé de ce dernier, ainsi que les deux vaches sur la colline de gauche introduisent une plaisante asymétrie.

Promener l'œil
Ce paysage en frise se partage diagonalement entre le ciel clair et la terre sombre. L'œil suit naturellement la pente douce de la colline en direction de l'arbre isolé.

Règle des tiers
Une éclaircie dans le ciel attire le regard vers le poteau indicateur qui dresse sa silhouette noire, solide et impérieuse. Son emplacement et celui de l'arbre respectent la règle des tiers.

La position de l'arbre est bien étudiée.

« Les formes abstraites d'une composition peuvent vous aider à choisir quoi dessiner. »

Le pointillage

LA TONALITÉ POINT PAR POINT

Modelé et dégradés de tons peuvent être obtenus par des séries de points, de pois ou de traits courts. Cette approche nécessite de procéder très graduellement, en augmentant la densité des marques pour foncer les endroits voulus, tout en laissant le papier blanc traduire la lumière.

Les dégradés de tons

Essayez-vous à des dégradés allant du plus clair (points espacés) au plus foncé (points rapprochés). Entraînez votre geste : tenez le bâtonnet avec plus ou moins de souplesse lorsque vous tapotez la pointe du fusain sur le papier, et observez l'impact sur l'aspect et le positionnement des points.

Tons clairs
Des points ou de petits traits épars donnent un ton léger où le blanc du papier transparaît sensiblement. Entraînez-vous à créer un dégradé restant dans les tons clairs, où les points seront à peine plus denses d'un côté que de l'autre.

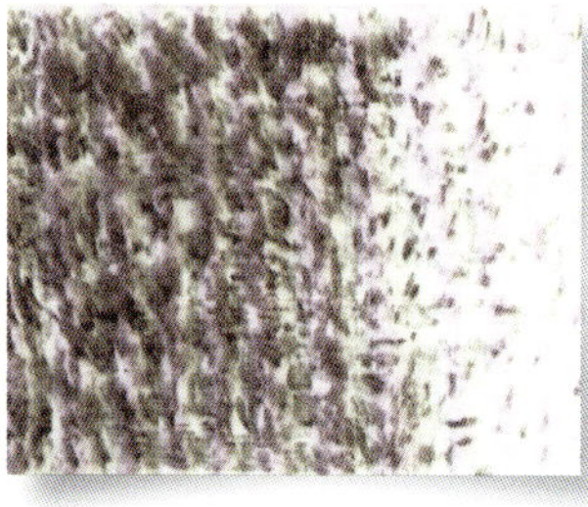

Demi-tons
Autre exercice utile pour maîtriser le pointillage : créer un dégradé allant d'un ton clair à un demi-ton. Intensifiez vos marques lentement mais sûrement jusqu'à voir apparaître une gradation fluide et toute en douceur.

Vers le noir
Si vous continuez à insister sur le dégradé en demi-ton, vous obtiendrez une échelle de tons allant du clair au foncé. Ici, c'est le côté gauche qui présente la plus grande densité de points ; notez que l'on n'y entrevoit presque plus le papier.

EN PRATIQUE

Un fort éclairage directionnel et un fond noir vous aideront à mieux saisir les contrastes de tons de votre sujet pour les traduire dans le modelé du dessin.

1 Contours en pointillé
En quelques traits de fusain très concis, situez les figures et établissez leurs proportions. Ce guide visuel vous sera ensuite très utile pour construire graduellement les tonalités.

2 Pointillage lâche
Pointillez de façon régulière, en vous en tenant à des marques espacées, sans cesser de promener vos yeux entre le sujet et le dessin. Réservez le papier pour les zones lumineuses.

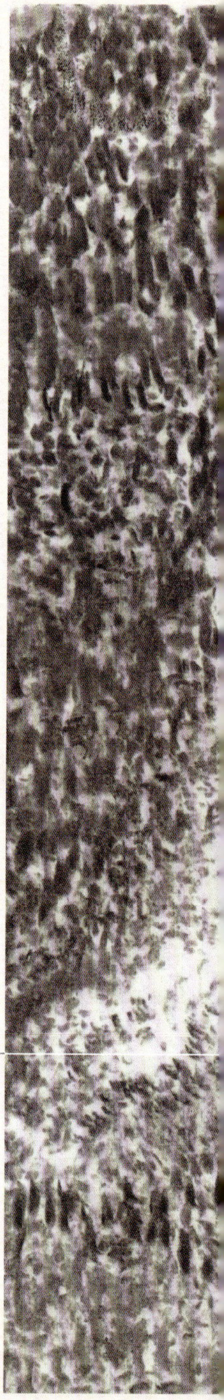

« Des points de densité régulière composent pour l'œil un ton homogène. »

Matériel

- Fusain de saule
- Papier carton

Un portrait sous une forte lumière

3 Densification

Densifiez vos points sur les parties sombres du sujet, en prenant régulièrement du recul pour avoir une vue plus générale de l'image. La forme du visage ne tardera pas à apparaître.

4 Traits dirigés

Une fois satisfait de l'effet obtenu par pointillage, terminez en renforçant certains tracés pour délimiter fortement les principales ombres ou attirer le regard vers les éléments clés.

Artiste **Jake Spicer**
Titre ***Les Statues du Parthénon***
Technique **Fusain dur, crayon fusain**
Support **Papier brun**

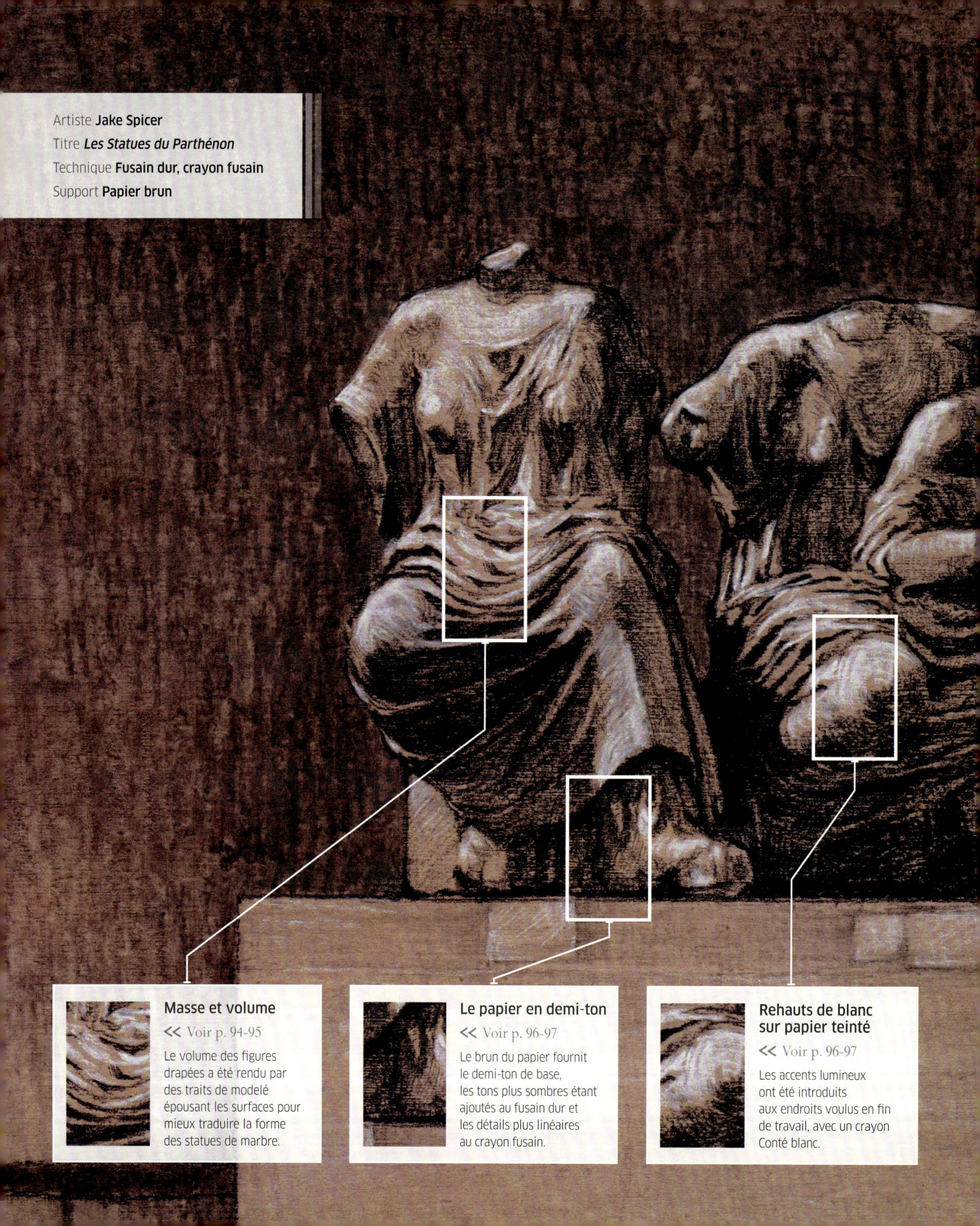

Masse et volume

« Voir p. 94-95

Le volume des figures drapées a été rendu par des traits de modelé épousant les surfaces pour mieux traduire la forme des statues de marbre.

Le papier en demi-ton

« Voir p. 96-97

Le brun du papier fournit le demi-ton de base, les tons plus sombres étant ajoutés au fusain dur et les détails plus linéaires au crayon fusain.

Rehauts de blanc sur papier teinté

« Voir p. 96-97

Les accents lumineux ont été introduits aux endroits voulus en fin de travail, avec un crayon Conté blanc.

Récapitulatif des techniques

Les musées regorgent de sujets pour les dessinateurs, munis de carnets de croquis et de planches à dessin. Ces statues ont été réalisées en combinant les techniques de modelé et de travail des tons vues dans ce chapitre.

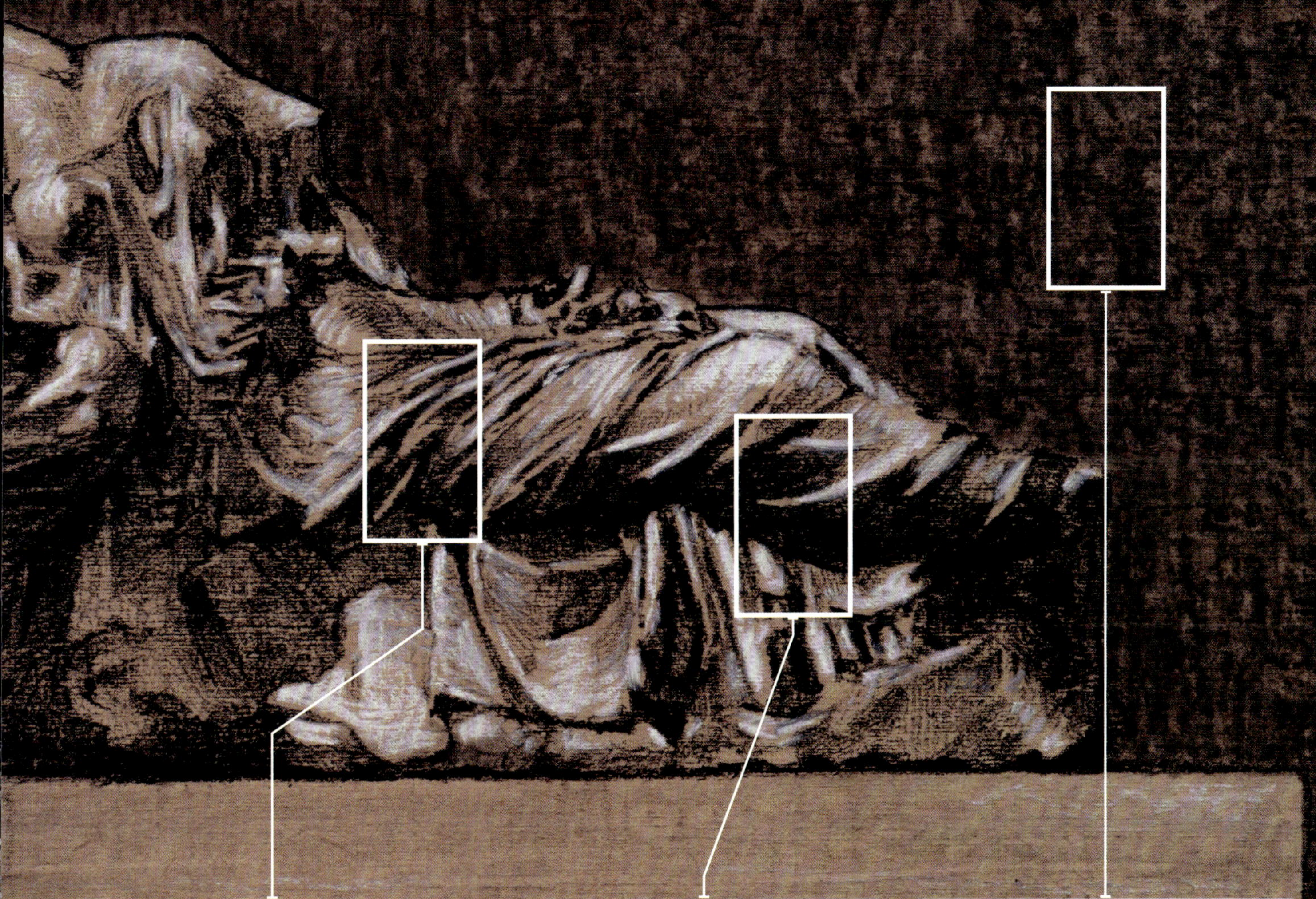

Le clair-obscur

« Voir p. 98-99

L'éclairage du musée produit sur les statues de puissants contrastes d'ombre et de lumière, rendus par la force des noirs et des blancs sur le demi-ton du papier.

Les compositions tonales

« Voir p. 100-101

Plusieurs croquis ont été réalisés avant d'arrêter le choix de cette composition statique, qui met en valeur la masse et la forte présence du groupe statuaire.

Le pointillage

« Voir p. 102-103

Le fond a été piqueté de brefs traits de fusain dur pour créer un dégradé de tons, conférant une texture intéressante à cette grande plage sombre.

La perspective aérienne

CREUSER L'ESPACE EN VARIANT LES TONS

La perspective aérienne ou atmosphérique exploite le fait que les objets apparaissent de plus en plus pâles avec l'éloignement. Plus elle parcourt de distance, plus la lumière se fait diffuse. L'effet est particulièrement évident en présence d'un arrière-plan lointain, surtout lorsque l'atmosphère est vaporeuse. Appréhendez ce phénomène pour suggérer la profondeur.

EN PRATIQUE

Dans cette vue de l'estuaire d'un fleuve, les collines lointaines apparaissent plus pâles et moins nettes à mesure qu'elles s'éloignent vers l'horizon. L'effet serait encore plus probant par temps de nuages bas.

Matériel

Fusain dur

- Fusain dur
- Papier abrasif
- Gomme
- Papier carton

L'estuaire d'un fleuve

1 Grandes lignes
Commencez par réaliser un croquis linéaire établissant les formes essentielles de la composition choisie. Vous vous concentrerez plus tard sur les variations de tons entre les différents plans.

2 Arrière-plan
Élaborez d'abord le ton des collines dans le lointain. Veillez à rester du côté des tons clairs et légers, en prévision des nuances plus sombres que vous appliquerez aux plans plus rapprochés.

Un dessin en trois plans

Répartir un dessin en trois plans – premier plan, plan intermédiaire et arrière-plan – permet de moduler le travail des tons pour suggérer l'éloignement et la profondeur. Les objets distants seront plus pâles, mais aussi plus pauvres en détails que les plus proches.

Arrière-plan

Les objets à l'horizon sont moins nets dans le tracé des formes et le contraste des tons. L'effet peut être accentué pour amplifier l'illusion de distance.

Plan intermédiaire

La manière dont les objets de ce plan recoupent ceux des deux autres aide à mettre en valeur les contrastes qui les caractérisent.

Premier plan

Les objets les plus rapprochés apparaissent plus grands, mais aussi plus détaillés, et plus tranchés dans leurs contrastes de tons.

3 Plan intermédiaire

Détaillez les objets à mi-distance en les habillant d'ombres et de lumières plus tranchées que dans le lointain. Les ombres restent cependant moins denses et les lumières moins vives qu'au premier plan.

4 Premier plan

Terminez par le détail du premier plan. Réservez le blanc du papier pour les accents de lumière et tracez des traits sombres pour les ombres denses. Les objets proches sont plus riches en détails et en variations de tons.

Dessiner par couches

SUPERPOSER LES TONS AVEC DU FIXATIF

Le fusain s'enlève facilement en frottant le papier, qualité mise à profit dans de nombreuses techniques. Mais lorsque vous superposez les couches de traits au fusain pour approfondir les noirs, vous constaterez que chaque intervention arrache une partie de la précédente. Pour remédier à cet inconvénient, utilisez du papier dont le grain accroche bien, et appliquez du fixatif à chaque étape.

EN PRATIQUE

Croquer des études de tissus pliés, drapés ou chiffonnés vous aidera à saisir la manière dont retombe l'étoffe des vêtements de vos modèles habillés. Ce chiffon blanc grossièrement noué a été dessiné à la lumière du jour. Un papier à gros grain facilite l'emploi de fixatif, approfondit les ombres et confère au tissu une riche texture.

Matériel

Fusain dur

- Fusain dur
- Outils d'affûtage (cutter, planchette affûtoir ou papier abrasif)
- Papier pastel blanc cassé
- Fixatif

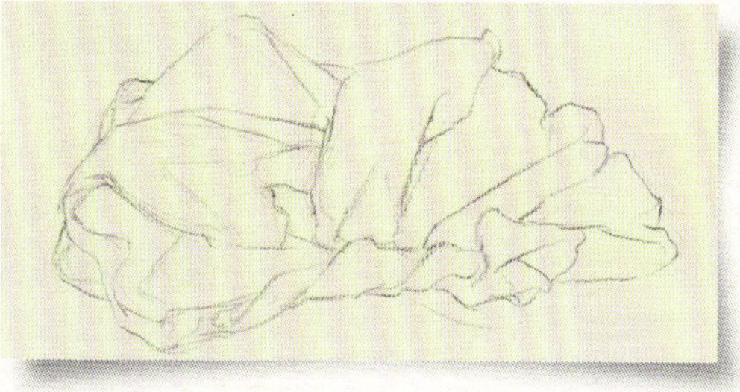

1 Croquis initial
Saisissez la forme générale du tissu et le tracé imbriqué de ses principaux plis. Esquissez d'abord une ligne ténue pour le pourtour, puis travaillez les plis en commençant par les plus évidents.

2 Tons clairs
Grisez ensuite très légèrement votre croquis linéaire sans appuyer votre fusain, en laissant le grain du papier accrocher le pigment. Vaporisez du fixatif et laissez sécher cinq minutes avant d'entamer la couche suivante.

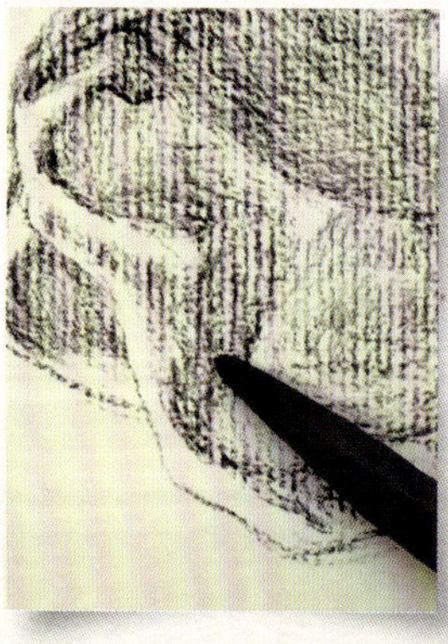

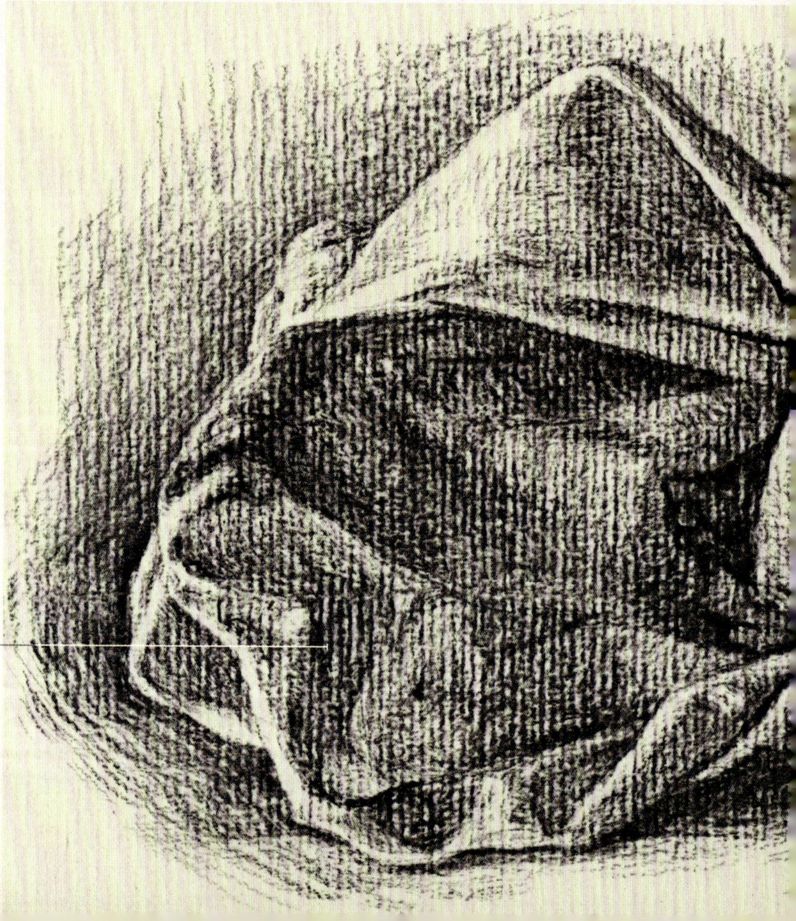

Le grain du papier

Imaginez votre papier vu de près, avec les indentations et les creux de sa surface. Cette texture correspond au grain du papier. Pour un travail par couches successives, préférez un papier à gros grain. Ces échantillons montrent le rendu différent d'un même fusain, appliqué avec la même pression, sur divers papiers.

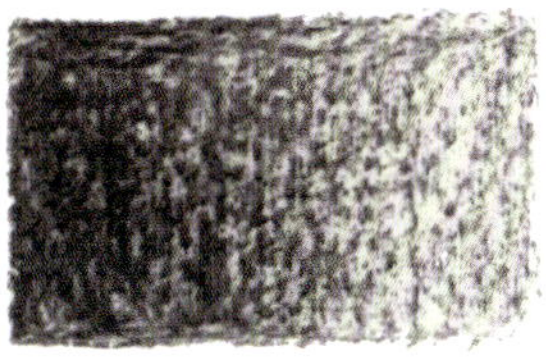

Papier aquarelle pressé à froid
Sa texture caractéristique accroche de grandes quantités de fusain.

Papier pastel
Son grain marqué et orienté, conçu pour piéger le pastel, est idéal pour le travail par étapes.

Papier carton
Ce papier plus lisse, au grain très fin, est moins adapté au travail par couches, car le fusain s'enlève facilement.

Un tissu blanc noué de façon lâche

3 Demi-tons
Passez ensuite aux demi-tons, cette fois-ci avec des traits mieux dirigés, plus épais et affirmés. Approfondissez l'ombre des plis pour mettre en valeur par contraste les pans éclairés. Fixez et laissez sécher.

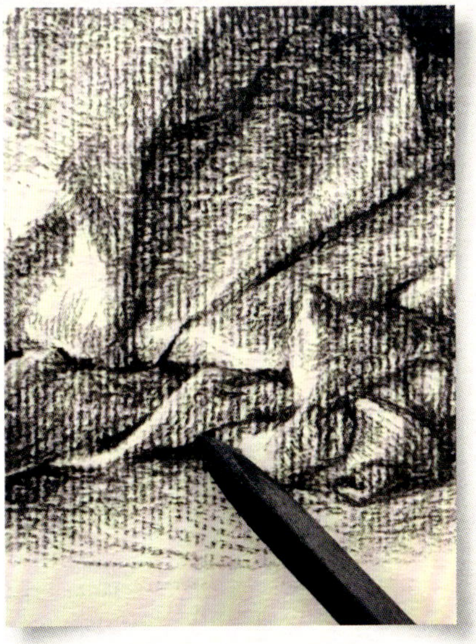

4 Tons sombres
Terminez par les tons les plus sombres. D'un fusain bien aiguisé, reproduisez le détail des plis. Départagez plus nettement tissu clair et ombres au premier et au deuxième plan. Vaporisez une dernière couche de fixatif.

Les portraits

CONSTRUIRE LA TÊTE ET LE VISAGE

Le visage fournit au dessinateur l'un de ses sujets les plus stimulants. En réalisant le portrait de modèles vivants, vous aurez le temps d'assimiler les traits qui caractérisent chaque visage. Malgré tout, notre sensibilité aux expressions et aux différences de proportions nous rend souvent insatisfaits du résultat obtenu.

La tête sous différents angles

Selon son orientation, la tête pose au dessinateur plusieurs types de difficultés. Familiarisez-vous avec les formes que vous observerez sous différents angles pour donner à vos portraits une structure solide. Vu de face, le visage est plus ou moins ovale, tandis que, de profil, les formes triangulaires dominent. La vue de trois quarts est la plus ardue, mais aussi la plus appréciée des artistes et des modèles.

Trois quarts
Ce léger pivotement fait la part belle au côté du visage : l'une des joues, à demi cachée par le nez, se réduit à une portion étroite, tandis que l'autre occupe l'essentiel de l'image.

Profil
Vu de côté, le visage ne représente plus qu'une petite portion de la tête. L'oreille sert de charnière à l'agencement des grandes masses de la joue, de la chevelure et du cou.

EN PRATIQUE

Observation fine et rigueur dans l'exécution sont les clés du succès. Pour ce portrait réalisé en une heure, le sujet a été éclairé de face par la lumière du jour, afin de mettre en valeur les traits plutôt que les jeux d'ombres.

Matériel

Crayon fusain

- Crayon fusain
- Outils d'affûtage
- Gomme
- Papier carton

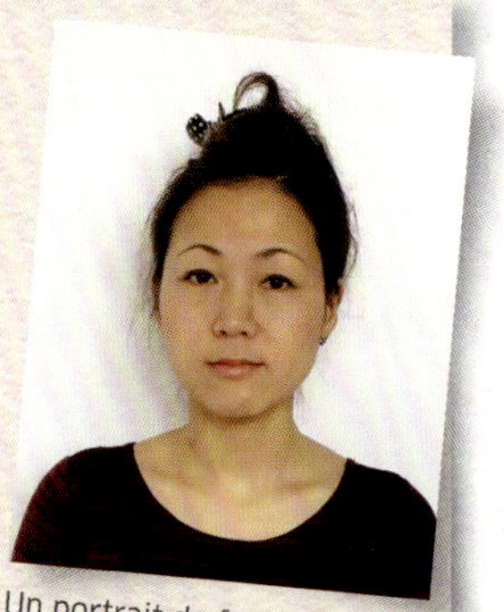

Un portrait de face

1 Structure sous-jacente
Maniez votre crayon fusain avec souplesse pour saisir les formes structurantes de la tête et du cou. Évitez de tracer un cercle ou un ovale pour le visage ; observez la forme du crâne et situez par traits rapides sourcils, yeux, bout du nez et bouche.

2 **Zones tonales**
Créez les ombres avec le côté de la mine du crayon fusain, sans entrer dans le détail des traits du visage. Gommez légèrement pour unifier les tons, et plus fortement pour dégager les lumières.

« Réalisez le portrait de modèles vivants pour mieux appréhender les formes et proportions des visages. »

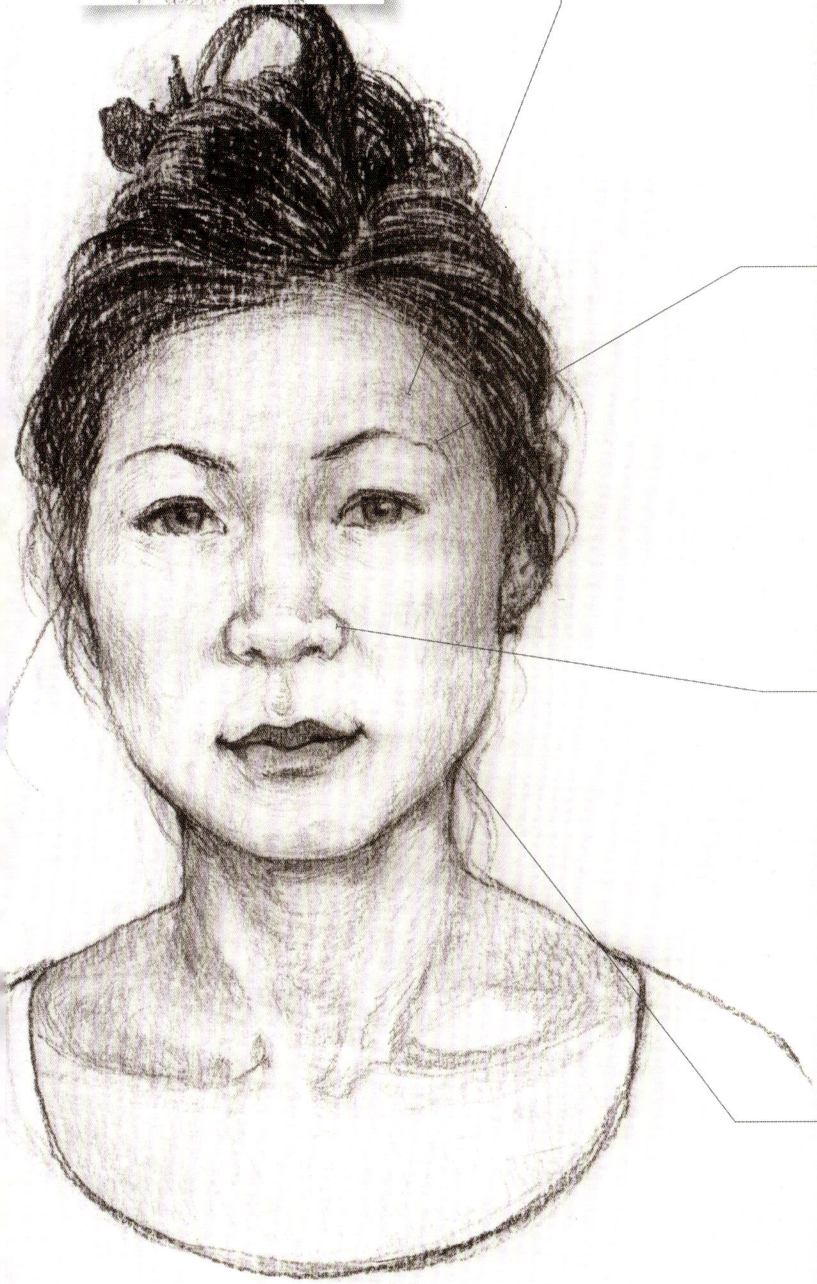

3 **Sourcils et yeux**
Saisissez les traits du visage de haut en bas, à partir des sourcils. Oubliez toute idée préconçue pour représenter honnêtement ce que vous voyez. Dessinez l'iris des yeux, et terminez par la pupille.

4 **Nez et bouche**
Dessinez le bout du nez en observant bien la distance entre narines et yeux (afin d'éviter un nez trop long). Pour la bouche, progressez vers l'extérieur à partir de la ligne où les lèvres se rejoignent.

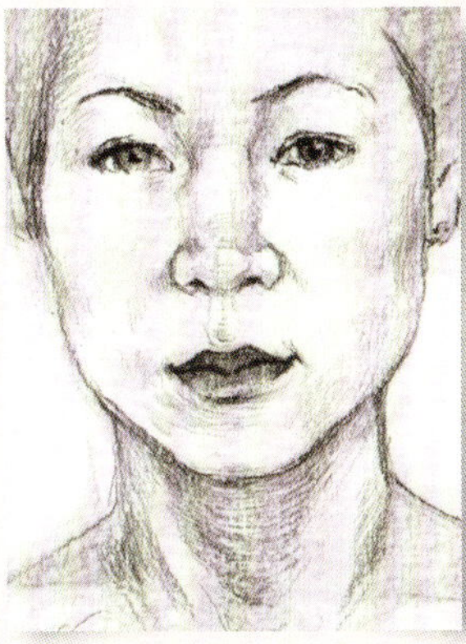

5 **Mâchoire, oreilles et cheveux**
Référez-vous aux éléments que vous venez de situer pour fixer la forme du visage, du menton aux oreilles, avec un crayon fusain bien taillé. Tracez le haut du front en vous aidant des sourcils et des oreilles. Dirigez vos traits pour suggérer la chevelure.

Créer une ambiance

LE POUVOIR ÉVOCATEUR DES OMBRES

La tonalité générale d'une image influe sur l'ambiance qui s'en dégage. Le large spectre du fusain en fait l'outil idéal pour instaurer une tension grâce aux contrastes d'ombre et de lumière.

Expérimenter avec l'éclairage

En vous inspirant des procédés propres au cinéma, à la photographie et à la vidéo, explorez les effets lumineux en dessinant un sujet sous différents éclairages. Déployez votre répertoire de traits au fusain pour jouer sur l'impact dramatique ou intriguant des ombres propres et portées.

Tons uniformes
Cet éclairage frontal à peine décalé donne des contrastes peu marqués : l'ambiance naît du seul sujet, et non de l'éclairage. L'uniformité des tons suggère une scène paisible.

Éclairage en contre-plongée
Cet éclairage du bas vers le haut est monnaie courante dans les films fantastiques. Il distord les traits du visage et projette de grandes ombres très tranchées.

Contre-jour
La lumière située derrière la figure plonge sa face visible dans le noir, à l'exception d'un ourlet crûment éclairé. L'image prend un air de mystère.

EN PRATIQUE

Dans cet intérieur en clair-obscur, éclairé par une lampe à droite de l'observateur, la silhouette du personnage se découpe sur un fond sombre. De forts accents lumineux contrebalancent la pénombre.

Matériel

Crayon fusain

- Crayon fusain
- Outils d'affûtage
- Gomme mie de pain
- Papier aquarelle pressé à chaud

Une figure dans un intérieur

1 Croquis structurant
Pensez à la relation entre le sujet et son cadre d'ombre et de lumière. Cet aspect est crucial pour suggérer l'amorce d'un récit ou une atmosphère particulière. Croquez les grandes lignes en répartissant l'espace entre premier plan, plan intermédiaire et arrière-plan.

2 Tracé des contours
À partir de votre croquis initial, fixez les contours des objets par des traits plus concertés et sûrs, avant de travailler les tonalités.

« Jouez sur de forts contrastes d'ombre et de lumière pour suggérer l'ambiance d'une scène. »

3 Hachures
Réalisez des hachures épousant les formes pour traduire les tonalités de votre personnage ; créez des plages claires et sombres, et laissez des détails de la figure se fondre dans l'ombre.

4 Demi-tons du fond
Par des hachures simples, commencez à ombrer l'arrière-plan dans des tons légers à médians. Cherchez à concentrer l'attention sur le personnage grâce au jeu des ombres.

5 Tons sombres
Croisez vos hachures pour matérialiser les ombres profondes. Ménagez des rehauts très clairs à la gomme pour renforcer les contrastes d'ombre et de lumière.

Les assortiments de fusains

ASSOCIER DES FUSAINS EN BÂTON, COMPRESSÉ ET EN CRAYON

À chaque type de fusain ses propriétés et ses techniques associées. Le fusain de saule ou de vigne, facile à effacer, se prête bien aux croquis initiaux, tandis que le fusain compressé produit un noir très dense, idéal pour les ombres profondes. Quant au fusain en crayon, il offre bien plus de précision que les bâtons.

EN PRATIQUE

Un chemin invite naturellement l'œil à entrer dans l'image. Cette vue d'une promenade parmi les collines offre des contrastes de textures appelant différents types de fusain.

Matériel

- Fusain dur, de saule ou de vigne
- Fusain compressé
- Crayon fusain
- Crayon Conté blanc
- Outils d'affûtage
- Gomme
- Chiffon
- Papier carton

Un chemin se perdant à l'horizon

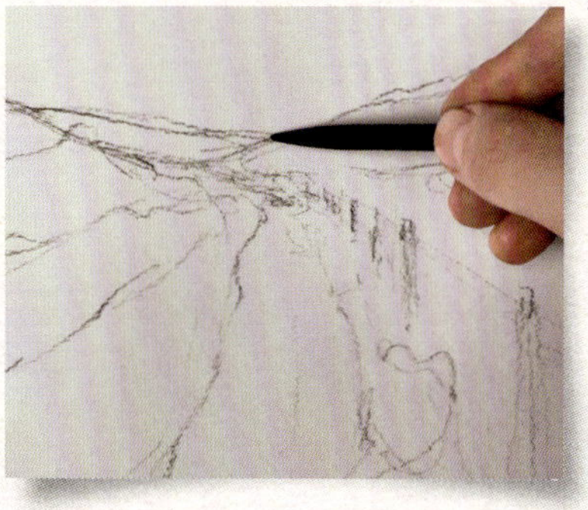

1 Fusain dur
Un simple bâton de fusain dur, de saule ou de vigne, est idéal pour croquer les grandes lignes sous-jacentes, pourvu qu'il soit facile à gommer ou à masquer sous les couches suivantes.

2 Fusain compressé
Le trait sombre et dense du fusain compressé peut être étalé et fondu en un demi-ton onctueux. Couvrez les grandes zones d'ombre en frottant le côté d'un bout de bâton cassé, puis uniformisez le ton.

Choisir son fusain

Pour choisir le type de fusain le mieux adapté à votre dessin, demandez-vous si ses traits auront la bonne densité, s'il s'émousse rapidement, s'il est facile à tailler, à étaler ou à gommer. Si vous associez plusieurs fusains, consacrez chacun à l'usage le plus approprié.

Fusain dur

Le fusain dur se prête bien aux doux dégradés, faciles à uniformiser ou à gommer pour dégager des accents lumineux.

Fusain compressé

Son trait plus noir est idéal pour renforcer les ombres, mais il est plus difficile à gommer.

Crayon fusain

Pour une définition précise et une texture fouillée, le crayon fusain est utile dans les dessins riches en détails.

3 Gomme

Faites jaillir la lumière du bout de votre gomme. Ici, les nuages blancs ont été dégagés sur un grand dégradé homogène préalablement créé au fusain compressé.

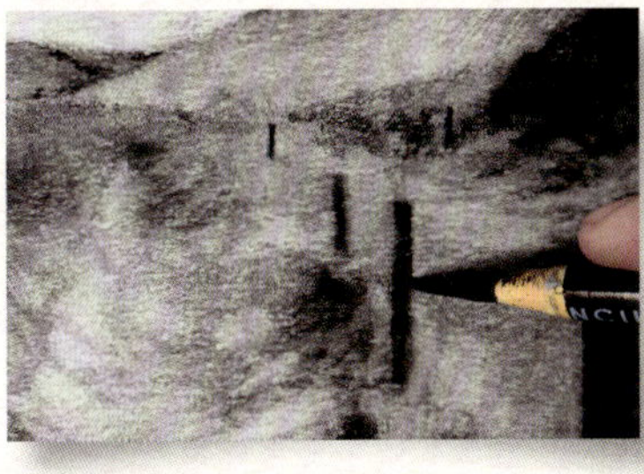

4 Crayon fusain

Passez à un crayon fusain bien taillé pour détailler le premier plan, ajouter l'ombre au-dessous des nuages, et situer les éléments les plus sombres.

5 Crayon Conté blanc

De la pointe d'un crayon Conté blanc, ramenez des éclats de lumière parmi les tons sombres du premier plan.

Artiste **Jake Spicer**
Titre ***Le Jardin de Fermoys***
Technique **Fusain de vigne, fusain compressé et crayon fusain**
Support **Papier carton 200 g**

Dessiner par couches

<< Voir p. 108-109

Le dessin est construit en une superposition de couches ayant été fixées pour ne pas être altérées. Les tons plus sombres représentent trois couches de fusain.

Les portraits

<< Voir p. 110-111

Les traits de la jeune fille, vue presque de profil, sont tracés finement à la pointe d'un crayon fusain bien taillé. Ils captent l'attention du spectateur.

La perspective aérienne

<< Voir p. 106-107

Les taillis éloignés apparaissent pâles dans la brume du matin ;
leur contraste avec les arbres proches, plus sombres et affirmés, suggère la distance.

Récapitulatif des techniques

Ce jardin a été dessiné dans la lumière rasante et l'atmosphère vaporeuse du matin. Différents fusains ont été utilisés par couches successives selon les techniques abordées dans ce chapitre.

Créer une ambiance

« Voir p. 112-113

La lumière du matin crée des tons contrastés, mais baignés dans une douce atmosphère. L'ambiance paisible tient autant au cadre qu'à l'heure du jour.

Assortiments de fusains : crayon fusain

« Voir p. 114-115

Le détail du feuillage a été travaillé à la pointe d'un crayon fusain bien taillé, et les accents lumineux dégagés à la gomme.

Assortiments de fusains : fusain compressé

« Voir p. 114-115

Dans les premières étapes du dessin, des plages sombres ont été posées au fusain compressé, puis étalées au chiffon en un demi-ton uni.

L'encre

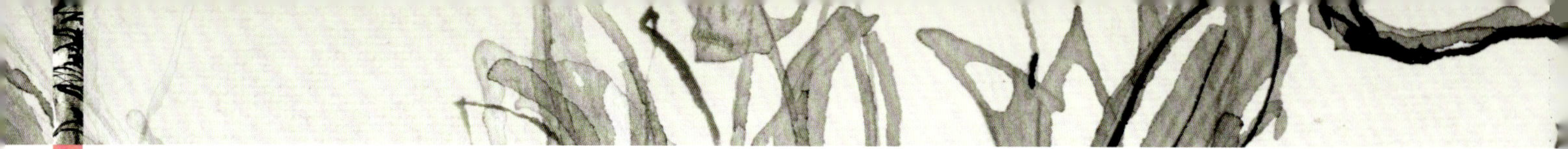

Le dessin à **l'encre**

Bon marché, facile à transporter et polyvalente, l'encre peut être appliquée avec divers outils : plume, pinceau, stylo-plume, marqueur – ou même au doigt. Utilisée pure, l'encre en flacon a une allure très (calli) graphique ; diluée, elle permet d'obtenir des effets subtils. Comme la peinture, elle peut aussi donner des lavis de différentes valeurs tonales, pour aboutir à des réalisations de plus en plus complexes.

Découvrez tout d'abord la panoplie des encres et instruments nécessaires pour se lancer. Vous vous exercerez ensuite à 15 techniques, classées en trois niveaux de difficulté croissante : pour débutants, intermédiaires, et avancées. Chaque section se termine sur une réalisation résumant l'ensemble des techniques abordées.

1 Techniques pour débutants

■ Voir p. 126-137

Familiarisez-vous d'abord avec les bases de l'art du trait : variez le débit de l'encre et la pression pour obtenir des lignes de différentes épaisseurs et qualités, travaillez le ton et la forme avec hachures et pointillages.

Récapitulatif des techniques pour débutants (voir p. 136-137)

2 Techniques intermédiaires

■ Voir p. 138-149

Apprenez ensuite à contrôler l'encre avec différents outils (plume, calame en bambou, pinceau), à étaler des lavis, et à travailler textures et détails en monochrome.

Récapitulatif des techniques intermédiaires (voir p. 148-149)

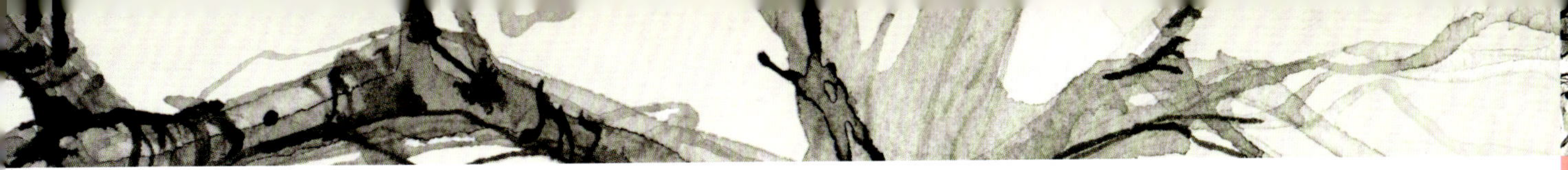

Mise au point vers 2500 av. J.-C. en Chine et en Égypte, l'encre était à l'origine constituée d'un mélange de suie (le « noir de lampe ») et de colle animale, moulé en bloc que l'on mouillait ensuite pour obtenir un liquide sombre. Les premiers outils de dessin étaient des tiges végétales creuses (le calame occidental en roseau et son équivalent oriental en bambou), des plumes d'oiseau taillées en pointe, ou encore des pinceaux en poil animal. Les instruments actuels innovent peu par rapport à ces formes anciennes.

Le monde des encres

Les propriétés variées des encres et outils à disposition offrent une large gamme de styles et d'effets, depuis les superpositions de lignes et lavis à l'encre indélébile, jusqu'à la facilité d'emploi des stylos-bille et feutres.

Les encres modernes existent dans une multitude de couleurs et de formes, du bloc solide au liquide en flacon. Elles se composent typiquement d'un agent coloré (pigment ou colorant) en suspension dans un fluide (eau ou alcool), avec d'éventuels additifs (gomme ou laque). Les encres à base de pigment sont plus opaques que celles à base de colorant, et résistent plus longtemps à la décoloration. Gardez ces critères à l'esprit lorsque vous choisissez votre encre.

Quant aux outils associés, le traditionnel calame (roseau) trace des lignes constantes et fluides, les plumes donnent des traits différents selon leur forme, et les pinceaux servent surtout au lavis et au mélange de tons. Bien que l'impossibilité de l'effacer implique un engagement de chaque instant, l'encre séduit par sa facilité de mise en œuvre et sa bonne réponse aux gestes du dessinateur.

3 Techniques avancées

■ Voir p. 150-161

Initiez-vous enfin au mélange et à la superposition, aux encres colorées et à l'art du glacis, et à la recherche d'effets proches de la peinture. Vous apprendrez aussi à corriger vos erreurs, ou à les incorporer à votre dessin.

Récapitulatif des techniques avancées (voir p. 160-161)

Les outils de dessin à l'encre

DE LA PLUME AU MARQUEUR

L'éventail des outils permettant de travailler l'encre est très large, depuis les traditionnels calames et plumes d'oie jusqu'aux marqueurs, en passant par les feutres à pointe fine. Un simple stylo-bille peut parfaitement faire l'affaire pour débuter, mais le monde du dessin à l'encre réserve bien d'autres possibilités créatives en matière de couleurs et de traits.

Pour choisir votre matériel, prenez en compte la présence ou non d'un réservoir, la forme de la pointe, la facilité de transport et d'utilisation, et la permanence de l'encre – les encres « qualité archives » résistent mieux à l'altération dans le temps.

Les outils sans réservoir

Les instruments traditionnels d'écriture et de calligraphie (et par extension de dessin) doivent être trempés dans l'encre. Il s'agit avant tout des calames en roseau ou en bambou, dont les bords biseautés tracent de beaux pleins et déliés ; leur pointe, qui peut s'émousser, se taille au papier abrasif ou au couteau. Les plumes véritables, tirées des pennes de l'oie et d'autres oiseaux, sont plus flexibles et produisent une ligne plus fine. Leurs équivalents en métal, montés sur des manches de bois ou de plastique, sont meilleur marché, et plus flexibles encore. Interchangeables et très variés, ils permettent de décliner des lignes de toutes épaisseurs.

Utilisables avec de l'encre à base de pigment en flacon, ces outils évitent les problèmes de séchage ou d'obstruction. Ils permettent en outre d'employer une seule encre pour lignes et lavis. Mais ils sont moins faciles à transporter que les plumes à réservoir, et déposent plus d'encre, ce qui allonge le temps de séchage. Ils sont également plus imprévisibles (taches, accumulations d'encre), en même temps qu'ils séduisent par leur expressivité.

Les outils avec réservoir

Les héritiers du stylographe – stylo-plume, stylo-feutre, stylo-bille… – sont par excellence les outils légers du dessinateur nomade. Leur débit d'encre est plus prévisible, mais leur pointe n'est pas

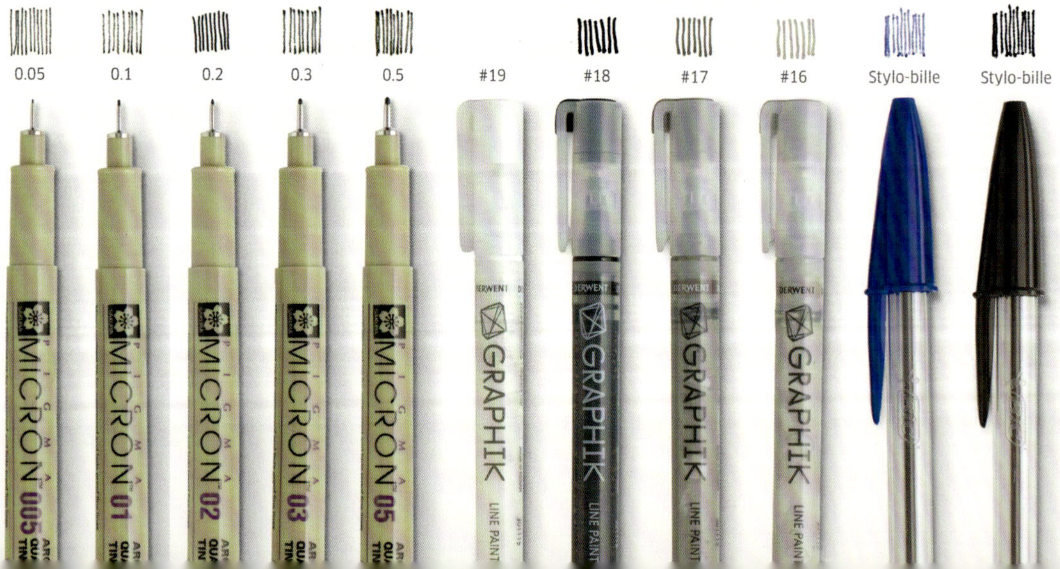

Feutres et stylos
Avec leur réservoir d'encre, ils sont très pratiques et de transport facile. Les feutres techniques atteignent une finesse de ligne idéale pour le dessin de précision. L'éventail des couleurs est quasi infini. Les simples stylos-bille sont parfaits pour les croquis furtifs.

Marqueurs
Les marqueurs professionnels déclinent leur encre à base de pigment, très résistante, dans une multitude de couleurs. Cette gamme de marqueurs doubles présente une pointe fine et une large.

aussi flexible, et on ne peut en changer. Pour diversifier les lignes, il faut investir dans un jeu de différentes finesses ; les feutres varient entre 0,5 mm et 0,8 mm, et ce dans toutes les couleurs. Leurs lignes sont constantes et sèchent vite.

Disponibles partout et très pratiques, les stylos-bille peuvent produire des traits d'une grande subtilité, mais leur encre à base de colorant vieillit moins bien. Feutres et marqueurs, avec leur pointe en fibre poreuse, offrent un large éventail de couleurs, dont celles à base de pigment garantissent une remarquable permanence. Les stylos-pinceau, en poil animal ou synthétique, peuvent être rechargés en encre à base de pigment ou de colorant ; ils se prêtent aux lavis et autres procédés proches de la peinture.

Les autres outils

Outre les pinceaux traditionnels (voir p. 125), pensez aussi à toutes sortes d'outils possibles : chiffon, Coton-Tige, bâton de bois, ou même doigt, pour tracer ou façonner les traits. Recyclez par exemple une vieille carte bancaire pour tracer des traits droits et précisément orientés, ou une brosse à dents pour projeter des mouchetures…

> « Le choix de votre **outil de dessin à l'encre** a un impact direct sur le **rendu** de vos traits. **Explorez** toutes les options. »

Calame de bambou

Stylo-plume à cartouche

Plume d'oie
La base de la plume d'oiseau est taillée à la main en pointe fine. Lorsqu'on la trempe dans l'encre, le tube creux absorbe le liquide par capillarité, et fait office de réservoir.

Porte-plume

Plume médium

Plume fine

Plume pointue

Plume médium-fine

Plumes interchangeables
Un même porte-plume peut accueillir des plumes de différentes formes et largeurs. La gamme de lignes varie ainsi de la plus fine à la plus épaisse.

Stylo-pinceau
Facile à transporter, polyvalent, cet outil à bout flexible permet d'utiliser l'encre de son réservoir comme de la peinture.

Le matériel pour le dessin à l'encre

ENCRE, PAPIER ET PINCEAU

Selon le style de dessin que vous souhaitez réaliser, vous aurez essentiellement à choisir entre encres à base de pigment ou à base de colorant, solubles dans l'eau ou indélébiles. L'encre peut s'adapter à la plupart des papiers, mais certaines techniques appellent un grammage ou un type de surface bien précis.

Encres et papiers ne sont pas tous équivalents en termes de résistance à la lumière sur le long terme. Pour être sûr que vos dessins ne s'effacent pas avec le temps (notamment si vous comptez les exposer ou les vendre), optez pour une encre permanente de « qualité archives » et un papier sans acide.

Le choix de l'encre

Les encres à base de pigment sont composées de fines particules colorées et d'un liant (gomme, laque, résine acrylique) qui favorise leur adhérence sur le support. Ce sont les plus opaques et les plus résistantes à la lumière, mais elles peuvent obstruer les plumes et pointes fines. Elles sont donc mieux adaptées aux traditionnelles plumes d'oie ou de métal, et aux calames de roseau ou de bambou. Certaines sont indélébiles, et peuvent donc être recouvertes de lignes et de lavis.

Les encres à base de colorant sont plus transparentes et s'affadissent à la lumière ; elles sont généralement solubles dans l'eau. Elles conviennent surtout aux stylos-plume, aérographes et autres outils que l'encre à base de pigment risque d'obstruer.

L'encre ferro-gallique est moins commune, mais prisée des calligraphes ; elle change de couleur avec le temps.

Le choix du support

Le papier à dessin ou aquarelle est le choix le plus évident pour le travail à l'encre. Divers critères doivent être pris en compte pour trouver le support idéal : outils mis en œuvre, texture désirée, technique sèche ou mouillée, résistance souhaitée dans le temps...

Le papier non acide est traité pour ralentir la décoloration, et le « papier d'archives » est réputé pour résister très

Encres colorées
Ces encres acryliques à base de pigment résistent bien au temps, mais aussi à l'eau, ce qui permet un travail par superpositions de couleurs.

Médium de texture
Souvent associé à l'aquarelle, ce gel dépose sur le papier des particules fines. On peut l'étaler sur le support ou le mélanger à un lavis.

Gouache
De la gouache blanche utilisée pure crée de brillants accents lumineux ; diluée, elle permet d'éclaircir des endroits trop assombris.

Texture rugueuse
Étalé au pinceau épais, ce gel donne au papier une texture bien marquée qui évoque le sable ou la pierre. Il laisse en séchant un film dur pouvant accueillir des lavis d'encre.

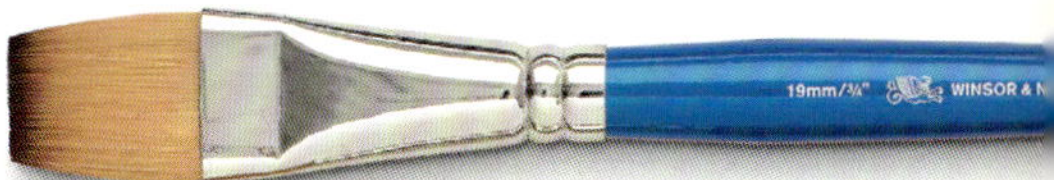
Pinceau plat 20 mm

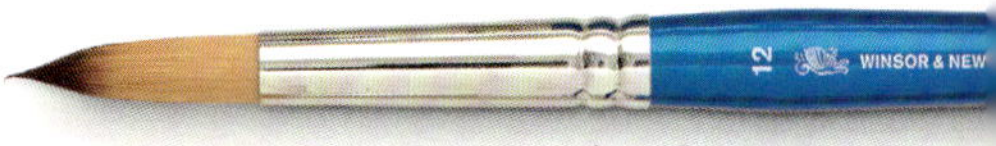
Pinceau rond n° 12

Pinceau rond n° 10

Pinceau rond n° 8

Pinceaux pour aquarelle
Étalez vos lavis d'encre diluée avec un pinceau pour aquarelle synthétique. Un pinceau large et plat permet de couvrir de grandes surfaces.

longtemps au jaunissement et à la détérioration. L'épaisseur et le grammage sont également déterminants : un grammage entre 120 et 300 g se prête à la plupart des techniques.

La surface du papier affectera aussi vos traits. Un papier à dessin lisse convient aux stylos-bille et feutres techniques qui déposent peu d'encre et sèchent vite, mais des traits insistants risquent de le déchirer. Le papier aquarelle présente, à divers degrés, un encollage qui le rend moins absorbant. Attention, les fibres d'un papier doux risquent de se prendre dans votre plume. La surface du support peut être modifiée avec un produit de réserve ou un médium de texture.

Les pinceaux

Par sa fluidité, l'encre s'apparente à la peinture. Employés à l'origine pour la calligraphie, les pinceaux chinois retiennent beaucoup d'encre, et donnent de beaux pleins et déliés. Les pinceaux pour aquarelle conviennent également à l'encre. Les fibres synthétiques sont bien moins chères que les naturelles.

Papier carton
La surface lisse du papier carton se prête bien au dessin à l'encre. Préférez un papier aquarelle de fort grammage pour les lavis.

Pinceau chinois
Outil traditionnel du calligraphe, ce pinceau au fin poil naturel retient bien l'encre. Sa pointe trace des lignes fines, son côté des traits plus épais.

Encres noires
Toutes les encres existent en noir. L'encre de Chine s'écoule bien, car ses particules de carbone ne requièrent aucun liant. Son noir est le plus riche et le plus durable.

Les traits modulés

VARIER LES TRAITS DE PLUME

Une plume en acier flexible permet de réaliser tout type de traits, tant descriptifs que décoratifs. En variant la pression, en utilisant le côté de la plume ou bien sa pointe, ou même en la retournant vers le haut, vous pourrez traduire n'importe quelles formes et surfaces. Explorez plus avant en utilisant différentes plumes, de l'extra-fine à l'extra-large, pour inventer des textures, et en combinant traits continus, interrompus ou pointillés.

EN PRATIQUE

Dans ce paysage, deux types de traits – tirets verticaux et arcs de cercle aplatis – servent à décrire les arbres dénudés tout en conférant une texture inventive et intéressante à un tapis forestier assez anodin.

Matériel

Crayon 4B | Plume extra-fine | Plume flexible | Plume italique 0,75 mm | Encre de calligraphe noire indélébile

- Crayon tendre
- Plumes extra-fine, flexible et italique 0,75 mm
- Encre de calligraphe noire indélébile
- Gomme
- Bristol 200 g

Une forêt en hiver

1 Définition des formes
Croquez au crayon les grandes lignes du paysage. Évoquez les arbres éloignés par de petits traits verticaux à la pointe de la plume extra-fine. Tracez la ligne de démarcation entre premier et arrière-plan. Réservez le papier blanc pour le ciel et le chemin.

2 Texture du sol
Passez à la plume flexible et tissez le tapis forestier au premier plan, en appuyant au départ de chaque trait pour suggérer des mottes. De la pointe de la plume, dessinez le plan intermédiaire par de fines lignes sinueuses.

Plus ou moins sombre, plus ou moins épais

Une plume peut en général produire des traits allant du plus fin au plus épais, capables de traduire galets et sable, comme textiles et pelages. Sachez faire des marques plus petites et plus légères pour suggérer l'éloignement dans l'espace. Correctement maniées en variant la pression, les plumes vous permettront d'intégrer toutes sortes de traits à votre répertoire.

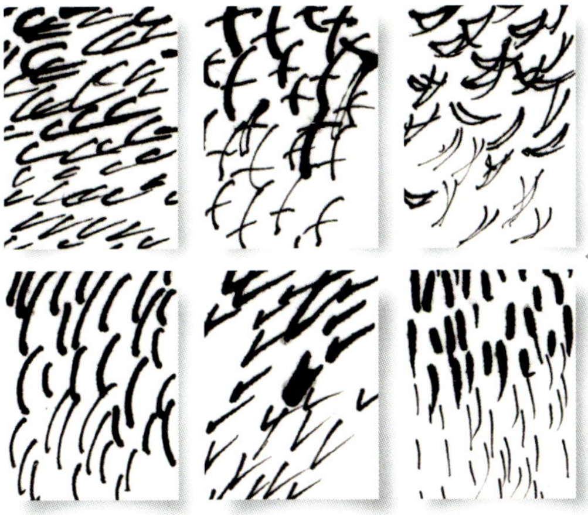

Plume médium Plume flexible Plume extra-fine

Échantillons de traits
Essayez différentes plumes pour explorer les possibilités. Dans chacune de ces six vignettes, les traits du haut ont été faits avec une plume tenue normalement, ceux du bas avec une plume retournée vers le haut.

3 Traits de modelé
À la plume extra-fine, décrivez les arbres à mi-distance par des traits de surface plutôt que de pourtour. Passez à la plume italique pour détailler l'écorce de l'arbre le plus proche, en insistant sur son côté gauche et en assombrissant la naissance des branches.

4 Derniers détails
Reprenez la plume extra-fine pour détailler encore le premier arbre et le sol du sous-bois : lignes souples du gazon, traits plus précis des feuilles mortes ou des cailloux du chemin. Assombrissez les bords du sentier pour le mettre en valeur par contraste. Gommez les traits de crayon.

La qualité de la ligne

CRÉER L'EFFET PAR LA LIGNE

Le choix de votre outil et son maniement déterminent la qualité de vos lignes, qui guident l'œil du spectateur. Lignes fines ou épaisses, brisées ou continues : jouez sur une gamme d'effets pour communiquer une part de l'identité de votre sujet.

Les types de lignes

Chaque plume crée des lignes spécifiques. Choisissez celle qui produira les effets recherchés rapidement et sans peine. Expérimentez librement, en utilisant la pointe et les côtés de vos plumes. Comparez les traits obtenus en trempant dans l'encre une plume d'oie ou un stylo-pinceau à ceux que laissent les feutres au débit plus constant.

Lignes discontinues
De brefs coups de stylo-pinceau donnent de la texture.

Lignes uniformes
Un stylo-feutre permet de tracer des lignes très régulières.

Lignes brisées
Une petite plume métallique produit des zigzags.

Pleins et déliés
Une plume d'oie trace des lignes souples, tant fines qu'épaisses.

Lignes courbes
La plume « italique » est idéale pour les courbes fluides.

EN PRATIQUE

Ce dessin joue sur l'épaisseur variable de la ligne pour saisir le rythme des courbes opulentes d'un lis de jardin. L'idée est de traduire les qualités abstraites des fleurs plutôt que de les dessiner avec précision.

1 Croquis initial
Mettez en place votre composition par un croquis léger. Chaque fois que vous tremperez la plume, l'encre se déposera plus lourdement en début de ligne : réfléchissez donc déjà aux points où vous poserez la plume.

2 Tracer rondement
Dessinez les fleurs à grands coups de plume, peu appuyés au début, et encore allégés à la fin pour ne laisser qu'un petit point en bout de ligne. Laissez sécher l'encre.

Matériel

Crayon 4B

Plume d'oie

- Crayon tendre
- Plume d'oie
- Encre de Chine indélébile
- Gomme
- Papier aquarelle pressé à chaud 300 g

Des fleurs de lis

3 Varier l'angle
Utilisez le bord d'une plume très inclinée pour tirer les longs traits fins des étamines et ceux, courts et épais, des anthères chargées de pollen. Tracez les lignes les plus fines de la pointe de la plume tenue à la verticale.

4 Varier l'épaisseur
Inspectez votre dessin. La composition se tient-elle ? Jouez au besoin sur l'épaisseur des lignes pour focaliser l'attention sur un point clé et quelques autres détails, en restant souple et fluide dans vos traits.

Épaisseur et direction des lignes

DYNAMISME ET PERSPECTIVE

L'épaisseur et le tracé d'une ligne contribuent à suggérer l'espace, sans recours strict aux règles de la perspective. Pour vous exercer à creuser l'espace, optez pour l'encre et la plume, et pour des sujets architecturaux tout en angles et lignes impérieuses.

La hiérarchie des lignes

Une différence d'épaisseur entre lignes dominantes et subordonnées permet de clarifier les relations spatiales. Les contours peuvent être explicites ou implicites. Angles et lignes brisées suggèrent une articulation de plans.

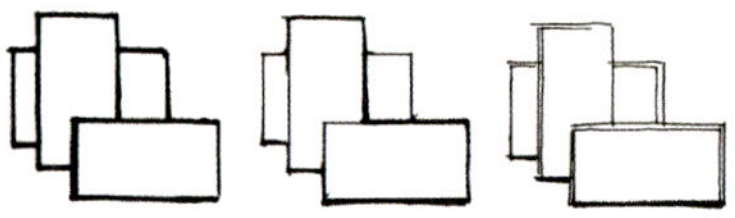

Épaisseur égale — Épaisseur variable — Double lignes

Étagement de plans
L'épaisseur de la ligne dénote la profondeur. Homogène, elle donne une image plate. Des traits épais ou dédoublés semblent être devant les plus fins.

Contours complets — Un côté implicite — Deux côtés implicites

Contour
Le contour peut circonscrire entièrement la forme, mais sachez le suggérer sans ligne, en le remplaçant partiellement par des traits de modelé.

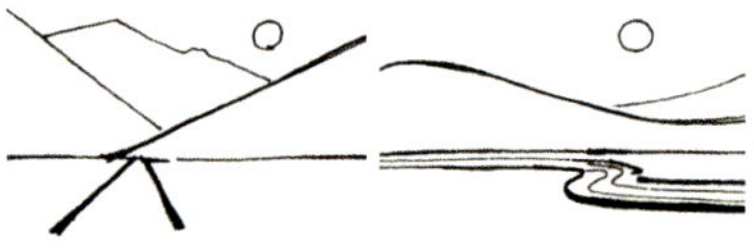

Angularité — Horizontalité

Tracé
La nature des lignes affecte l'impression d'ensemble : dynamisme lorsqu'elles se coupent à angles nets, statisme quand l'horizontale domine.

EN PRATIQUE

La vue en contre-plongée donne aux formes de ce clocher sicilien des angles intéressants. Les lignes brisées multiplient les occasions de jouer sur l'épaisseur et la direction pour articuler les surfaces.

Matériel

Crayon 4B — Plume extra-fine — Plume flexible — Stylo-plume — Encre noire indélébile

- Crayon tendre
- Stylo-plume
- Plume métal extra-fine
- Plume métal flexible
- Encre noire indélébile
- Gomme
- Bristol 200 g

Clocher et palmier

1 Lignes sous-jacentes
Croquez d'abord par des traits ténus au crayon les lignes primaires et secondaires. Avec la plume flexible, appuyez modérément pour tracer le « V » ouvert à la jonction du mur et du clocher, et un peu plus fort pour les deux premiers niveaux de murs. Dessinez l'étage à la pointe de la plume, puis tournez-la à l'envers pour tracer les lignes plus fines du haut du clocher.

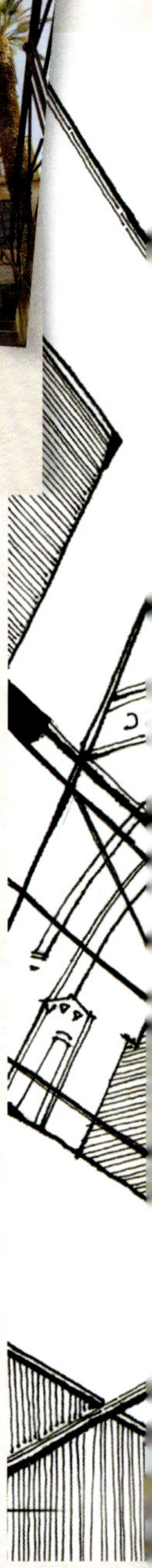

2 Arches et ouvertures

De la pointe de la plume flexible, dessinez les arches des deux premiers étages du clocher. Épaississez la ligne au sommet des arcs du porche pour suggérer l'ombre. Passez à la plume extra-fine pour les ouvertures des étages supérieurs, en réduisant les détails vers le haut.

« Traduisez la perspective en jouant sur l'épaisseur des lignes. »

3 Traits fins

Utilisez le stylo-plume pour les traits les plus effilés : cime du palmier et fines colonnades couronnant la tour. Suivez bien l'orientation des pans, suggérez l'éloignement en simplifiant les détails, et essayez-vous aux contours implicites pour le tronc.

4 Détails du premier plan

Repassez à la plume flexible pour dessiner les marches et la rambarde, puis de nouveau au stylo-plume pour hachurer l'escalier et les ouvertures. Évaluez l'équilibre général de vos jeux de lignes, et ajustez les épaisseurs si besoin. Gommez les traits de crayon.

Les hachures simples et croisées

TRAVAILLER LE TON

Les hachures sont des traits parallèles et croisés qui se fondent pour suggérer les transitions entre lumière et ombre. Un stylo-bille ou un feutre se prêtent parfaitement à cet exercice, et peuvent en outre introduire la couleur.

Maîtriser les traits

Entraînez-vous d'abord à créer des gradations de tons afin d'obtenir des hachures à la pression, à la longueur et au rythme constants. Avec un stylo bien incliné, tracez un trait en relâchant progressivement la pression jusqu'à soulever délicatement la pointe. Travaillez avec et sans contour linéaire pour comparer les effets sur le rendu final.

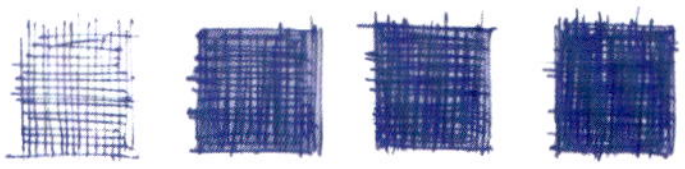

Hachures croisées sans contour

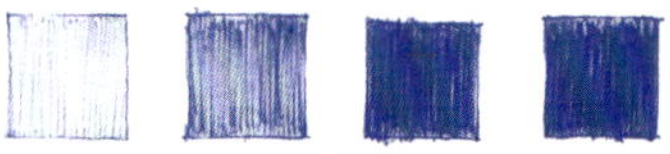

Hachures parallèles avec contour

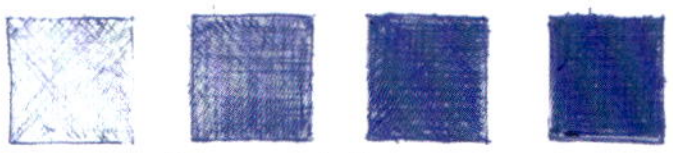

Hachures croisées avec contour

Gradations de tons
Élaborez une série de tons du plus clair au plus foncé avec des hachures parallèles ou croisées de densité croissante. Pour des hachures plus rectilignes, tracez un contour qui guidera vos traits. Vous pouvez l'exécuter au crayon pour l'effacer ensuite.

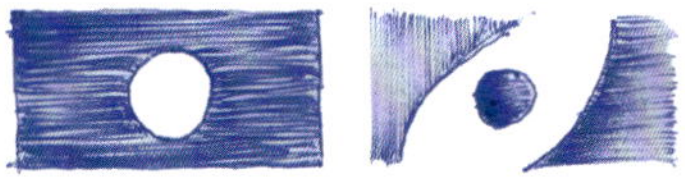

Hachures avec contour

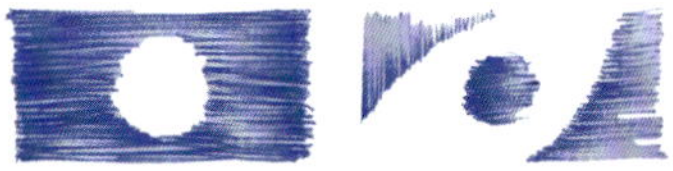

Hachures sans contour

Bords nets ou diffus
Comparez les rendus obtenus avec et sans contour. Dessiner les contours donne des silhouettes nettes ; hachurer ou ombrer sans pourtour linéaire ménage des transitions adoucies qui influent aussi sur le modelé des formes.

EN PRATIQUE

De très fines hachures simples et croisées traduisent les jeux d'ombre et de lumière sur les volumes courbes du fruit et des mains. Les variations de ton rendent l'essentiel des détails, avec très peu de contours linéaires.

Matériel

- Crayon tendre
- Stylo-bille
- Gomme
- Bristol 200 g

L'épluchage d'une clémentine

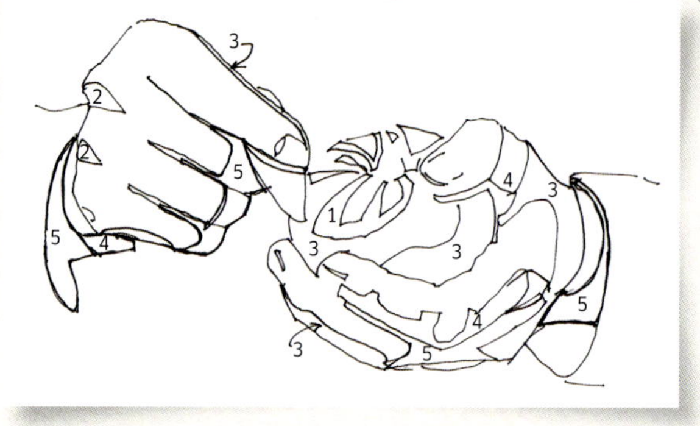

1 Plan tonal
Réalisez un croquis léger. Sur une autre page, élaborez un plan tonal qui guidera votre dessin : délimitez les plages sombres, intermédiaires et claires. Repérez les zones les plus foncées, car c'est par là que vous commencerez à hachurer.

2 Hachures simples
Tracez de très légers traits au crayon pour vous guider dans vos hachures. Commencez par des hachures parallèles dans les tons sombres à médians. Exécutez-les depuis le bord vers l'intérieur des formes en soulevant votre stylo en fin de trait.

3 Définition de la forme

Sur votre plan tonal, repérez les démarcations et les tons les plus clairs. Traduisez les étroites marges d'ombre légère qui définissent la forme par de très brèves hachures plutôt que par des contours linéaires.

4 Hachures croisées

Une fois tout le dessin couvert de hachures parallèles, garnissez les endroits les plus sombres de hachures croisées. Ne foncez pas le ton trop vite, recherchez des transitions graduelles.

5 Ajustement des tons et contours

Ajustez les transitions du clair au foncé. Tracez des contours parcimonieux là où le ton ne suffit pas à bien distinguer les formes du fond : doigts, marques sur le fruit. Effacez ensuite les traits de crayon.

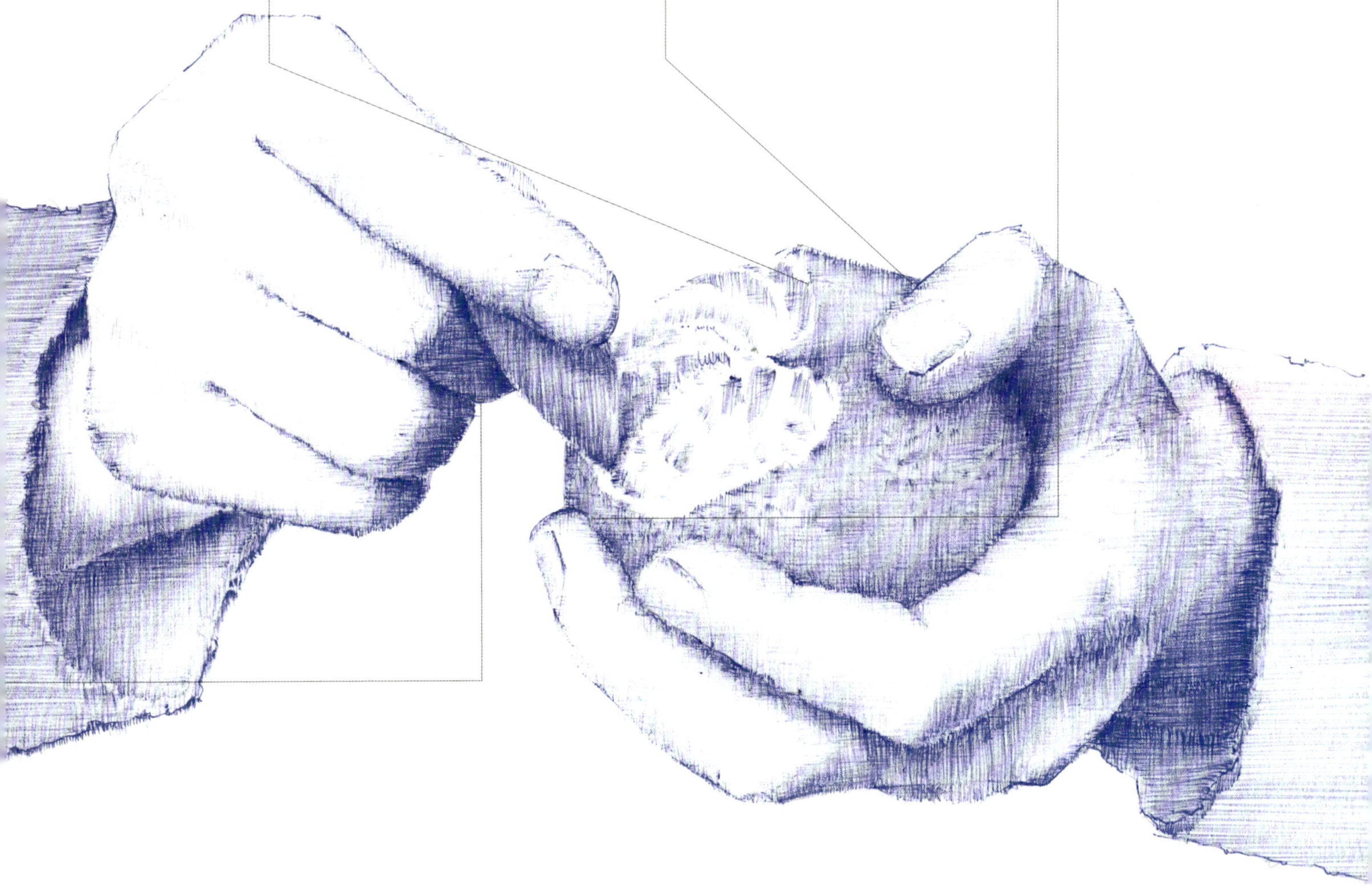

Le pointillage

ENRICHIR À LA FOIS TON ET TEXTURE

Le pointillage consiste à grouper plus ou moins densément des points ou des petits traits pour suggérer une variation de tons. Soignez vos marques pour obtenir un dégradé onctueux, ou bien piquetez le papier avec spontanéité pour créer une énergie et une texture accrocheuses.

Les transitions de tons

L'espacement des points détermine la fluidité des transitions, de la nuance la plus claire à la plus sombre. Leur taille peut aussi être mise à profit : petits points pour un rendu précis et formel, plus gros pour davantage d'expressivité.

Du point au tiret

Variez la forme et la taille de vos marques en changeant de stylo ou de plume. De gauche à droite : feutre de type *pigment liner*, stylo-plume italique à cartouche, stylo-pinceau, stylo-feutre, et plume italique à tremper.

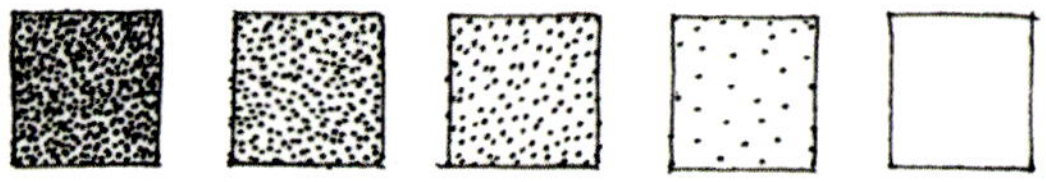

Nuancier

Variez la densité des marques pour créer une échelle de tons. Commencez par un ton sombre aux marques denses, puis espacez progressivement vos points jusqu'au blanc du papier (accents lumineux).

Dégradés et transitions

Exercez-vous à composer de grands dégradés (à gauche), ainsi qu'à ménager des transitions plus rapides mais sans heurt entre pans sombres et clairs (à droite).

EN PRATIQUE

Un feutre très fin (type *fineliner* ou *pigment liner*) rend le ton et la texture du pelage de ce jeune daim, avec un minimum de lignes pour tracer les membres et l'ourlet de lumière pour l'échine.

Matériel

Crayon 2B ou 4B

- Crayon 2B ou 4B
- Feutre *fineliner* 0.1
- Gomme
- Papier carton lisse

Un faon de daim

1 Croquis de base

Croquez le sujet par quelques traits légers au crayon, en délimitant les zones de tons différents. Repérez les éléments clés et réservez bien le blanc du papier pour les lumières, autour de la tête notamment.

2 Pointillés
Retracez les contours à l'aide de pointillés espacés qui vous guideront par la suite. Contournez ainsi les accents lumineux et les principaux traits de l'animal, pour ne pas les perdre de vue en cours de réalisation.

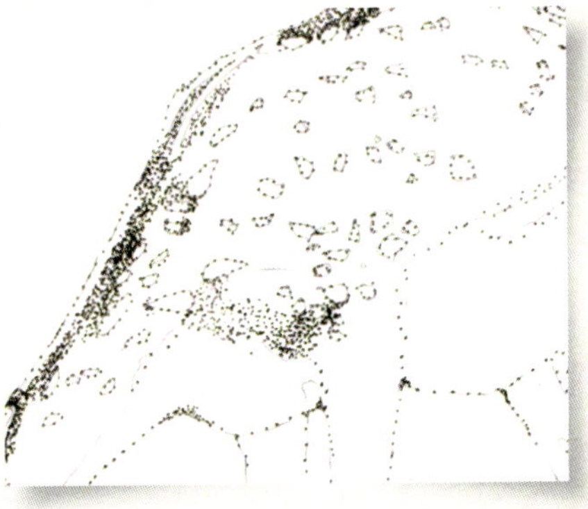

3 Tons modulés
Modulez soigneusement la densité de vos points, en les espaçant plus ou moins, entre les parties les plus sombres et le blanc des zones lumineuses. Vérifiez régulièrement votre progression d'ensemble.

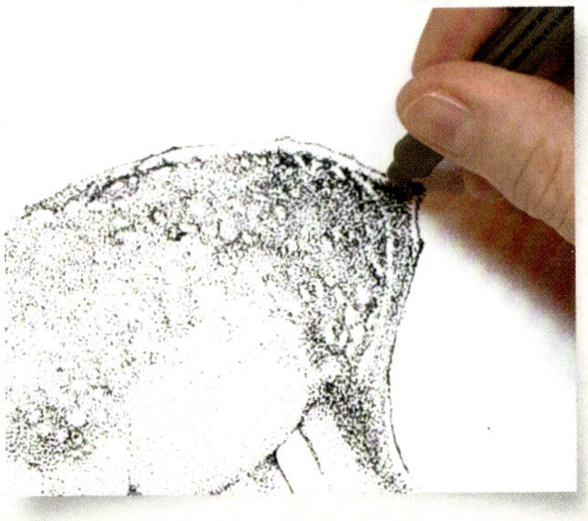

4 Ajustements
Promenez votre regard du modèle au dessin pour veiller à la fidélité de vos tons et des transitions de l'un à l'autre. Au besoin, assombrissez certaines zones ou ajoutez deux ou trois points à la jonction de deux tons.

Artiste **Cynthia Barlow Marrs**
Titre ***Escalier de palais***
Technique **Stylo-plume Platinum Carbon, plume et encre indélébile (Higgins Black Magic) et feutre** *pigment liner*
Support **Papier carton 200 g**

Épaisseur et direction des lignes

« Voir p. 130-131

Des lignes de différentes épaisseurs – épaisses au premier plan, nettement plus fines à l'arrière-plan – renforcent l'impression de perspective.

Le pointillage

« Voir p. 134-135

Des points de densité variable décrivent les ombres des arcs et piliers de l'escalier, ainsi que l'appareil de pierre du mur du fond.

Le pointillage : transitions de tons

« Voir p. 134-135

Le passage d'un ton à l'autre est net aux angles des piliers, et progressif sous les arches.

Récapitulatif des techniques

Cette vue architecturale très graphique combine les bases du travail à la plume. L'épaisseur différenciée du trait rend bien lignes et angles, tandis que les ombres par pointillage et hachures suggèrent l'espace.

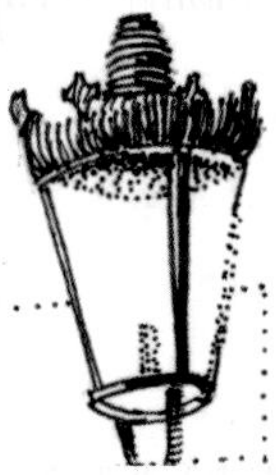

Les traits modulés

« Voir p. 126-127

Des traits diversement appuyés interviennent dans le rendu du mur du fond, du lustre et du personnage.

Les hachures simples et croisées

« Voir p. 132-133

Des hachures définissent le personnage, ainsi que des éléments comme la rampe et les contremarches, dont elles renforcent la verticalité.

La qualité de la ligne

« Voir p. 128-129

Chaque ligne a un début et une fin nets, d'où une définition claire des espaces et des formes qui contribue à la force d'ensemble du dessin.

Les griffonnages

DÉVELOPPER LA FORME

Griffonner, ou gribouiller, consiste à couvrir la page de traits informels, à fouiller la forme et la texture sans lever son stylo ou sa plume. Les lignes s'entortillent à la manière de fils, jusqu'à prendre – lorsqu'elles se font très denses – l'allure de la paille de fer.

Le griffonnage en trois étapes

Un griffonnage est élaboré un peu sur le modèle d'un filet ou d'un grillage. Commencez par « chercher la forme » par une ligne continue qui s'enroule autour d'elle. Puis faites-lui prendre corps par de nouveaux traits, avant de saisir les détails clés.

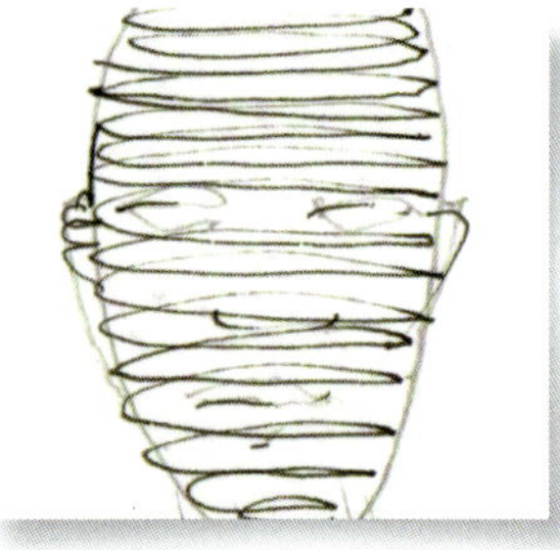

Fil de fer
Une fois la figure saisie par une simple silhouette, partez du centre vers l'extérieur pour tracer une spirale qui l'entoure comme une bobine de fil ; privilégiez à ce stade un trait spontané et informel.

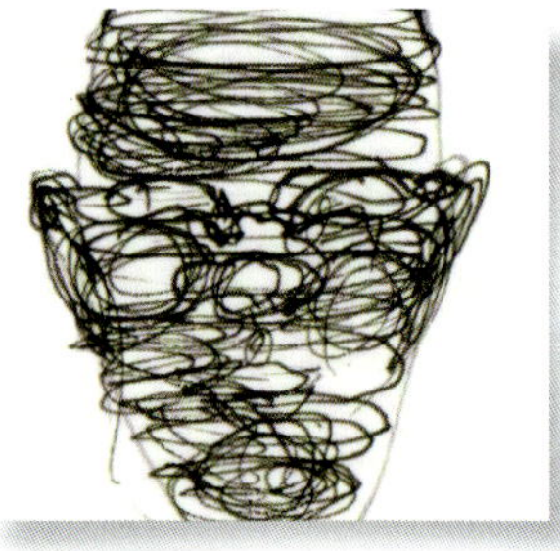

Élaboration
Repérez le modelé et décomposez-le en formes secondaires que vous sculpterez par de nouvelles spirales plus ou moins denses et serrées. Traduisez l'articulation des volumes en variant l'axe de vos spirales.

Détails
Complétez le dessin en traçant, par-dessus l'entrelacs de lignes, les détails stratégiques tels que les yeux, le modelé du nez. Le contour initial est désormais invisible sous le dense griffonnage.

EN PRATIQUE

Le puissant contre-jour réduit le chien et son maître à des silhouettes rendues par griffonnage, à l'opposé des nets traits parallèles des ombres portées.

Matériel

- Crayon tendre
- Feutre fin 005
- Gomme
- Papier aquarelle pressé à chaud 300 g

Figures et ombres

1 Croquis initial
Réalisez un croquis léger des silhouettes, en situant certains détails comme les traits du chien. Veillez à ne pas obscurcir ces éléments menus mais cruciaux, et à les préserver au fil du travail.

2 Fil de fer
Lancez vos traits comme des bobines de fil autour des volumes du chien – tête (situez les yeux, les oreilles et la gueule), puis tronc et membres. Pour son maître, progressez en spirale depuis les pieds jusqu'aux hanches.

« Embrassez la liberté du griffonnage informel pour exprimer pleinement la nature de vos sujets. »

3 Densification
Continuez de tourner autour des figures pour étoffer le « maillage » et consolider la forme. Concentrez-vous sur les articulations telles que chevilles et genoux.

4 Ombres et arrière-plan
Restez minimaliste, avec des hachures propres et nettes créant des ombres et un décor bien découpés. Vérifiez l'équilibre général des zones d'ombre et de lumière, et ajustez-le si besoin.

Les variations sur la densité

MAÎTRISER LES SUPERPOSITIONS DE COUCHES

Plusieurs techniques s'offrent à vous pour varier la densité de l'encre dans vos traits. Épongez-la pour donner de subtils effets impressionnistes ou dégager des accents lumineux plus ou moins nettement délimités. Une ligne d'encre peut être partiellement épongée pour créer de séduisantes variations d'épaisseur. Avec différentes dilutions d'encre modulant la densité de chaque couche, superposez les lavis en travaillant du plus clair au plus foncé.

EN PRATIQUE

Pour dessiner cette branche de magnolia en fleur, on a utilisé une encre très diluée afin de créer des formes abstraites de rameaux et de pétales par accumulations et épongeages, avant de passer à des couches plus denses.

Matériel

Calame en bambou

- Petit et gros calames en bambou
- Encre de Chine
- Papier aquarelle pressé à chaud 300 g
- Eau
- Petits pots pour les différentes dilutions d'encre
- Serviette en papier déchirée en bandelettes

Un rameau de magnolia

1 Dessin à l'encre
Sans aucun croquis préalable, travaillez directement par lavis. Trempez le gros calame dans l'encre que vous avez le plus diluée et dessinez librement. Saisissez prestement la forme et l'envergure de la branche en laissant l'encre s'écouler et s'accumuler à sa guise.

L'encre la plus noire détaille rameaux et pétales.

Maîtriser la densité de l'encre

Diluez l'encre pour obtenir une gamme de tons, idéale pour travailler la profondeur par couches. Pour un effet doux, déposez de l'encre bien noire aux endroits humides et laissez-la baver.

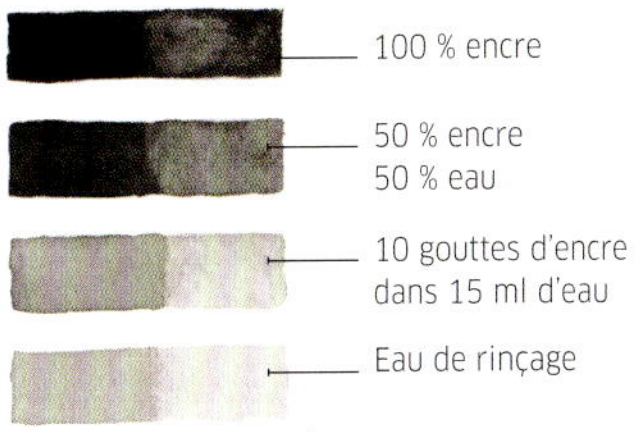

Diluer l'encre

Avant de dessiner, préparez plusieurs dilutions bien dosées d'encre, et disposez-les dans de pots. L'eau de rinçage peut resservir pour les tons pâles.

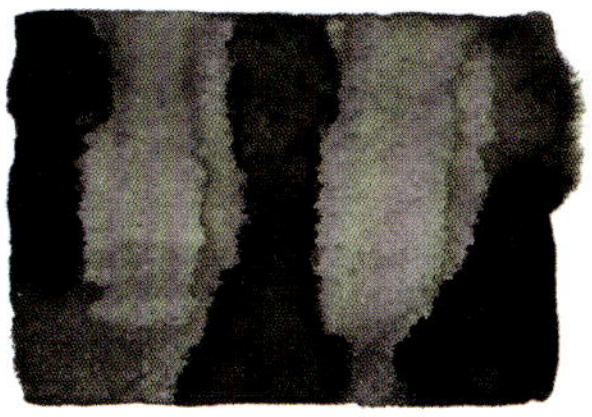

Serviette déchirée

Pour créer des effets doux et vaporeux, trempez une serviette en papier déchirée dans l'encre humide, puis épongez pour alléger le ton.

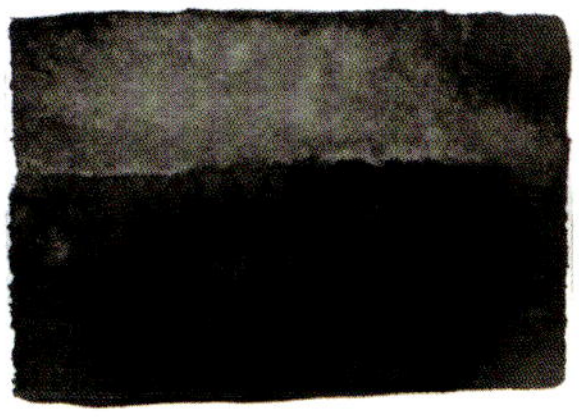

Serviette pliée

Si l'encre est très liquide, une serviette en papier pliée l'absorbera rapidement pour créer une démarcation plus nette entre tons sombres et clairs.

2 Traits tirés

Puisez dans votre lavis pour tirer les traits des pétales avec le biseau du gros calame, puis dessinez les rameaux secondaires en trempant la pointe du calame dans l'encre la plus chargée. Dégagez les lumières en épongeant.

3 Deuxième encrage

Avant que la branche sèche, ombrez-la à l'encre plus noire avec le petit calame, en laissant la nouvelle encre baver dans la première. Ne laissez pas l'encre s'étaler sur les zones claires, et épongez si nécessaire.

4 Étoffer les formes

Continuez de détailler pétales et rameaux. Utilisez le côté biseauté du calame pour étaler de larges traînées d'encre, et la pointe pour tirer des lignes fines.

5 Détails choisis

Trempez le petit calame dans votre encre la plus noire pour ajouter les détails les plus fins de l'écorce de la branche au premier plan, et des fleurs plus loin. Ne détaillez pas l'extrémité de la branche ni les dernières fleurs, qui paraîtront ainsi s'éloigner.

Mouiller l'encre

FAIRE DES LAVIS D'ENCRE

Le lavis consiste à étaler de l'encre diluée sur le papier pour obtenir un ton égal. Bien qu'assez délicat à réaliser, un grand lavis homogène permet d'obtenir un ciel, un aplat de ton régulier ou un fond unifiant toute une composition. Utilisez une encre indélébile pour pouvoir, après séchage, poursuivre avec une autre plus chargée ou plus diluée.

Un lavis sans accroc

Pour obtenir un lavis sans trace de pinceau, inclinez très légèrement votre planche à dessin et diluez une grande quantité d'encre dans un volume égal d'eau. Humectez le papier pour faciliter une répartition homogène. Réservez les blancs ou protégez-les avec du feutre acrylique.

Premier coup de pinceau
Badigeonnez le papier d'eau pure avec votre plus gros pinceau. Dès que le papier perd son brillant, trempez le pinceau dans l'encre diluée et, d'un seul geste, balayez dans toute sa largeur le haut de la feuille. L'excédent d'encre s'accumulera en bas de ce large trait.

Travail par bandes
Sans attendre, trempez à nouveau votre pinceau et tirez un deuxième trait régulier en suivant l'ourlet sombre d'encre accumulée au bas du précédent, pour bien fondre les deux bandes. Poursuivez ainsi jusqu'au bas de la feuille.

Retrait de l'excédent
Ôtez enfin l'encre accumulée au bas de la feuille en passant légèrement le bout d'un pinceau large ou en épongeant avec le bord déchiré d'une serviette en papier. Posez le papier à plat pour un séchage uniforme.

EN PRATIQUE

Le contraste du cygne blanc sur le lavis homogène du fond crée une composition dynamique, réduite pour plus d'effet à une étude monochrome en bleu et blanc.

Un cygne parmi les roseaux

Matériel

- Crayon 4B et gomme
- Encre à colorant effaçable diluée à 1:1 dans de l'eau
- Feutre fin acrylique blanc
- Pinceaux à aquarelle (nº 6 et nº 10) bien effilés
- Petits pots pour l'encre
- Serviette en papier
- Papier aquarelle pressé à froid 300 g

1 Croquis léger et réserve
Réalisez un croquis léger du cygne et de son reflet, en situant détails et parties ombrées. Soignez la courbe de la naissance du cou dans le reflet. Évoquez les roseaux par des traits ténus, puis passez plusieurs couches de feutre acrylique blanc pour la réserve, sans trop vous soucier encore de l'emplacement exact.

> « Un fond de lavis uni donnera une base harmonieuse à vos études tonales à l'encre. »

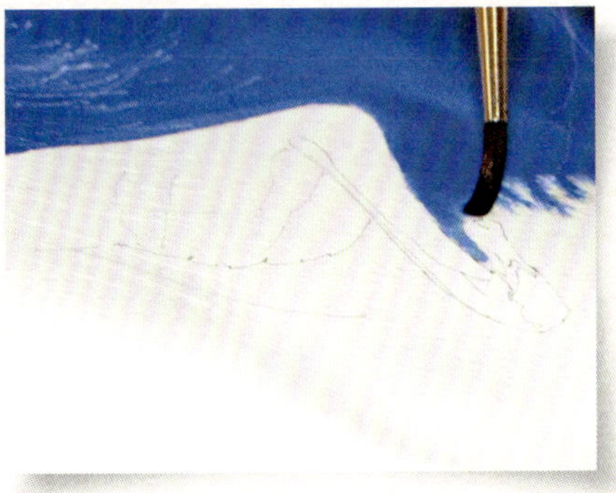

2 Lavis

Faites pivoter le dessin à 180°. Humidifiez la feuille en réservant le cygne, puis étalez le lavis à coups de pinceau n° 10 horizontaux, en respectant la silhouette de l'oiseau. L'encre migrera naturellement vers son pourtour.

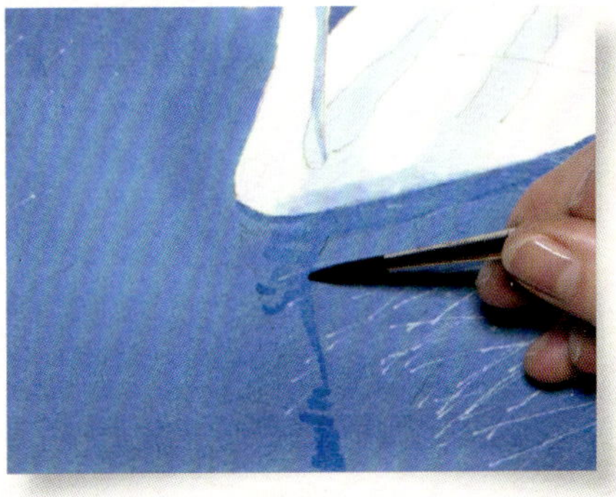

3 Variations de tons

Avec une encre très diluée (eau de rinçage), tracez les ombres sur l'oiseau. Ombrez avec précision la tête et le cou à la pointe du pinceau n° 6. Utilisez une encre un peu moins diluée pour le reflet et les autres ombres.

4 Menus détails

Après séchage, détaillez la tête du cygne et situez les accents lumineux dans le reflet avec le feutre blanc. Pour les roseaux et leurs ombres propres, alternez des lignes de feutre blanc et d'encre 1:1 à la pointe du pinceau n° 6.

La texture du papier

METTRE À PROFIT LE SUPPORT

Le support peut, par l'intérêt visuel de sa texture, embellir un dessin. Une texture de papier bien choisie épouse le sujet et renforce son identité. En général, plus la surface est rugueuse, plus elle donne d'efficacité aux traits.

Révéler la texture

Les pinceaux à poils longs et doux – comme le pinceau chinois en poil de chèvre utilisé ci-contre – produisent une séduisante gamme de traits sur papier à forte texture. On les fait glisser à plat et de côté pour tirer de larges bandes de ton pur, ou bien on les appuie pour laisser des empreintes évoquant feuilles, pétales ou plumes. Variez la longueur du poil selon la dimension de marque voulue. Les calames en roseau existent eux aussi dans toutes les tailles et formes.

Pinceau chinois en poil de chèvre
Un pinceau à poils longs de 5 cm a été glissé de côté, appuyé pour laisser une empreinte, puis utilisé pour tracer une ligne.

Stylo-pinceau
Un stylo-pinceau de poche, utilisé de la même manière que ci-dessus, produit des effets différents.

Calame
Mêmes opérations encore pour un calame en roseau, qui dépose des marques plus linéaires.

EN PRATIQUE

Les nageoires et écailles de ces poissons ont été rendues par de grands coups de pinceau, et leurs contours tracés au calame. Les détails les plus sombres ont été introduits au stylo-pinceau de poche et au calame.

Matériel

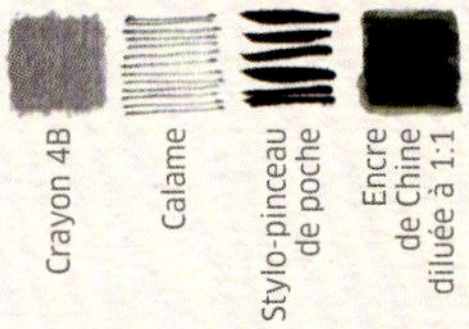

- Crayon 4B
- Calame en roseau
- Stylo-pinceau de poche
- Pinceau chinois
- Encre de Chine diluée à 1:1 dans de l'eau
- Papier chiffon 210 g

Un plateau de poissons

1 Installer la composition
Croquez les grandes lignes au crayon en repérant les zones les plus claires et les plus sombres. Notez la blancheur du ventre des poissons, à l'opposé de leurs sombres dos, nageoires et queues.

2 Empreintes noires
Trempez le pinceau dans l'encre diluée, posez-en le bout bien imprégné à l'extrémité d'une nageoire, et appuyez-le à plat. Retirez-le, trempez-le de nouveau et créez de la même manière la nageoire suivante. Répétez l'opération sur l'ensemble du dessin.

3 **Tons modulés**
Diluez encore la solution à 1:1 pour obtenir un gris moyen, puis appliquez-le sur les zones à la tonalité entre blanc du papier et gris sombre des nageoires. Définissez par étapes branchies, têtes et dos.

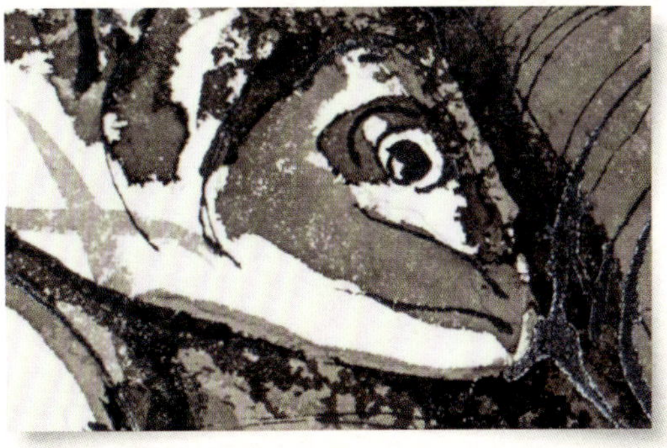

4 **Fins détails**
Avec le calame et le stylo-pinceau, détaillez les yeux, les branchies et les autres parties sombres. Tracez le contour du plateau blanc au calame, en laissant la ligne varier selon son accroche sur le papier.

5 **Arrière-plan**
Trempez votre pinceau dans votre eau de rinçage et étalez un lavis pâle entre le bord supérieur du plateau et le cadre, en haut à droite du dessin, en faisant glisser le côté du pinceau pour laisser transparaître la texture du papier. Faites de même en bas à gauche et en haut à gauche, avec une encre chaque fois un peu plus chargée.

Ligne et lavis

ASSOCIER CONTOURS ET TONS

Alliez la précision du trait et la recherche tonale, avec des encres diversement diluées pour obtenir une gradation. Contrairement à l'aquarelle, l'encre indélébile, une fois sèche, n'est plus soluble : superposez donc les lavis et ajoutez des contours fins pour enrichir détails et modelés.

Dresser le plan des tons

Réalisez un croquis en vignette de votre sujet, qui synthétise les ombres et lumières pour planifier vos lavis. Situez le point focal de votre composition, les tons sombres et clairs, et les endroits où le papier sera réservé. Sur un premier grand lavis pâle, vous en étalerez d'autres de plus en plus foncés et localisés.

Plan des tons
Votre croquis tonal va déterminer la gamme des tons clairs, médians et sombres de vos encres. Le papier sera laissé à nu pour les principales lumières. En partant de ce plan, vous étalerez vos différents lavis par couches successives.

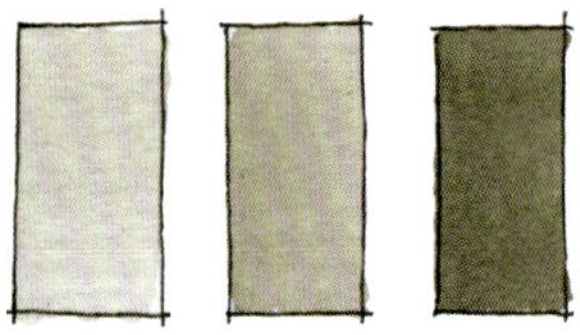

Dilution de l'encre
À chaque ton son dosage. Ici, le plus pâle contient une goutte d'encre pour 5 ml d'eau, le demi-ton deux gouttes pour 5 ml, et le plus sombre cinq gouttes pour 5 ml.

Du lavis à la ligne
Appliquez d'abord le ton le plus léger en un lavis uni. Après séchage, passez la couche suivante avec la même encre. Procédez ensuite par lavis de plus en plus sombres, en respectant chaque fois le temps de séchage. Introduisez enfin quelques détails linéaires, sans tracer tous les contours.

EN PRATIQUE

Dans cette paisible scène d'intérieur, la lumière vive de la fenêtre est rendue par une réserve de papier blanc. Les détails de surface sont traités par lavis de différents tons, puis précisés par le dessin linéaire.

Matériel

- Crayon 2B
- Stylo-plume
- Encre diluée à raison de 1, 2 et 5 gouttes pour 5 ml d'eau
- Feutre *fineliner* 0.3
- Feutre *fineliner* 0.5
- Pinceaux à aquarelle (n° 6 et n° 12) bien effilés
- Gomme
- Papier aquarelle pressé à chaud 300 g

Un sujet près d'une fenêtre

1 Croquis de base et premier lavis
Croquez légèrement la scène au crayon tendre, en situant les taches lumineuses de la fenêtre, du journal, du côté de la tête et du dossier du fauteuil. Avec le pinceau n° 12, étalez partout ailleurs un lavis pâle de l'encre la plus diluée.

2 Premiers détails par traits et lavis

Dessinez les détails du modèle, du fauteuil et du journal au stylo-plume, avec un soin particulier pour les mains. Situez par touches légères les traits du visage. Toujours avec la même encre très diluée, mais avec le pinceau n° 6, approfondissez les ombres en respectant les accents lumineux.

> « Combinez détails linéaires et lavis de tons modulés pour donner une vraie qualité picturale à vos dessins. »

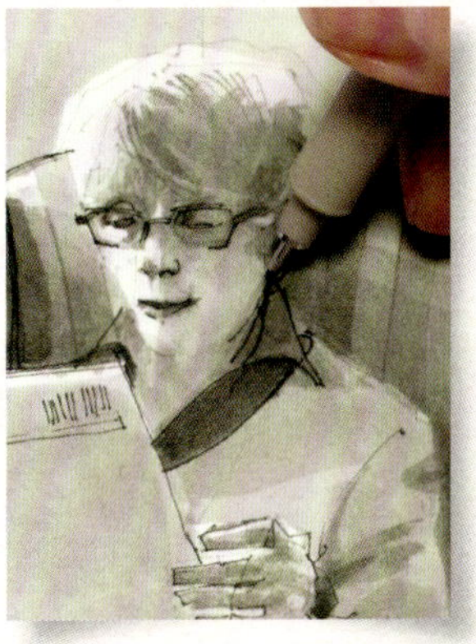

3 Deuxième couche

Passez à l'encre diluée à deux gouttes pour renforcer les zones sombres, comme les rayures du fauteuil, au pinceau n° 6. Tracez les lignes fines de la chevelure au stylo-plume, et celles, plus épaisses, des lunettes au feutre *fineliner*.

4 Troisième couche

Avec l'encre la moins diluée et le pinceau n° 12, assombrissez les murs encadrant la fenêtre. Ajustez les tons du fauteuil au pinceau n° 6. Détaillez la plante au stylo-plume et teintez certaines feuilles avec l'encre la plus foncée.

5 Derniers détails

Vérifiez l'équilibre général des ombres et lumières, ajustez-le au besoin avec les encres correspondantes. Tracez les détails les plus fins et gommez tout trait de crayon encore visible.

Artiste **Cynthia Barlow Marrs**

Titre ***Café***

Technique **Encre de Chine, stylo-plume, calame et pinceaux**

Support **Papier aquarelle pressé à froid 300 g**

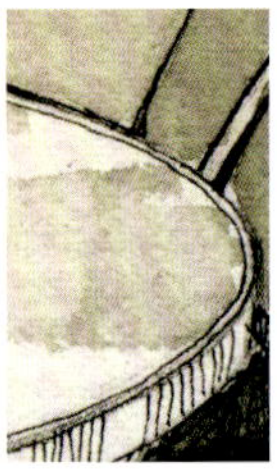

La texture du papier

« Voir p. 144-145

Un pinceau chinois chargé d'encre diluée a été promené sur le papier pour en incorporer la texture et le grain au rendu de la surface de la table.

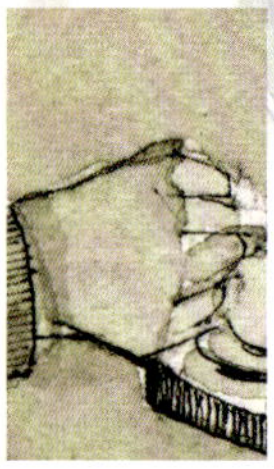

Mouiller l'encre

« Voir p. 142-143

Plusieurs dilutions d'encre font le lien entre les murs, les figures et le mobilier, tandis que la fenêtre, le sol et les accents lumineux ont été laissés vierges.

Ligne et lavis

« Voir p. 146-147

Les lignes ne se précisent qu'au-dessus des tables pour détailler tasses et figures. Au-dessous, jambes et pieds sont traités plus simplement.

Récapitulatif des techniques

Dans cette scène combinant les techniques intermédiaires, la composition guide l'œil vers le second plan, puis le ramène au premier, dans un équilibre de lignes et et de lavis, d'angles et de courbes, d'ombres et de lumières.

Variations sur la densité : tons clairs

« Voir p. 140-141

Les lavis ont été épongés là où la lumière éclaire visages et vêtements, comme sur la manche et le col de la veste à pois.

Variations sur la densité : tons sombres

« Voir p. 140-141

Une encre plus sombre a été déposée sur des lavis encore humides pour renforcer le ton de surfaces comme les tubes chromés des chaises.

Les griffonnages

« Voir p. 138-139

Des pointillés introduisent des textures intéressantes et des tons plus profonds au niveau des plinthes et cadres de l'arrière-plan, qui renforcent l'unité de la composition.

Étaler et mélanger l'encre

FLOUTER LES TRAITS

Pour adoucir et fondre les tons, on peut étaler et barbouiller l'encre encore humide, ou la réhumecter après séchage (si elle n'est pas indélébile). L'effet peut être utilisé pour lui-même, ou servir de base à un dessin plus poussé l'associant avec bonheur avec des lignes nettes. Cette technique rend bien les pelages, la laine, l'écume ou les nuages.

Des effets impressionnistes

Observez ce que produisent sur supports sec et humide différents procédés destinés à adoucir la ligne. Vous pouvez dessiner par-dessus après séchage ou répéter l'opération pour étoffer les tons.

Les lignes sont nettes sur papier sec et plus floues sur support humide.

Un Coton-Tige humide passé sur les lignes les diffuse encore plus.

Un Coton-Tige imbibé d'encre peut servir à tirer de larges traits.

Une deuxième série de lignes a été tracée par-dessus à la plume.

Plusieurs couches de lignes nettes et floues permettent de moduler les effets.

Des touches de plume ont été étalées au Coton-Tige humide.

L'opération a été répétée pour créer différents tons.

EN PRATIQUE

Dans ce gros plan impressionniste, le pelage du chat est rendu par des traits estompés et superposés qui tranchent sur des angles nets, tracés à la plume extra-fine.

1 **Croquis de base**
Croquez au crayon les grands traits du chat, en notant les jeux de lumière dans ses yeux. Situez pot de fleurs, médaillon, dallage. Indiquez en quelques traits le sens des poils.

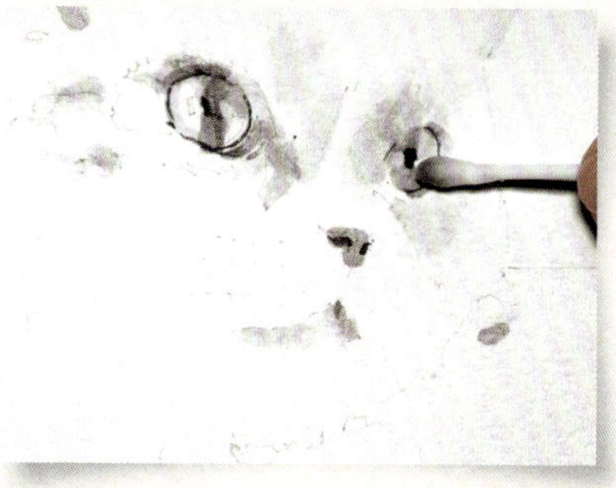

2 **Traits du félin**
Avec la plume et l'encre la plus diluée, dessinez les yeux et le museau, puis brouillez les lignes encore humides. Après séchage, tamponnez avec un Coton-Tige saturé.

3 **Pelage**
Dessinez les touffes de poils par des traits de plume en virgule, avec l'encre diluée à cinq gouttes. Brouillez les traits humides au doigt ou au Coton-Tige. Assombrissez par couches.

Matériel

- Encre effaçable noire diluée à raison de 5 gouttes pour 5 ml, 10 gouttes pour 5 ml, et à 1:1
- Plume extra-fine
- Crayon tendre
- Cotons-Tiges
- Papier aquarelle à fort grammage pressé à froid

Un chat au pelage soyeux

4 Arrière-plan
Retournez la plume pour tracer les fins poils du dessus de la tête. Créez un contraste en douceur sur l'ourlet de lumière du dos et du haut de la tête. Imbibez bien d'encre un Coton-Tige et tirez des traits parallèles vers le haut. Répétez après séchage.

5 Contrastes de tons et de textures
Avec la plume et l'encre diluée à 1:1, définissez les parties sombres des yeux et du museau, en laissant le pourtour blanc. Évoquez le pot par des traits parallèles, et utilisez différentes dilutions d'encre pour fondre le poil sur ce fond.

6 Lignes finales
Réalisez les derniers ajustements, notamment autour de la tête. Évoquez le dallage par de légères lignes parallèles d'encre diluée à cinq gouttes, que vous adoucirez avec un Coton-Tige à peine humide.

Superposer au marqueur

CONSTRUIRE LA FORME

L'encre translucide des marqueurs enrichit les tons par superpositions. En contrôlant l'opacité des traits, on peut suggérer la forme, la couleur et la profondeur. Les marqueurs de couleur sont utiles pour les croquis.

La forme par la couleur

La manière de travailler le ton et la couleur avec un marqueur est assez proche de l'aquarelle. Commencez par garnir une zone de couleur claire, puis superposez des tons de plus en plus foncés et intenses pour construire la forme par la couleur.

Travail à une couleur
Construisez la forme du sujet au marqueur gris neutre. Superposez les traits en jouant sur la transparence pour créer différents tons.

Mélange à deux couleurs
Une fois la forme mise en place, ajoutez une deuxième couleur – un bleu frais – pour renforcer les ombres.

Ajout d'une troisième couleur
En passant au marqueur jaune toute la surface de la tasse, on fait naître un vert très pimpant là où il y avait du bleu, tout en laissant encore transparaître le modelé initial réalisé au marqueur gris.

EN PRATIQUE

Dessiner un portrait simple constitue une excellente initiation au travail conjoint du ton et de la couleur. Il est essentiel de procéder du plus clair au plus foncé pour donner de la substance à votre dessin au marqueur.

Matériel

- Marqueurs colorés
- Papier carton 200 g

Une pose décontractée

1 Forme et ton
Au marqueur gris, esquissez en douceur les grandes lignes de la tête et des épaules. Situez les zones qui diffèrent nettement par le ton et la couleur.

2 Focus sur les ombres
Avec le même gris, posez les traits plus sombres : orbites des yeux, cheveux, menton. Évitez de trop assombrir par superposition. Passez au brun henné pour tracer les accents sombres autour de la bouche et du nez.

3 Tons intenses
Commencez à renforcer sélectivement les zones gris sombre au marqueur rubis. Ce rouge permet de créer trois valeurs tonales différentes sur le gris, le brun henné, et le blanc du papier.

4 Carnations
Ajoutez une couche de rose chaud pour les demi-tons du front, des joues et du cou. Avec un marqueur bleu ciel de même valeur, ombrez le menton et les joues au-dessous des pommettes.

5 Contrastes
Travaillez le modelé et la définition du menton au brun henné, en faisant avec la pointe du marqueur de petits traits suggérant la barbe naissante. Densifiez les ombres au bleu indigo, en réservant le blanc du papier pour les accents lumineux.

« Dessiner au marqueur, c'est un peu comme peindre à l'aquarelle. »

Les encres colorées

L'HARMONIE DES COULEURS PAR LIGNES ET LAVIS

Avec leurs pigments fins, les encres permettent de créer des voiles colorés dont on peut tirer de beaux effets. Les encres indélébiles s'utilisent comme de l'aquarelle, mais peuvent être superposées sans se brouiller. Pour harmoniser votre dessin, limitez votre palette à quelques mélanges colorés, appliqués par lignes et lavis successifs.

EN PRATIQUE

Des mélanges clairs et foncés de jaune, rouge et vert (voir page ci-contre) sont mis en œuvre dans un mariage de lavis et de lignes pour définir et moduler les formes amples de ces tournesols.

Matériel

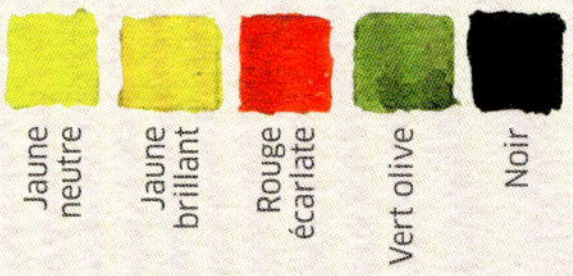

- Crayon tendre
- Encres acryliques
- Petit calame en bambou
- Plume extra-fine
- Pinceaux pour aquarelle ronds (nº 8 et nº 12)
- Gomme
- Papier aquarelle pressé à chaud 300 g

Un bouquet de tournesols

1 Premiers lavis
Réalisez un croquis général. Avec le pinceau nº 12, humidifiez les capitules ronds, puis faites-y goutter de l'encre rouge que vous laisserez se propager jusqu'aux bords. Puisez dans l'encre encore humide pour tirer les traits à la base des pétales avec le calame. Pour les feuilles, tracez des lignes de même avec le mélange vert clair.

2 Développement de la forme
Passez les pétales au jaune clair, puis faites goutter à leur base du jaune brillant et du rouge en laissant baver. Avec le calame, puisez dans ces lavis les pourtours des pétales. Tracez aussi des veinures vert clair et vert foncé.

Multiplier les nuances

Trois couleurs d'encre (en plus du noir) suffisent pour créer une riche palette de tons clairs et foncés. À chaque couleur pure, ajoutez un peu des autres pour obtenir la nuance souhaitée. Vous tisserez ainsi une « famille » de tons qui harmonisera votre dessin.

Mélanges de jaune

Le jaune clair de gauche contient 1 volume de jaune neutre pour 16 d'eau. Le jaune plus soutenu de droite contient 1 volume de jaune brillant pour 3 d'eau.

Mélanges de rouge

Le rouge moyen de gauche est un mélange à parts égales de rouge écarlate, de jaune brillant, de vert olive et d'eau. À droite, 1 volume d'écarlate dans 3 de vert olive donne un brun chaud.

Mélanges de vert

À gauche, le vert clair contient 4 volumes de vert olive, 1 de mélange rouge moyen, et 8 d'eau. À droite, la nuance foncée est composée de 9 volumes de vert olive, 1 de rouge écarlate, 1 de jaune brillant et 1 de noir.

Des lignes de rouge et vert foncés viennent préciser les lavis de jaune.

3 Modelé et texture

Avec la plume et le mélange rouge brun, garnissez les capitules de petites virgules en cercles concentriques. Assombrissez la base des pétales avec les mélanges clairs et foncés.

4 Derniers détails

Dessinez les tiges au pinceau n° 8 et au mélange rouge brun, puis appliquez un lavis vert foncé sur les capitules. Avec la plume, posez des accents rouge brun sur les pétales, les feuilles et les tiges. Vérifiez et ajustez l'équilibre des tons.

Des textures expressives

ANIMER LES SURFACES

La texture d'un dessin à l'encre sait traduire les qualités tactiles d'un sujet, ou donner du caractère à des surfaces. L'effet peut être précis ou impressionniste, selon le style recherché et la technique employée.

Traitement de surface et application de l'encre

Vous pouvez donner une texture au support en le traitant avec des produits de réserve ou des médiums pour aquarelle, et en appliquant l'encre de façon concertée. La cire de bougie permet de préserver des accents lumineux, et le médium de texture suggère la pierre ou la toile crue. Des effets variés seront obtenus par projections, empreintes linéaires et coulures.

Bougie

Médium de texture

Projection

Empreintes du bord d'une carte bancaire

Effets de texture

La réserve à la cire et l'application d'un médium de texture permettent de contrôler le résultat final. Projetez l'encre en taches expressives, ou faites des traits plus dirigés avec le bord d'une carte bancaire.

EN PRATIQUE

Ce dessin d'une colline méditerranéenne offre l'opportunité de travailler différentes textures : pierre lisse du temple, feuillage plumeux de la végétation et surface tavelée du premier plan rocailleux.

Matériel

Crayon 2B
Encre noire

- Crayon tendre
- Calames de bambou (grand et petit)
- Plume extra-fine
- Encre acrylique noire en 4 dilutions : 2 gouttes pour 30 ml d'eau, 5 gouttes pour 30 ml, 10 gouttes pour 5 ml, et 1 : 1
- Petits pots pour les différentes dilutions
- Pinceau pour aquarelle plat 20 mm
- Pinceaux pour aquarelle ronds (n° 8 et n° 12)
- Médium de texture pour aquarelle
- Bougie
- Carte bancaire découpée
- Gomme
- Papier aquarelle pressé à froid 300 g

Un temple méditerranéen

1 Plan tonal et traitement de surface

Élaborez un plan tonal situant les principales plages claires et sombres, ainsi que les délimitations nettes ou diffuses. Badigeonnez le temple et les rochers au premier plan de médium de texture, et laissez sécher. Frottez la bougie pour préserver les parties claires du tapis végétal.

2 Premiers lavis

Inclinez légèrement le dessin. Avec le pinceau plat et l'encre diluée à 2 gouttes, étalez un lavis sur le temple et les palmiers, en respectant les parties claires. Tracez la végétation basse drue avec le bord d'une carte bancaire ; laissez couler l'encre.

« La réserve et les projections d'encre donnent vie au dessin. »

3 Tons sombres

Avec le petit calame et l'encre diluée à 2 gouttes, tracez le toit et les ombres du temple. Avant séchage, appliquez de l'encre à 1 : 1 dans les coins sombres. Laissez sécher. Dessinez le palmier avec le bord de la carte, et étalez l'encre diluée à 10 gouttes sur les pierres foncées.

4 Détails

Avec le calame et l'encre diluée à 5 gouttes, fouillez les tons de la végétation et accentuez les contrastes selon le plan tonal. Peaufinez le feuillage du palmier. Utilisez la même encre et la plume extra-fine pour travailler buissons et palmier.

5 Touche finale

Projetez de l'encre diluée à 5 gouttes sur les rocailles du premier plan et les plantes à mi-pente. Détaillez les pierres à la plume extra-fine. Vérifiez et ajustez l'équilibre général des ombres et des lumières. Effacez tout trait de crayon encore visible.

Corriger les erreurs

MASQUER, EFFACER OU INTÉGRER

Si vous commettez une erreur, pas de panique : bien que l'encre « pardonne » moins facilement que l'aquarelle, vous pouvez toujours la recouvrir d'un collage, la blanchir, la gratter, ou tout simplement l'incorporer à votre dessin.

L'astuce du collage

La seule solution consiste parfois à masquer votre erreur sous un dessin partiel que vous aurez découpé dans le même papier que l'original, ou dans un papier plus léger de même ton.

Original avant correction
L'artiste choisit de simplifier le détail du pied de la tour de gauche. Sa forme rectangulaire est facile à remplacer d'une seule pièce.

Tracé de la forme
Dans une autre feuille du même type de papier, tracez et découpez la forme de la pièce à remplacer.

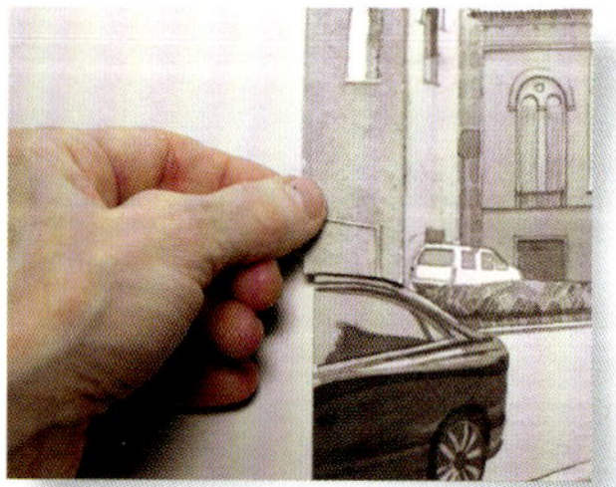

Dessin et collage
Réalisez le même lavis sur la pièce que sur l'original, puis fixez-la avec un adhésif comme de la colle latex.

Intégration
Une fois la pièce collée et sèche, redessinez certains détails pour l'intégrer aux lignes et aux tons de votre composition.

EN PRATIQUE

Un dessinateur maladroit doit ici modifier plusieurs détails, cacher des taches et restaurer des rehauts lumineux. Divers procédés vont lui permettre d'aboutir à un résultat final propre et net.

1 Collage
Pour masquer une erreur, un pan de mur entier a été remplacé par un collage. Ce procédé est idéal pour rectifier de grandes surfaces, masquer des taches ayant imbibé le papier, ou qui transparaîtraient à travers un raccord blanc.

2 Retouche de blanc
Cette solution convient aux interventions ponctuelles que l'on ne retouchera (presque) plus, car l'encre appliquée par-dessus s'intégrera difficilement à l'original. Ici, de la gouache blanche opaque, diluée pour obtenir une consistance crémeuse, est déposée à la plume extra-fine pour rétablir des reflets qui s'étaient perdus sous le lavis.

Matériel

Crayon 2B

Encre de Chine

- Crayon tendre
- Plume extra-fine
- Plusieurs dilutions d'encre de Chine
- Gouache blanche permanente
- Ciseaux
- Colle latex
- Scalpel
- Gomme
- Papier aquarelle pressé à froid 300 g

Une vue urbaine

3 Incorporation

Il est parfois possible d'incorporer l'erreur à l'image en la « déguisant » sous la forme d'une figure humaine, d'un élément bâti ou d'un motif de surface. Ici, une tache disparaît grâce à un nouveau traitement de la fenêtre. Testez votre idée de raccord sur une copie du dessin original, puis intégrez-la avec l'encre correctement diluée.

4 Grattage

Si elle n'est pas trop dense, et qu'elle n'a pas imbibé le papier, une moucheture accidentelle peut être grattée. Sur une petite surface ou à un emplacement discret, l'inévitable égratignure ne sera guère visible. Avec un scalpel tranchant, grattez le papier avec précision et douceur. Évitez de redessiner au même endroit.

Artiste **Cynthia Barlow Marrs**

Titre ***Vallon toscan***

Techniques **Encre de Chine, encre acrylique, plume et feutre fin acrylique**

Support **Papier aquarelle pressé à froid 300 g**

Les encres colorées

<< Voir p. 154-155

Ce dessin allie encre de Chine noire et encre acrylique vert olive, ponctuées de rehauts au feutre fin acrylique blanc.

Corriger les erreurs

<< Voir p. 158-159

La coulure à gauche de la route blanche était involontaire, mais elle a été intégrée à la composition pour lui donner du caractère.

Étaler et mélanger l'encre

<< Voir p. 150-151

Réalisés au Coton-Tige avec une encre très diluée, les nuages éthérés au loin sont essentiels à la composition.

Récapitulatif des techniques

Ce paysage illustre des techniques avancées qui expriment les rythmes et les textures des vignobles et des champs, au premier plan, des arbres rectilignes, nuages et vallons, à l'arrière-plan.

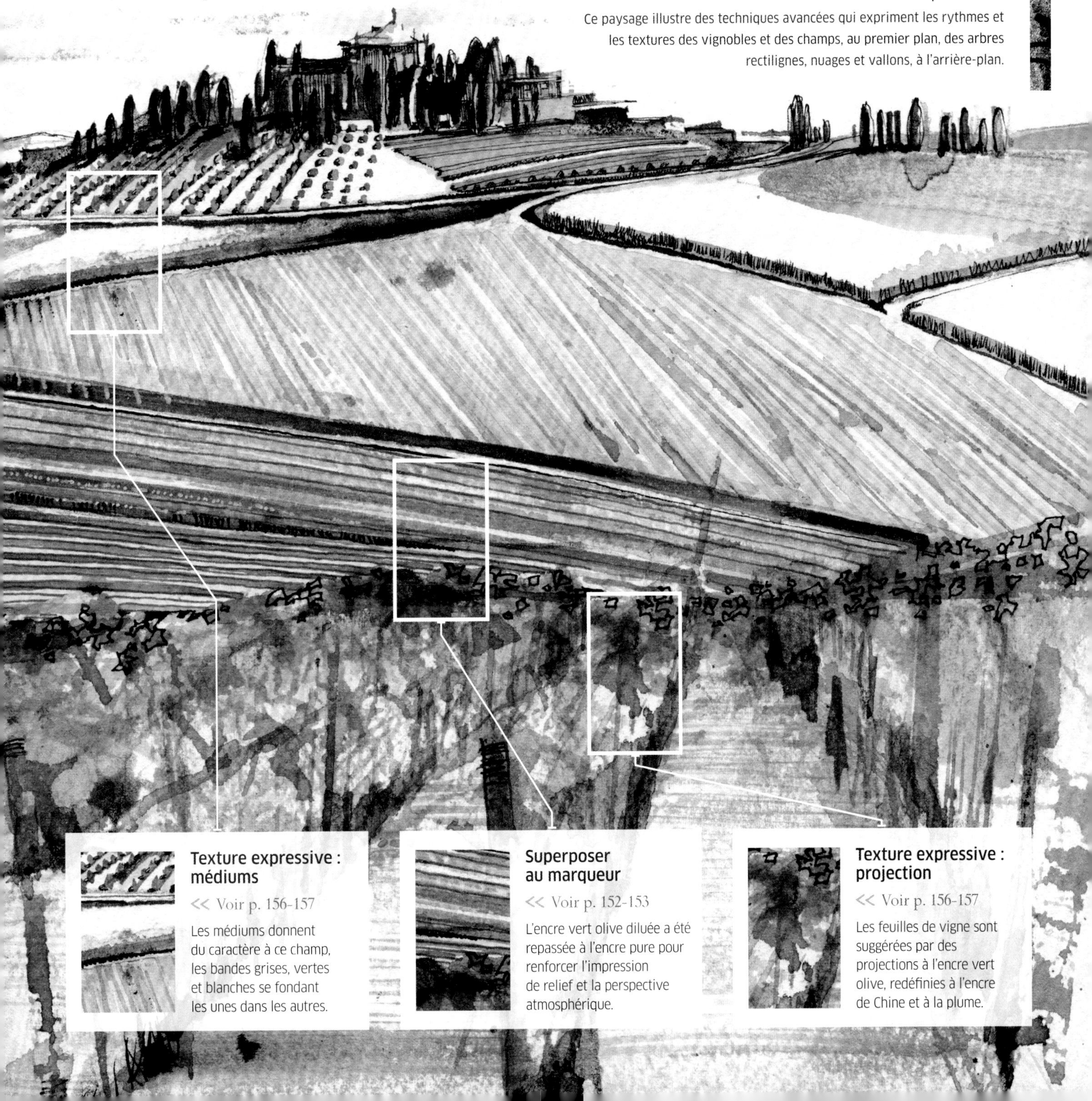

Texture expressive : médiums

« Voir p. 156-157

Les médiums donnent du caractère à ce champ, les bandes grises, vertes et blanches se fondant les unes dans les autres.

Superposer au marqueur

« Voir p. 152-153

L'encre vert olive diluée a été repassée à l'encre pure pour renforcer l'impression de relief et la perspective atmosphérique.

Texture expressive : projection

« Voir p. 156-157

Les feuilles de vigne sont suggérées par des projections à l'encre vert olive, redéfinies à l'encre de Chine et à la plume.

Le crayon de couleur

Le dessin au **crayon de couleur**

Contrairement au crayon classique, doté d'une mine en graphite, le crayon de couleur possède une mine composée de pigments et de liant (en règle générale, de la cire). Le crayon de couleur met de nombreux effets à la portée de tous, avec un rendu sans bavure dans un arc-en-ciel de couleurs éclatantes. La différence entre la qualité fine et extra-fine tient au ratio entre pigments et liant.

Au fil des pages qui suivent, découvrez les caractéristiques du crayon de couleur et le matériel dont vous avez besoin pour vous lancer. Perfectionnez-vous avec 15 techniques, regroupées en trois sections toujours plus avancées. Chacune se termine par un récapitulatif qui illustre les procédés mis en œuvre.

1 Technique pour débutants

■ Voir p. 170-181

Dans la première section, découvrez la théorie des couleurs et divers types de traits. Étudiez les contrastes monochromes, la différence entre crayon de graphite et de couleur, ainsi que les dessins multicolores.

Récapitulatif des techniques pour débutants (p. 180-181)

2 Techniques intermédiaires

■ Voir p. 182-193

Apprenez ensuite à créer des mélanges optiques grâce au pointillisme, à distinguer la lumière chaude et froide, à composer des gris neutres, à utiliser du papier coloré et à imiter des textures comme le bois et la pierre.

Récapitulatif des techniques intermédiaires (p. 192-193)

Une longue histoire

Sans connaître leur date de naissance exacte, on sait que des crayons de couleur à base de cire, précurseurs de nos outils actuels, étaient utilisés par les Romains et les Grecs dès le Ier siècle de notre ère. Le crayon de couleur moderne est apparu bien plus tard, au XIXe siècle ; il servait alors à tenir des registres, et son accession au rang d'art devra attendre le début du XXe siècle. Plusieurs artistes contemporains ont inscrit le crayon de couleur à leur répertoire, à l'instar de David Hockney, qui l'a mis à l'honneur dans de nombreux portraits et études.

Un éclat permanent

Le principe du crayon de couleur consiste à laisser une trace de cire (ou d'autres liants modernes) pigmentée. Contrairement à la trace de graphite du crayon à papier, la couche cireuse du crayon de couleur est très tenace et ne s'efface pas facilement. Les portraits du Fayoum, dans l'Égypte ancienne, ont notamment été peints à l'aide de pigments en suspension dans de la cire ; ils nous sont parvenus presque aussi éclatants et détaillés qu'à leur création.

Des options colorées

Pour des couleurs intenses, privilégiez les crayons professionnels de qualité extra-fine. En partant d'une simple palette de base, vous pourrez les fondre et les mélanger pour composer une gamme presque infinie de dégradés, tons et nuances qui se prêteront à tous les sujets. Pour étendre votre répertoire, posez des lavis ou fondez des tons doux aux crayons aquarellables.

3 Techniques avancées

■ Voir p. 194-205

Dans cette dernière section, découvrez plus en détail différentes techniques expressives : rendu des tons de la peau, utilisation de crayons aquarellables et association avec d'autres techniques.

Récapitulatif des techniques avancées (p. 204-205)

Les types de crayons de couleur

CHOISIR UNE PALETTE DE CRAYONS

Il existe énormément de crayons de couleur, des boîtes basiques pour étudiants à celles de qualité professionnelle, des crayons aquarellables aux crayons à encre. Votre choix dépend de vos ambitions, mais, pour un résultat éclatant et durable, privilégiez un matériel de qualité.

De toutes les techniques de dessin, le crayon de couleur est le plus polyvalent ; il se présente aussi bien en boîtes ultra-basiques pour enfants qu'en assortiments spécialisés pour artistes chevronnés. À vous de personnaliser votre palette, en adaptant vos couleurs à votre sujet.

Qualité et saturation

Les crayons de qualité extra-fine ont une concentration de pigments supérieure à celle des versions plus abordables : les pigments sont moulus plus finement, gage de couleurs plus riches et d'une meilleure qualité. Les couleurs varient en fonction des marques, qui adoptent chacune un ratio entre pigments et liant. Si vous débutez, mieux vaut opter pour une boîte de base relativement bon marché d'une marque qui a fait ses preuves ; en progressant et en vous spécialisant, vous pourrez vous tourner vers des marques qui vous plaisent et des crayons plus chers.

Les boîtes de crayons

Tous les crayons de couleur sont disponibles en assortiments prédéfinis, mais aussi à l'unité. Les boîtes classiques comptent un certain nombre de couleurs (12, 24, 36, voire 120), tandis que les petites boîtes privilégient une palette spécifique : tons de la peau, ou verts et bruns pour les paysages. Si pour débuter vous avez envie de manipuler une large gamme de crayons, mieux vaut vous en tenir à une boîte classique.

Des crayons spécialisés

En plus des crayons de couleur standard, il en existe avec des qualités bien précises. Le crayon aquarellable ressemble à s'y méprendre à un crayon

Crayons aquarellables à sec
Appliquez-les comme des crayons de couleur classiques, en ombrant et en estompant vos traits pour déposer une couche de pigments sur le papier. Les couleurs sont douces et sourdes.

Appliquer l'eau
Trempez un pinceau aquarelle dans l'eau claire et passez-le sur les traits pour dissoudre les pigments et créer un lavis. Fondez les couleurs ou posez des aplats unis.

Dessiner sur papier humide
Obtenez des couleurs intenses au crayon aquarellable en dessinant directement sur papier humide, ou en mouillant la mine au préalable. Attendez que le premier lavis soit sec pour éviter les coulures.

de couleur classique, mais, une fois ses traits additionnés d'eau, il s'apparente à l'aquarelle. Sa mine tendre le rend facile à estomper et à superposer à sec, et l'ajout d'un peu d'eau offre un large éventail d'effets, des lavis délicats aux dessins éclatants.

Vous pouvez aussi travailler le crayon de couleur sur papier humide pour obtenir des traits intenses. Ils ne sont pas permanents : une fois la couleur sèche, humidifiez-la à nouveau pour la rectifier. Le crayon aquarellable est plus précis qu'un pinceau, et sa maniabilité en fait l'outil parfait pour des croquis à sec sur le vif, avant d'éventuellement passer aux lavis de retour dans votre atelier.

Le crayon à encre est un crayon aquarellable aux couleurs intenses, à base d'encre, et non de pigments. Une fois sèche, la couleur est permanente et peut être travaillée à l'aide d'autres techniques. Le crayon à encre se présente aussi sous forme de bloc, à utiliser davantage comme un pastel (voir p. 220-221).

Le crayon de couleur peut parfaitement être utilisé en association avec d'autres outils : superposez-le par exemple avec une base de pastel, ou agrémentez-le de touches de gouache.

> « Les crayons de couleur sont très polyvalents : choisissez une boîte de qualité aux pigments concentrés. »

Palette de base
Une boîte classique de 24 couleurs offre une palette équilibrée, qui convient à la plupart des sujets.

Crayons aquarellables
Les pigments tendres des crayons aquarellables se fondent dans l'eau pour créer des lavis doux et des couleurs estompées.

Supports et matériels

CHOISIR UNE SURFACE ET DES OUTILS ADAPTÉS

Après avoir choisi vos crayons de couleur, il vous faut sélectionner le papier et le matériel qui vous permettront de réaliser votre projet. Réfléchissez à votre surface de travail, aux supports sur lesquels dessiner, aux taille-crayons, ainsi qu'aux pinceaux à utiliser avec les crayons aquarellables.

La surface sur laquelle vous dessinez a toute son importance. Les papiers varient énormément d'un produit à l'autre : si vous choisissez un papier trop fin pour la technique que vous souhaitez mettre en œuvre, il se déchirera ; s'il est trop granuleux, vos couleurs manqueront de fluidité.

Les papiers pour crayons de couleur

Le papier à dessin standard est facile à trouver. Le poids (et l'épaisseur) s'exprime en grammes par mètre carré (g/m²). Un bon grammage correspond à environ 130 g/m² ; le papier ne se déchirera pas et accrochera bien les couleurs. Quant au papier aquarelle, lui aussi exprimé en g/m², il se prête bien aux crayons aquarellables. Vous le trouverez pressé à chaud, pour une surface lisse, ou à froid, pour un grain avec plus de mordant. Que vous optiez pour un papier aquarelle lisse ou texturé, privilégiez un grammage de 250 g/m² pour qu'il ne se déchire pas une fois humide.

Vous pouvez aussi vous tourner vers des papiers colorés, pratiques pour évaluer les couleurs et comprendre leurs interactions. Avec un papier coloré en guise d'arrière-plan ou de valeur intermédiaire, vos dessins prendront une autre dimension.

Les taille-crayons

Le taille-crayon constitue un outil essentiel : poser des couleurs et des ombres émoussera rapidement la mine de votre crayon. Faites votre choix en tenant compte de la mine que vous souhaitez obtenir et de votre lieu de travail. Utilisez un taille-crayon fixe dans votre atelier, et emportez un petit taille-crayon nomade pour réaliser dessins et croquis

Pinceaux à réservoir d'eau
Avec leur réservoir d'eau, ces pinceaux sont parfaits pour travailler en extérieur avec des crayons aquarellables.

Pinceaux
De nombreux pinceaux plats et ronds conviennent à la réalisation de lavis aux crayons aquarellables. Avec leur forme, ils se prêtent bien aux détails, mais servent aussi aux grandes envolées.

Carnets de croquis
Choisissez un format de poche pour les petits croquis sur le vif, ou des carnets grand format pour les dessins grandeur nature et les portraits. Les spirales permettent de maintenir la page à plat quand vous travaillez.

en extérieur. Même si cette technique nécessite de s'exercer, la meilleure astuce pour contrôler votre mine à la perfection consiste à la tailler au cutter.

Les surfaces de dessin

Pour les dessins sur le vif, un carnet de croquis est la surface nomade par excellence. Ils existent dans tous les types de tailles, de reliures (brochée, collée ou en spirale) et de papiers. Veillez toutefois à ce que la qualité du papier soit suffisante pour résister à des fondus, ainsi qu'à l'eau si vous utilisez des crayons aquarellables.

Si vous travaillez sur une feuille libre, mieux vaut la fixer à une planche à dessin avec des trombones ou du ruban de masquage : elle restera ainsi en place en libérant votre main. Assurez-vous que la planche est bien lisse, au risque de voir la surface texturée ressortir dans votre dessin.

Les pinceaux

La gamme de pinceaux pour crayons de couleur aquarellables ou à encre est aussi vaste que celle des crayons de couleur. Si vous débutez, commencez par vous procurer quelques pinceaux aquarelle de base à bout rond, en plusieurs tailles. En progressant, vous identifierez les modèles qui vous conviennent le mieux. Il existe aussi de nombreux types de fibres. Les meilleurs pinceaux sont en poil de martre, car ils gardent leur forme et retiennent bien l'eau. Quant aux pinceaux aquarelle, des fibres synthétiques ou mélangées font généralement l'affaire.

Les pinceaux à réservoir peuvent prendre différentes formes et se prêtent bien au dessin en extérieur. Chargez le pinceau de couleur en mouillant la mine d'un crayon aquarellable, ou humidifiez des traits secs afin de créer des lavis.

Récipient d'eau
Pour vos crayons aquarellables, vous aurez besoin d'un contenant pour l'eau claire. Changez toujours l'eau entre les lavis pour ne pas salir les couleurs.

Taille-crayons
Gardez toujours un taille-crayon à portée de main, qu'il s'agisse d'un modèle classique ou d'un cutter. Une mine bien nette est indispensable pour les dessins fins. Vous pouvez aussi tailler la mine comme bon vous semble de manière à créer des aplats de couleur ou des lignes de différentes largeurs.

La théorie des couleurs

CRAYONS DE COULEUR ET SPHÈRE DES COULEURS

Les crayons de couleur se déclinent dans une immense palette de nuances et de tons. Choisir les teintes appropriées pour votre dessin constitue donc un exercice délicat. En organisant vos crayons selon leur valeur (luminosité) et leur saturation (éclat), vous serez assuré de trouver les couleurs idéales, qui se prêtent parfaitement à votre projet.

La sphère des couleurs

En situant les couleurs en fonction de la façon dont l'œil les perçoit, la sphère des couleurs permet d'évaluer la valeur relative des crayons de couleur. En fonction de trois facteurs – la nuance (que l'on appelle généralement la couleur), la valeur (la luminosité) et la saturation (l'éclat) –, chaque couleur trouve sa place dans la sphère : les teintes saturées, situées à l'équateur, se font de plus en plus ternes à l'approche du noyau, claires vers le pôle Nord et sombres vers le pôle Sud.

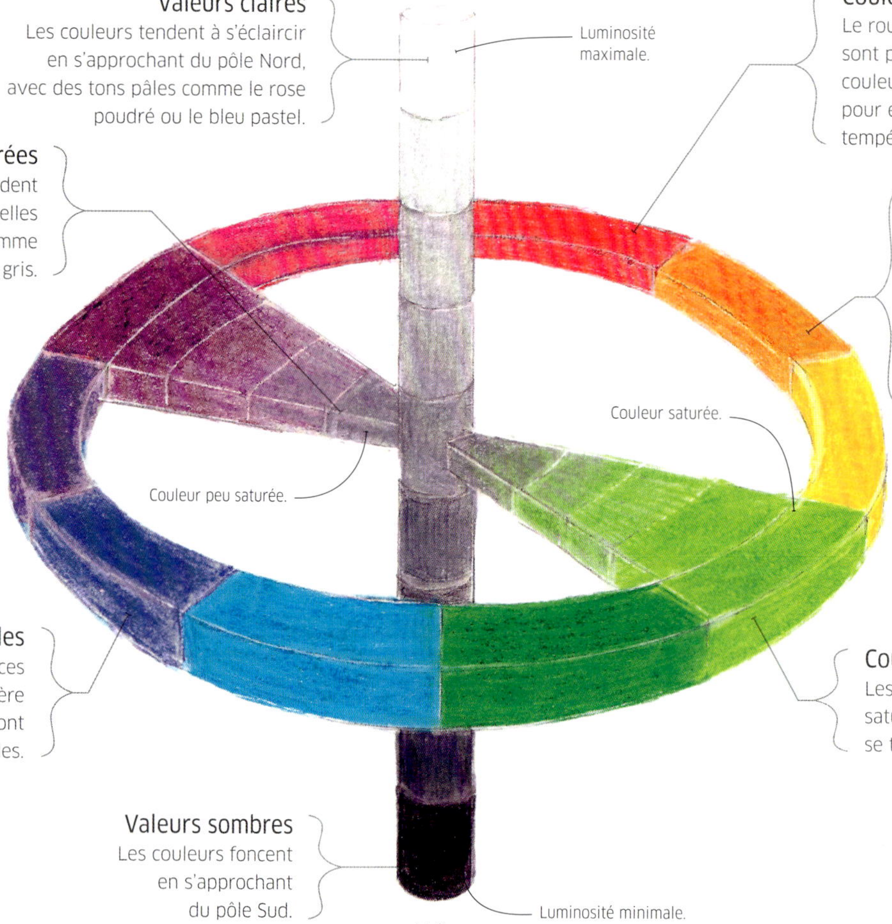

Utiliser la roue des couleurs

Pour classer vos crayons, vous pouvez vous référer à la roue des couleurs. La roue traditionnelle inclut les trois couleurs primaires (rouge, jaune et bleu), ainsi que les nuances secondaires (orange, vert et violet) et celles intermédiaires. Mais cette répartition classique ne correspond pas à la façon dont l'œil les perçoit. Ici, dans cette roue à dix segments, on voit que le bleu vert complète le rouge, l'orange complète le bleu, et, enfin, le violet bleu complète le jaune.

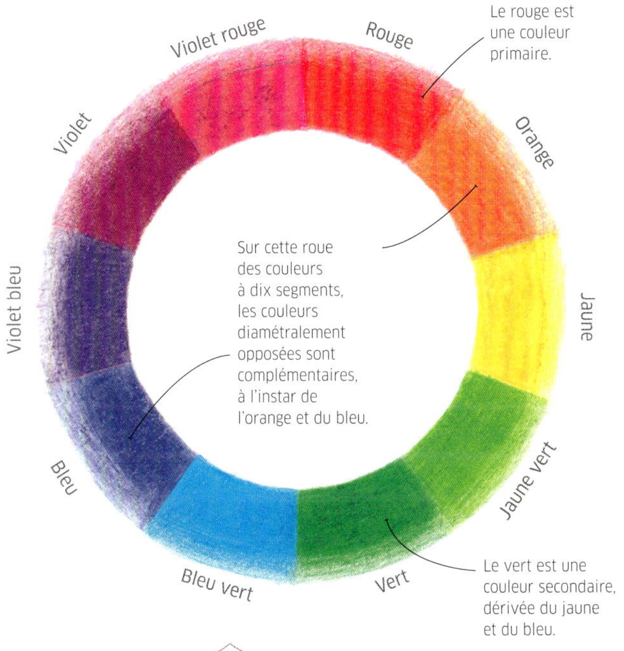

Roue des couleurs à dix segments

Plus précise que la roue des couleurs à six segments (voir p. 20-21), cette version à dix segments donne plus de poids aux bleus et verts, et inclut davantage de couleurs complémentaires.

Organiser les crayons de couleur

Familiarisez-vous avec vos crayons en élaborant votre propre disque des couleurs : suivant le principe de la sphère des couleurs, placez les tons sombres au centre et les dégradés lumineux à l'extérieur.

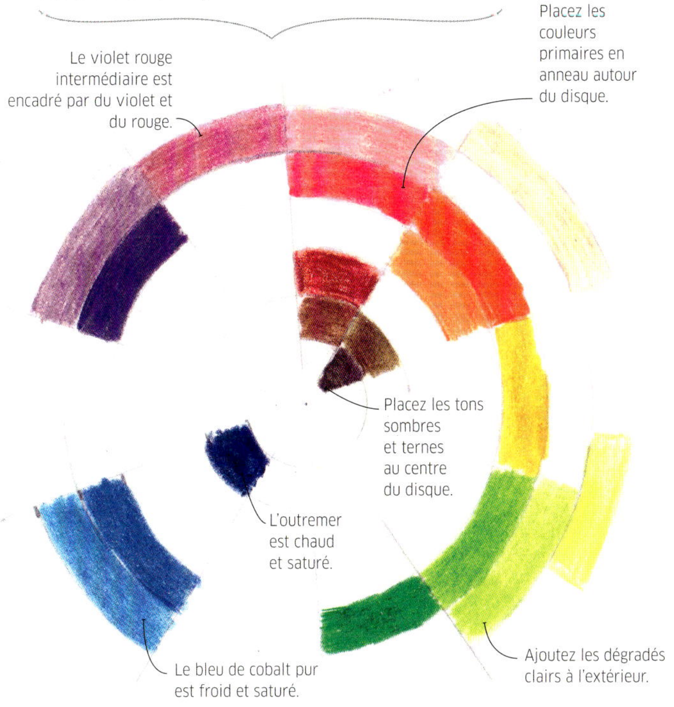

Évaluer les couleurs

Au lieu de vous en remettre à leur nom, créez des nuanciers en disque pour identifier la vraie couleur de vos crayons. Vous pourrez alors visualiser les nuances qui vous manquent.

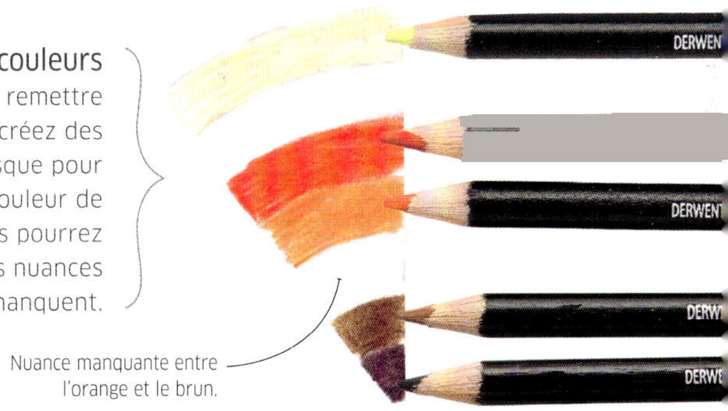

Créer des dégradés et des tons d'une même nuance

Au crayon de couleur, vous pouvez transformer une même teinte en un nuancier entier : il suffit de varier la pression et le nombre de couches. Pour commencer, exercez-vous à appliquer différentes pressions pour voir à quel point vous pouvez foncer ou éclaircir vos traits à partir d'une même couleur.

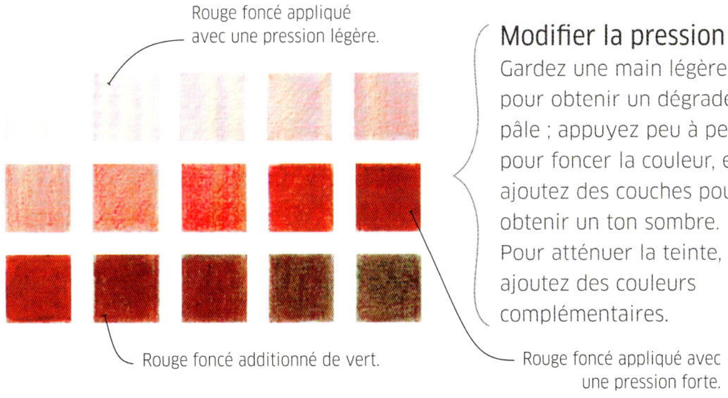

Modifier la pression

Gardez une main légère pour obtenir un dégradé pâle ; appuyez peu à peu pour foncer la couleur, et ajoutez des couches pour obtenir un ton sombre. Pour atténuer la teinte, ajoutez des couleurs complémentaires.

Les effets de traits

MODELER UNE SURFACE AVEC DES TRAITS

Certains maîtres du crayon de couleur recherchent un résultat très fluide, où aucun trait n'est visible. D'autres préfèrent au contraire garder des traits apparents, qui apportent textures et effets à leurs surfaces. L'œil a tendance à être attiré par les traits détaillés au sein de parties plus vaporeuses.

EN PRATIQUE

Une fois la forme de base esquissée, de nombreux types de traits modèlent la robe veloutée de ce cheval, sa crinière et sa queue souples, ses sabots durs et lisses, et les détails près de la bride.

Matériel

- Crayon de graphite
- Crayons de couleur
- Papier aquarelle pressé à chaud 300 g

Un cheval Suffolk Punch

1 Ébauche
Modelez les principales formes du sujet au crayon à papier. Une fois satisfait du résultat obtenu, ôtez l'excès de graphite en tapotant votre esquisse avec une gomme mie de pain ou adhésive pour ne conserver que de discrets repères.

2 Déterminer les valeurs
Avec un crayon brun taillé en pointe, délimitez avec légèreté les principaux contrastes. Lors de cette étape, tenez compte de la direction et de la qualité des traits, qui peuvent contribuer à modeler le sujet.

Les traits au crayon

Vos marques peuvent être systématiques (hachures parallèles ou ellipses superposées) ou aléatoires (hachures omnidirectionnelles ou griffonnages). Avec des traits élancés, vous pourrez rectifier sans effort certaines parties de votre dessin. Procédez par couches légères pour exercer davantage de contrôle sans trop appuyer sur le papier, qui a tendance à garder la trace d'une mine bien taillée.

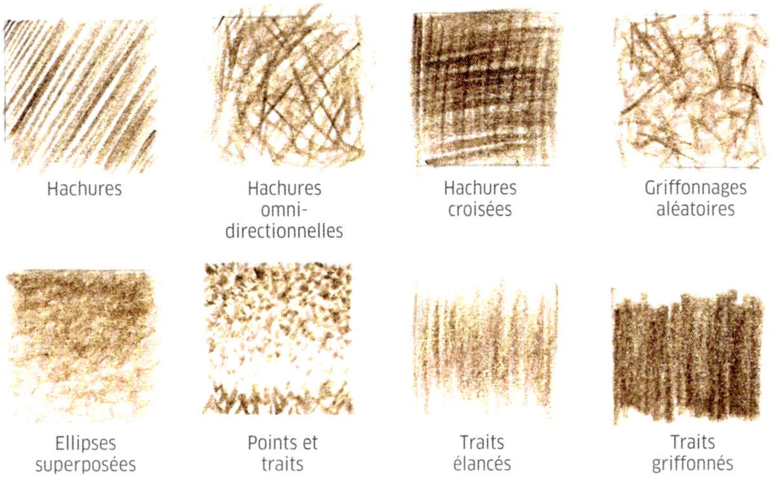

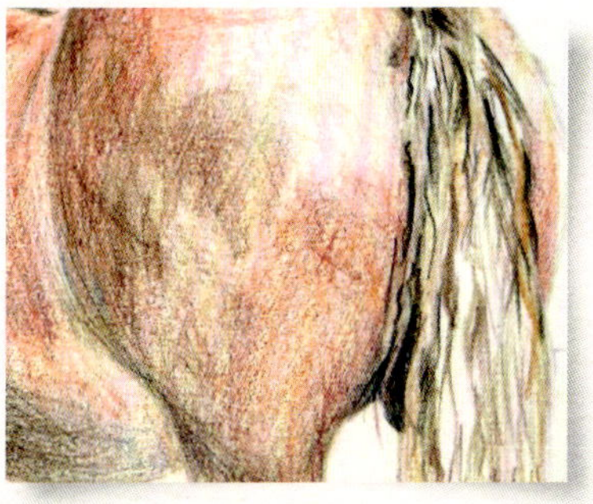

3 Ajouter des couches

Toujours avec délicatesse, superposez de fines couches de crayon en élargissant peu à peu la palette choisie. Veillez à ne pas perdre de vue la plage de contrastes définie au début.

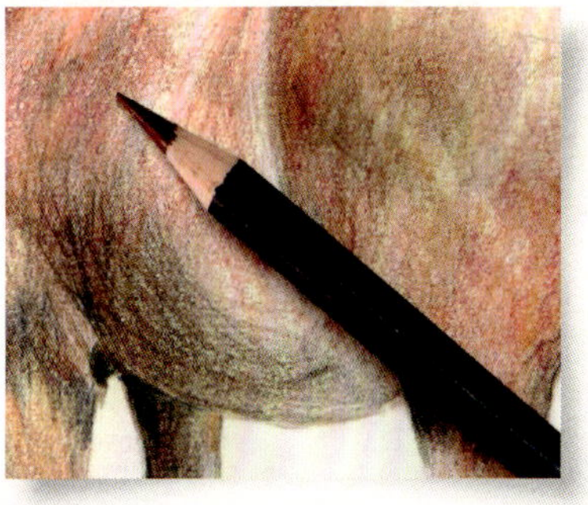

4 Détails contrastants

Gardez certaines zones plus fluides : le contraste avec celles riches en détails donnera un résultat digne d'un tableau.

Le dessin monochrome

DESSINER AVEC UNE SEULE COULEUR

Les objets étant dépourvus de pourtour et faits de surfaces plus ou moins exposées à la lumière, les lignes doivent être expressives. Gardez une main légère, pour pouvoir les effacer ou les intégrer par la suite. Les transitions entre les formes semblent nettes, mais évitez les contours marqués.

La valeur

La valeur est souvent qualifiée de « ton » ou de « contraste ». Pour rendre un dessin plus réaliste, prêtez attention aux interactions entre les formes. Les relations ci-dessous sont toutes des variations des quatre extrêmes de la valeur.

Un moulin, d'après Rembrandt

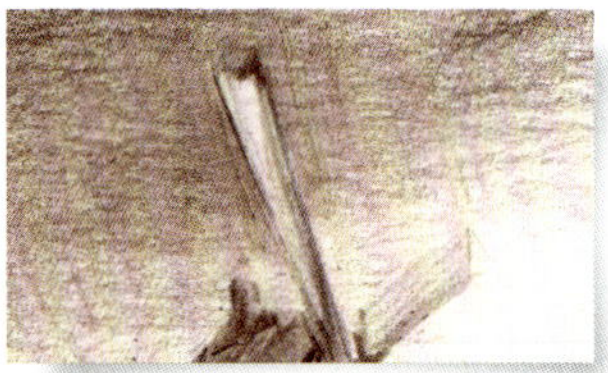

Lumière contre ombre
Pour ancrer des accents de lumière qui attirent l'œil – comme les bollards sur le pont du bateau page ci-contre.

Ombre contre lumière
Pour créer les formes les plus spectaculaires de la composition – à l'image du contour droit de la grand-voile.

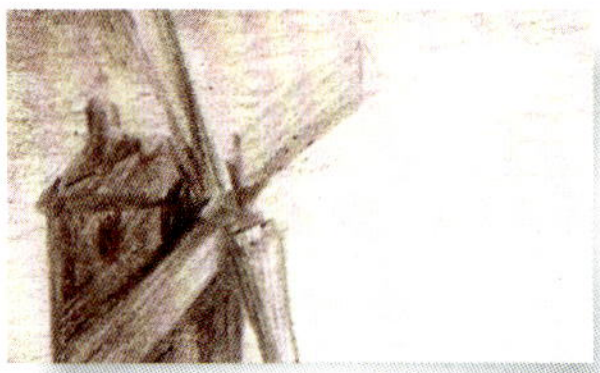

Lumière contre lumière
Cette relation se prête aux détails réalistes – comme le fanion sur le mât page ci-contre. Évitez les contours nets.

Ombre contre ombre
Pour distiller du mystère et attirer le spectateur dans le dessin – à l'instar des silhouettes sur le pont du bateau.

EN PRATIQUE

Les contrastes marqués entre ombre et lumière attirent automatiquement l'œil. Dans les parties périphériques de votre composition, gardez des contours flous, sous peine d'obtenir un résultat plat.

Matériel

Ombre brute

- Crayons de couleur
- Papier aquarelle pressé à chaud 300 g

Un bachot anglais

Inutile de vous soucier des détails à ce stade.

1 Définir les formes
Avec de légers repères, matérialisez le sujet dans les grandes lignes, en plaçant les principaux éléments. Mettez-en certains en lumière sur l'ombre. Tracez des lignes susceptibles d'être effacées ou intégrées par la suite.

2 Choisir la couleur

À la gomme mie de pain, ôtez l'excédent de graphite, jusqu'à ne laisser qu'une image ténue à retravailler. Choisissez ensuite une couleur foncée, mais de valeur claire, afin de donner à votre dessin une plage tonale assez vaste.

3 Définir la plage tonale

En commençant par le centre, superposez des hachures croisées ou d'autres traits pour poser les valeurs les plus sombres. Trouvez ensuite des éléments proches, propices aux valeurs intermédiaires, pour obtenir une gamme complète de valeurs.

4 Ajouter des détails

En restant dans votre gamme de valeurs, ajoutez des détails aux traits soignés. Éclaircissez de petits passages en les tapotant à la gomme adhésive propre. Prenez du recul pour vérifier l'équilibre entre ombre et lumière, flou et détails.

Dessiner avec méthode

ÉTUDIER LES LIGNES, LES FORMES ET LES COULEURS

Procéder avec méthode est une bonne habitude à prendre en dessin. Commencez par jeter les bases en traçant les lignes de vos esquisses et ébauches. Puis créez du relief sur les zones de contraste en donnant du galbe à vos contours préliminaires. Il ne reste plus qu'à poser les couleurs, et le tour est joué ! En procédant de la sorte, votre dessin final n'en sera que plus évocateur.

Les spectres de couleurs

En ajoutant une deuxième couleur, vous dépassez les simples contrastes pour vous aventurer dans le domaine des nuances. Mélanger deux couleurs en produit une troisième, laquelle varie en fonction des proportions. Un spectre de couleurs permet de visualiser facilement les nuances susceptibles d'être obtenues à partir de deux couleurs initiales.

Bleu à une extrémité du spectre.

Le rouge chevauche le bleu et le mélange semble violet.

Spectre rouge-bleu
Commencez par appliquer du rouge et du bleu à chaque extrémité du spectre. Puis, en modifiant progressivement la proportion de ces deux couleurs, vous visualiserez toute la gamme de couleurs possible.

EN PRATIQUE

Cet assortiment de fruits est un excellent moyen de s'exercer à manier deux couleurs (ici, le rouge et l'outremer) en misant sur le contraste et la forme plutôt que sur des couleurs réalistes.

Matériel

- Crayons de couleur
- Taille-crayon
- Papier à dessin

Un assortiment d'agrumes

1 Contours simples
Commencez par dessiner la silhouette des fruits au crayon rouge. Ébauchez le pourtour de la table pour ancrer les fruits et éviter qu'ils ne « flottent ».

Œil critique
Étudiez la façon dont la lumière tombe sur les fruits : notez les tons clairs et foncés, et délimitez les contrastes. Réalisez des hachures pour modeler le galbe des clémentines.

3 Dessin monochrome
Toujours au crayon rouge, rehaussez d'une main légère les zones tonales de l'étape précédente, de manière à obtenir une nature morte monochrome toute en contrastes.

4 Ajouter une deuxième couleur
Passez au bleu ; reportez-vous au spectre de couleurs pour identifier les mélanges permettant de créer différents tons. Ajoutez du bleu sur les parties à atténuer, et laissez en rouge vif celles à renforcer.

5 Équilibrer les couleurs
Une fois le bleu ajouté, repassez au crayon rouge en prenant du recul pour repérer les zones à assombrir, par exemple entre la clémentine et le citron.

Une palette minimaliste

MÉLANGER DES COULEURS DE BASE

Pour éviter de surcharger vos dessins, limitez-vous aux couleurs primaires. Créez une vraie palette en superposant et fondant des traits, allant de dégradés à des couleurs neutres, en passant par des nuances secondaires et tertiaires. Pour vos couleurs de base, restez dans une même valeur, gage d'harmonie.

Des combinaisons triangulaires

Créez un triangle à partir de trois couleurs de base : il illustrera toute la palette des possibilités et constituera une référence utile avant d'entamer votre dessin. Réalisez des essais avec différentes couleurs de base, qu'elles soient chaudes, froides ou harmonieuses.

Mélanger les couleurs primaires

Commencez par trois couleurs primaires (rouge, jaune et bleu) de même saturation. Posez des traits fluides à l'intersection de ces couleurs pour créer des nuances secondaires et tertiaires (voir p. 20-21).

EN PRATIQUE

Un plumage multicolore est un sujet idéal pour travailler sur une base de couleurs primaires. Des mélanges de jaune et de bleu donnent des verts éclatants, tandis que rouges et jaunes se marient en des tons orange.

Matériel

- Crayons de couleur
- Taille-crayon
- Papier à dessin 200 g

Un oiseau du Sri Lanka

1 **Ébauche et couche jaune**
Esquissez la silhouette de l'oiseau et de la branche au crayon gris neutre, avant de délimiter les contrastes et les couleurs. Matérialisez les zones qui contiennent du jaune à l'aide du jaune de cadmium.

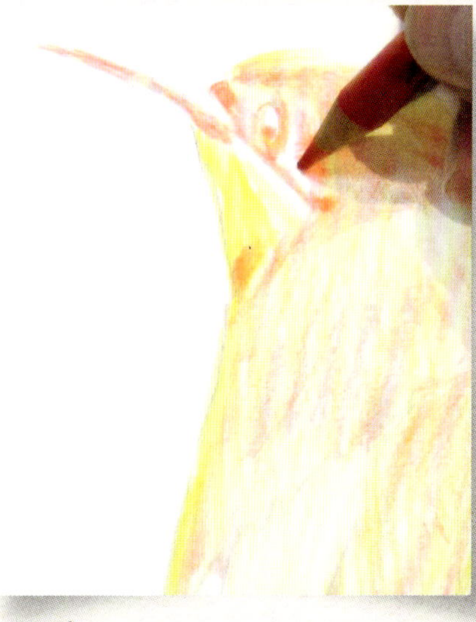

2 Couche rouge
Délimitez les zones rouges sur la branche avec du vermillon pur, puis superposez-le au jaune de cadmium de la tête, du corps et des ailes pour obtenir de l'orange.

3 Couche bleue
Étoffez les couleurs avec du bleu. Créez les verts de l'aile en appliquant de petites touches de bleu sur la couche jaune. Utilisez du bleu pur pour le bec, l'œil et les rehauts froids, et pour approfondir les zones d'ombre et définir la silhouette.

4 Ajouter du relief
Passez toutes les couleurs sur le dessin pour donner du relief aux valeurs et nuances foncées. Les parties les plus foncées se composent des trois couleurs en plusieurs couches.

« Une gamme limitée de couleurs primaires peut donner une vraie palette harmonieuse. »

Artiste **Jake Spicer**
Titre ***Corne d'abondance***
Technique **Crayon de couleur**
Support **Papier à dessin 200 g**

Effets de traits : traits fluides

<< Voir p. 172-173

Des marques fluides et expressives suggèrent les fanes de carotte sans reproduire chaque détail des feuilles.

La théorie des couleurs

<< Voir p. 170-171

Les couleurs intenses et saturées sont atténuées par des aplats moins éclatants dans des valeurs élevées et basses.

Effets de traits : traits concentrés

<< Voir p. 172-173

Des hachures fines modèlent la silhouette des légumes et leur donnent du relief tout en accentuant la couleur.

Récapitulatif des techniques

Pour réaliser cette composition, l'artiste a préparé une légère ébauche, puis a renforcé les contrastes et les nuances couche par couche au crayon de couleur, par des traits fluides et précis suggérant le ton et la texture.

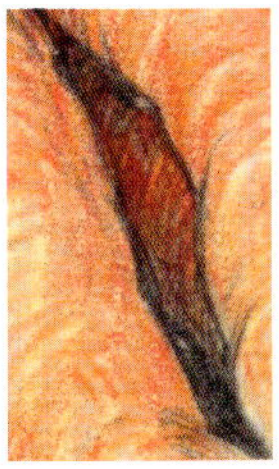

Une palette minimaliste

« Voir p. 178-179

Les diagonales des carottes guident l'œil au centre de la composition, et l'imposante silhouette du chou domine sa moitié droite.

Dessiner avec méthode

« Voir p. 176-177

L'artiste a d'abord défini les grandes lignes de la composition, avant d'ajouter les tons et les couleurs, puis les détails de texture.

Le dessin monochrome

« Voir p. 174-175

Une seule couleur ou une palette neutre limitée suffit à définir la forme, la profondeur et la texture des champignons.

Le mélange optique

LA COULEUR EN POINTILLÉ

Pour mélanger les couleurs, deux possibilités s'offrent à vous : les superposer ou créer une illusion d'optique en juxtaposant des lignes ou des touches de couleurs. Cette technique utilisée par les impressionnistes en leur temps s'appelle le pointillisme. L'œil perçoit chacune des nuances, mais le cerveau les interprète comme une somme à la coloration plus intense. Créez ainsi des couleurs secondaires en juxtaposant des teintes complémentaires.

EN PRATIQUE

Dans ce dessin d'après modèle, c'est le mélange optique qui donne vie à la palette de tons. Des touches de couleurs proches des trois primaires, mais plus chaudes et brunes, distillent ombre et lumière.

Matériel

- Crayons de couleur
- Taille-crayon
- Papier à dessin

Un nu assis

1 Silhouette claire

Utilisez la couleur la plus claire (jaune ocre) pour esquisser le pourtour du modèle et des objets qui l'entourent. Délimitez les principaux contrastes pour anticiper les zones de relief à développer. Réservez le papier pour les rehauts les plus clairs, où tombe la lumière.

2 Traits verticaux

Dessinez des lignes verticales jaune ocre pour modeler la silhouette. Des lignes orientées dans le même sens confèrent une force harmonieuse. Privilégiez des lignes espacées pour les tons clairs, et plus denses pour les ombres.

Les effets d'optique

Pour un résultat saisissant, juxtaposez les envolées, les traits ou les pointillés de couleur pure. En variant les écarts entre les couleurs, vous contrôlerez les effets d'espace, de relief et de nuance : plus les couleurs sont proches, plus elles semblent intenses ; plus le spectateur est loin, plus la couleur paraît dense.

Points rouges en quinconce
Des points rouge pur identiques, à intervalles réguliers, produisent un ton uniforme et chaleureux.

Points jaunes en quinconce
Utilisés seuls, des points jaune pur dégagent une certaine intensité, qui enveloppe tout le dessin d'une aura chaude.

Somme orange
En mélangeant les deux couleurs à points rapprochés, vous pouvez donner l'illusion d'une nuance orange vif.

3 Donner vie à l'orange
Ajoutez des touches de terracotta à côté du jaune ocre pour créer un orange chaud. Laissez le papier transparaître en guise de rehauts, ce qui tendra à intensifier les couleurs.

4 Ajouter du bleu
Ajoutez des touches d'outremer pour les ombres et les zones froides. Travaillez légèrement l'arrière-plan pour en détacher la silhouette aux tons plus chauds. Les traits de crayon, semblant appartenir à un même espace, créent un dessin harmonieux.

Outremer, terracotta et jaune ocre se marient pour former des ombres foncées.

Les couleurs chaudes et froides

COMPRENDRE LA TEMPÉRATURE DES COULEURS

Les couleurs sont associées à la température, laquelle détermine la manière dont nous les percevons : les couleurs chaudes semblent plus proches, au contraire des couleurs froides qui ont tendance à s'éloigner.

Chaud et froid relatifs

Loin d'être gravée dans le marbre, la température d'une couleur est toute relative : elle dépend des nuances voisines. Par exemple, le bleu cobalt semble froid près d'un jaune chaud, mais chaud près de bleus qui tirent sur le vert, comme le bleu céruléen.

Couleurs chaudes
Le rouge, l'orange et le jaune sont perçus comme chauds. Cette association découle probablement du soleil et du feu.

Couleurs froides
Le vert et le bleu évoquent d'ordinaire le froid. Cette association provient sans doute de la glace et des eaux profondes.

Jaune chaud
Le jaune de cadmium est chaud par rapport à d'autres jaunes, à l'extrémité rouge-orangée du spectre des couleurs.

Jaune froid
Le jaune citron semble froid et tire sur le vert. Un mélange de couleurs avec ce jaune donnera un résultat froid.

EN PRATIQUE

Cette nature morte constitue un parfait exercice pour apprendre à manier les couleurs chaudes et froides, avec sa lumière naturelle sur la gauche et sa lumière artificielle plus chaude provenant de la droite.

Matériel

- Crayons de couleur
- Taille-crayon
- Papier à dessin

Un bol de fruits

1 Esquisser le pourtour
Au crayon gris neutre, commencez par définir grossièrement la silhouette. Délimitez ensuite très légèrement les contrastes, en distinguant bien les zones chaudes et froides.

2 Matérialiser les couleurs neutres
Définissez les aplats de couleurs neutres. Vous pourrez ensuite les réchauffer ou les refroidir avec d'autres couleurs. L'orange étant une nuance chaude, laissez vierges les zones froides pour les colorer plus tard.

3 **Rectifier les couleurs chaudes**
Le côté droit de la table et l'ombre du bol sont animés de reflets chauds dus à la lumière artificielle. Rehaussez les oranges de pointes de jaune de cadmium.

4 **Corriger les couleurs froides**
Colorez l'arrière-plan en bleu. Avec le turquoise, accentuez la lumière froide provenant de la gauche, puis rectifiez l'orange des zones froides avec un jaune acide.

5 **Tons sombres**
Avec les couleurs foncées, soulignez les ombres et mettez en valeur les tonalités. Déterminez si les ombres sont chaudes ou froides pour choisir vos nuances.

Les couleurs complémentaires

CRÉER DES EFFETS AVEC DES COULEURS OPPOSÉES

Les nuances dites « complémentaires », diamétralement opposées sur la roue des couleurs, peuvent donner une autre dimension à votre dessin, qu'elles créent du contraste ou permettent de désaturer des couleurs en produisant des gris neutres. Utiliser des teintes saturées au crayon de couleur sert à renforcer l'impression de profondeur, de distance et de volume.

Atténuer des couleurs saturées

Vous pouvez rectifier la saturation des couleurs en superposant deux couleurs complémentaires. Pour désaturer (atténuer) une couleur, il suffit de lui ajouter un de ses compléments ; deux couleurs complémentaires donnent un gris chromatique ou coloré. Apprendre à contrôler la saturation des couleurs permet d'imiter le rendu de la lumière sur les volumes.

Gris colorés

Spectre complémentaire
Ces transitions progressives entre deux couleurs complémentaires sont obtenues en se déplaçant d'un côté à l'autre de la sphère des couleurs (voir p. 170-171). Une gamme de gris colorés apparaît au centre.

Utiliser les contrastes

Juxtaposer ou imbriquer deux couleurs complémentaires donne des effets optiques frappants, gages d'un résultat spectaculaire. Les couleurs ne demandent qu'à attirer l'attention et semblent bondir de la page.

Rouge et bleu vert

Jaune et bleu chaud

Jaune vert et violet

Paires complémentaires
Ces paires complémentaires efficaces reposent sur le modèle de la sphère des couleurs (voir p. 170-171). Utilisez des nuances de même valeur pour un contraste marqué.

EN PRATIQUE

Choisissez une scène lumineuse pour superposer des couleurs complémentaires. N'oubliez pas que les couleurs saturées semblent proches alors que les plus ternes paraissent lointaines.

Matériel

- Crayons de couleur
- Gomme adhésive
- Taille-crayon
- Papier aquarelle pressé à chaud 300 g

Un bateau en cale sèche

1 Ébauche
En travaillant sur une légère esquisse au crayon de graphite (pour plus de précision), délimitez les principales zones d'ombre et de lumière.

2 **Adopter des couleurs complémentaires**
Choisissez vos couleurs primaires et complémentaires. Dans ce dessin, une palette de bleus et de violets contraste avec des jaunes, des verts et des rouges.

> « Maniez les couleurs complémentaires pour donner de l'énergie et de la vie à vos dessins. »

3 **Atténuer les couleurs**
Toutes les couleurs des ombres ont été atténuées avec leurs complémentaires. Superposez plusieurs couches pour les ombres, et prêtez attention à la direction de la lumière pour un résultat plus cohérent.

4 **Contrastes complémentaires**
Le rouge indique des ombres dans l'herbe et suggère le mouvement. Le jaune vert sur le mât tranche sur le nuage violet.

Les supports colorés

TRAVAILLER SUR PAPIER COLORÉ

Un support coloré présente l'avantage de constituer le fil conducteur de votre dessin. Il permet en outre d'élargir la gamme des couleurs utilisées : le papier devient une nuance à part entière dans votre travail. Laissez transparaître sa couleur pour obtenir des aplats unis.

La couleur créative

En réalisant vos dessins au crayon de couleur sur des papiers de teintes différentes, vous leur assurez une unité dans un ton intermédiaire, qui vous offre par ailleurs toute une gamme d'effets visuels et d'atmosphères.

Simple contour
Dessinez une main au crayon terracotta sur un papier vert intermédiaire tirant sur le gris, qui fait ressortir les tons verts de la peau. Le trait met en valeur le brun de la main, suggérant la solidité.

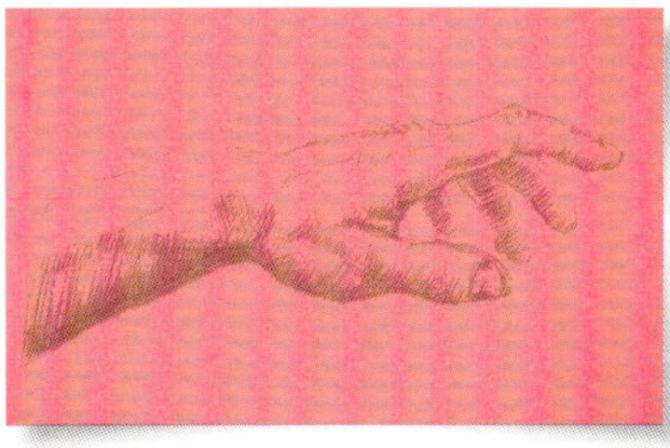

Jeux d'ombres
Le choix d'un rose intermédiaire chaud saute aux yeux. Appliquez les ombres dans un brun plus sombre et terne pour donner l'illusion du galbe et de la profondeur de la main.

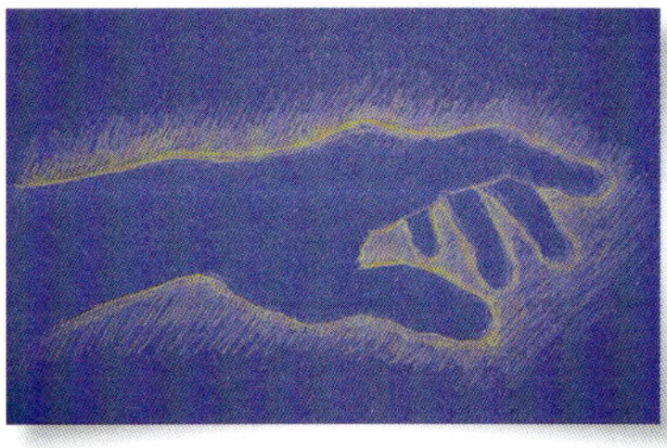

À contre-jour
Dessinez la même silhouette sur un papier bleu foncé en l'environnant d'un « halo » jaune, évocateur d'une scène nocturne où la main serait éclairée en contre-jour par une source lumineuse.

EN PRATIQUE

Ici, le papier coloré permet à l'artiste d'obtenir des couleurs foncées et des rehauts à partir d'un ton intermédiaire. Même avec une lumière crue, les teintes de la peau restent dans des valeurs moyennes.

Matériel

Orange, Rouge foncé, Bleu foncé, Outremer, Blanc

- Crayons de couleur
- Taille-crayon
- Papier vert

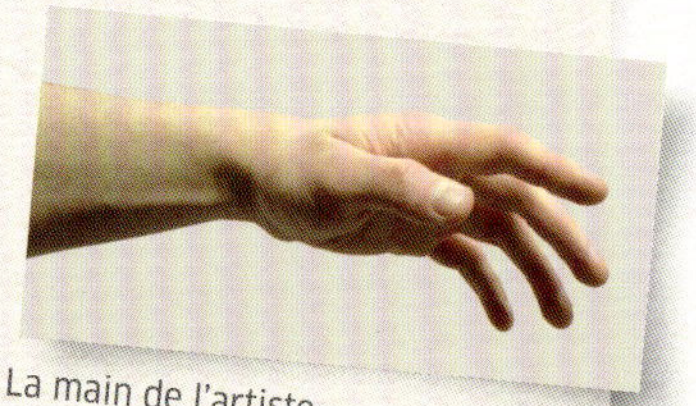

La main de l'artiste

1 Ébauche
Commencez par esquisser légèrement les contours de la main au crayon orange, puis ajoutez quelques détails, tels que les ongles, les phalanges et les plis de la peau.

2 Passer aux tons chauds
Toujours en orange, créez des contrastes à l'aide d'aplats sombres, que vous accentuerez ensuite au crayon rouge foncé pour ébaucher la forme de la main.

3 Ombrer les couleurs froides

Délimitez les zones sombres et froides avec le bleu foncé. Cette couleur peut permettre de rectifier l'ambiance tout en corrigeant les zones trop chaudes de l'étape précédente.

4 Contre-jour

Donnez l'illusion d'un contre-jour autour de la main au crayon blanc. Cette technique tend à détacher la main du papier, pour plus de cohérence et d'impact.

5 Rehauts et ombres

Enfin, posez des rehauts blancs sur la main, par exemple sur les ongles et les phalanges. Passez au crayon outremer pour renforcer les zones les plus sombres.

Les surfaces texturées

PIERRE, BOIS, VERRE ET FER

Mettez l'accent sur la texture : fondez et superposez les couleurs en appliquant différentes pressions pour imiter la pierre brute, les motifs subtils du bois, la solidité du métal et les reflets du verre.

Imiter le verre

Transparent ou réfléchissant, le verre lance des défis intéressants. Cherchez des tons sourds visibles à travers le verre transparent, avec des rehauts en guise de reflets. Les couleurs opaques suggèrent une surface réfléchissante ; faites un rappel des couleurs de l'environnement, selon la luminosité et l'angle du verre.

Couleur unie pour les vitraux, avec des dégradés pour suggérer des reflets.

Reflets du verre
Ici, la fenêtre en verre coloré semble en retrait dans les ombres. Les panneaux supérieurs sont rendus par des couleurs opaques. Les reflets du jardin apparaissent au pied du vitrail, suggérés par des formes sourdes et douces. Le rouge vif du détail sur le vitrail est un aplat uni.

Transparence du verre
Le verre incolore de la lanterne est suggéré par les tons sourds sur les briques derrière l'applique. L'ampoule est dessinée en gris doux avec des rehauts blancs. Un crayon à papier F a été passé en douceur sur les briques matérialisées par de fines couches orange, tandis qu'un crayon HB délimite le haut de l'ampoule, dans l'ombre, ainsi que ses contours nets.

EN PRATIQUE

Dans ce dessin, les contrastes entre les vieilles briques chaudes et les tons doux et sourds du bois patiné créent un sujet pittoresque, qui se prête bien aux superpositions de crayons de couleur et de graphite.

1 Ébauche
Jetez les bases de votre composition avec une légère esquisse au crayon de graphite. Ici, la porte, représentée à côté de la fenêtre au format portrait, est encadrée de briques de caractère.

2 Texture de la pierre
Créez des fondus bruns et orangés sur les briques, avec une touche de jaune ocre pour le mortier. Conservez le blanc du papier par endroits pour les dépôts de salpêtre.

Matériel

- Bleu clair
- Mauve
- Rose
- Jaune citron
- Brun noisette
- Rouge orangé
- Écarlate
- Rouge anglais
- Brun roux
- Brun châtaigne
- Olive clair
- Vert mousse
- Vert clair

- Crayons de graphite H, F, HB et B
- Crayons aquarellables
- Règle transparente
- Taille-crayon double
- Gomme
- Papier à dessin 300 g

Une porte d'entrée patinée

3 Grain du bois

Le chêne patiné par le temps mêle bruns et gris doux aux crayons de couleur et de graphite sur une base claire. Reproduisez les volutes du grain, les nœuds, les trous, les fissures et les clous au crayon bien taillé pour des traits plus denses.

4 Détails en métal

Le fer forgé de la porte peut être rendu à la perfection avec un crayon HB ou B sur une légère couche de bleu. Appliquez différentes pressions au crayon de couleur bien taillé, gage de contours nets et de détails texturés.

5 Contours doux

Pour l'allée, utilisez un mélange d'orange et de violet, encadré de traits verts fluides figurant la mousse duveteuse entre les briques. Atténuez au crayon de graphite.

6 Équilibrer la composition

Suggérez un feuillage éthéré au crayon F. Ajoutez quelques lignes ou des détails en partie colorés pour équilibrer la composition, en traçant des formes envolées sur le papier blanc.

Artiste **Malcolm Cudmore**
Titre ***Reflets sur un enjoliveur***
Technique **Crayon de couleur**
Support **Papier pressé à chaud 300 g**

Le mélange optique

<< Voir p. 182-183

Plusieurs bleus et bruns se mélangent par illusion d'optique pour créer des gris froids qui symbolisent la surface métallique de l'enjoliveur.

Les couleurs froides

<< Voir p. 184-185

Les reflets du ciel bleu gris et de l'herbe verte sur le métal rutilant de l'enjoliveur sont dominés par des couleurs froides : des bleus et des verts.

Les surfaces texturées : l'herbe

<< Voir p. 190-191

Les envolées douces et directionnelles des brins d'herbe contrastent avec les traits nets et les volumes abstraits de la surface chromée.

Récapitulatif des techniques

La surface métallique de cet enjoliveur rutilant, reflétant une image déformée, est représentée par un mélange optique. La palette minimaliste, en majorité froide, constitue le fil conducteur du dessin.

Les couleurs complémentaires

<< Voir p. 186-187

Des petites touches rouges ajoutées sur les couches de gris optiques, nés de bleus et de bruns, créent un contraste avec les reflets verts.

Les couleurs chaudes

<< Voir p. 184-185

Dans ce dessin composé de bleus et de verts, des touches de jaune, de rouge ou de brun dans les ombres et les reflets ajoutent des accents chauds.

Les surfaces texturées : les reflets

<< Voir p. 190-191

Les blancs du papier réservé ou dégagés à la gomme créent les rehauts lumineux des reflets.

Les tons de la peau

VISUALISER LES COULEURS DE LA PEAU

Loin d'être monochrome, la peau se compose d'une myriade de tons et de teintes. Selon l'origine et le type de la lumière, et l'angle du sujet par rapport à l'artiste, un même visage présente une large palette de nuances. Pour réussir un portrait, mieux vaut identifier les couleurs susceptibles de ressortir.

Des tons bruns pour la peau

Les vieux maîtres, comme Rembrandt, se contentaient de tons bruns, dont les pigments provenaient de matériaux organiques, pour réaliser leurs dessins. À votre tour, créez un éventail de tons et de nuances pour la peau dans cette gamme de couleurs ; avec une palette limitée, vous gagnerez en cohérence. Vous ajouterez ensuite des rehauts de couleurs plus franches.

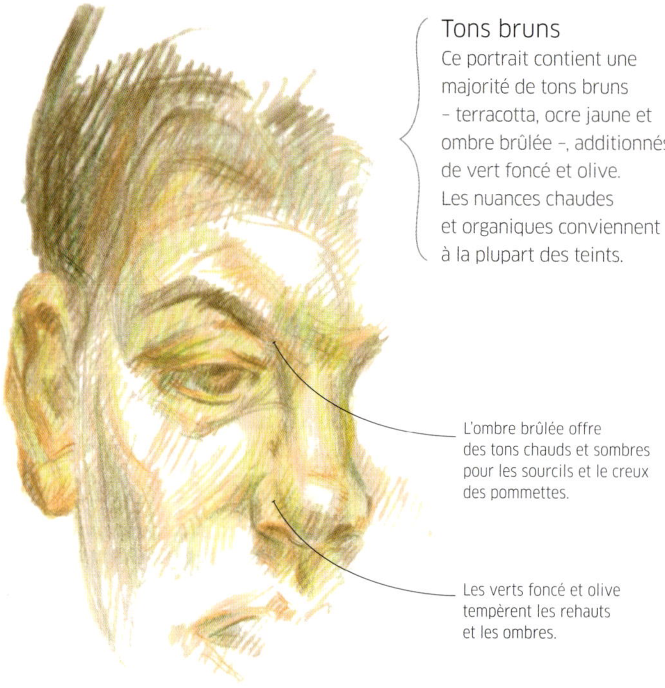

Tons bruns
Ce portrait contient une majorité de tons bruns – terracotta, ocre jaune et ombre brûlée –, additionnés de vert foncé et olive. Les nuances chaudes et organiques conviennent à la plupart des teints.

Les peaux claires

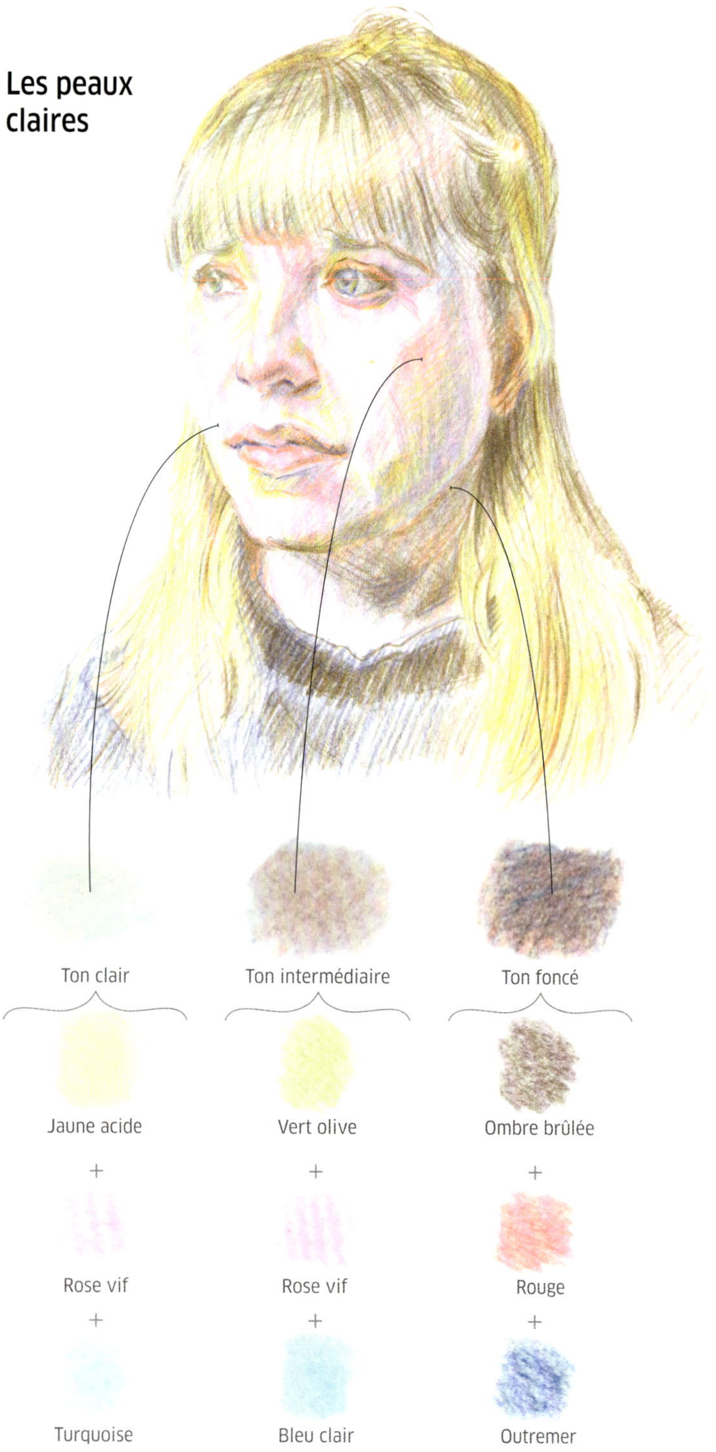

Palette de teints clairs
Prêtez attention au blanc du papier qui ressort (vous pouvez d'ailleurs l'exploiter pour des rehauts éclatants). Variez la pression appliquée pour accentuer le teint pâle. Les tons clairs et intermédiaires contiennent des touches de bleu chaud ; quant à l'outremer, il donne du caractère aux ombres.

Les peaux mates

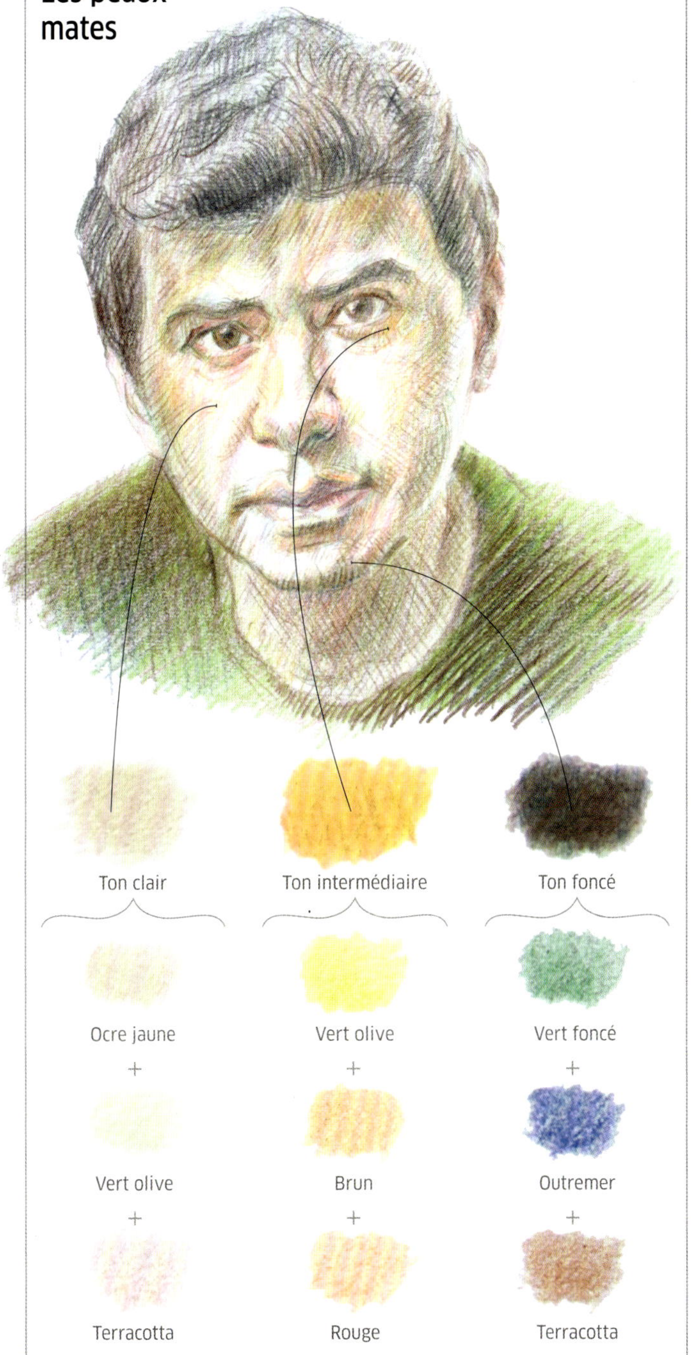

Palette de teints mats

Pour l'ébauche, mieux vaut se contenter d'un portrait monochrome tout en contrastes. Ici, il a été réalisé au crayon vert olive, qui sert aussi de fil conducteur au dessin. Les tons verts sont équilibrés par des couleurs chaudes (jaune, rouge, brun et terracotta), à différents degrés d'intensité.

Les peaux foncées

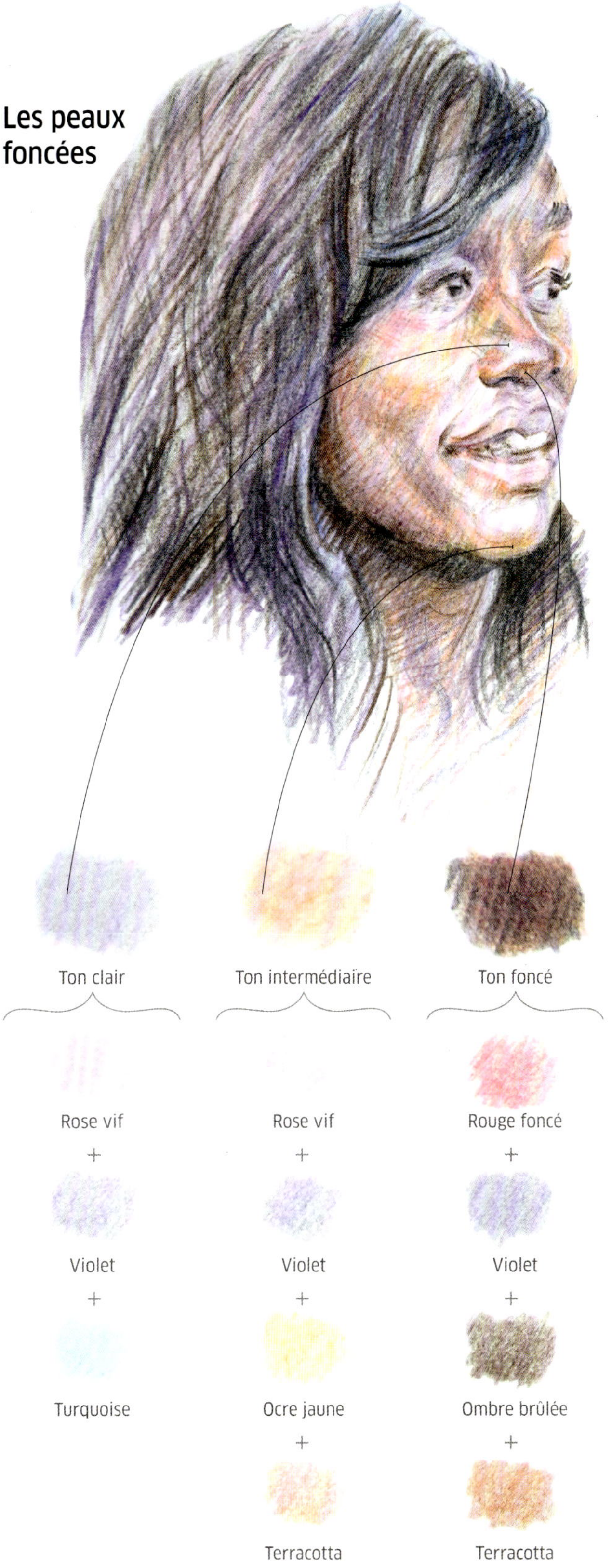

Palette de teints foncés

Inutile de toujours fondre les couleurs dans la peau. Cherchez des zones plus claires et voyez de quelle manière une couleur peut être utilisée par endroits pour donner une teinte franche.

EN PRATIQUE

Pour ce dessin d'un enfant tout sourire, des bruns chauds viennent délimiter les contours et les tons de base. Le contraste naît ensuite des bleus, jaunes et rouges francs qui créent un point de mire et un teint plus réaliste.

Matériel

- Crayons de couleur
- Taille-crayon
- Papier aquarelle pressé à chaud 250 g

Un enfant souriant

1 Tons chauds

Réalisez une ébauche au crayon rouge pour réchauffer le visage : elle ressortira dans le dessin final et rendra ce portrait rayonnant. De petites touches d'un ton intermédiaire chaud définissent la forme et la luminosité, et jettent une base pour les couleurs à venir.

2 Tons foncés

En ajoutant des couleurs foncées aux traits du visage, vous lui donnez un point de mire. Concentrez-vous sur les yeux où réside le contraste le plus marqué. Superposez les coups de crayon en douceur pour restituer les différentes couleurs et tons de la peau avec nuance.

3 Bleus froids

Mettez en valeur les bruns chauds avec du bleu de Prusse pour les tons intermédiaires subtils et les zones sombres dans les cheveux. La terracotta et l'ocre jaune donnent du relief aux tons de la peau, tandis que le rouge de cadmium anime les joues et les ombres chaudes autour des yeux.

« Mariez des bruns chauds à une palette limitée de bleus froids, de rouges vifs et de jaunes sourds pour réussir un portrait réaliste. »

Les techniques mixtes

MÊLER PLUSIEURS TECHNIQUES DE DESSIN

Combiner différents supports et techniques permet d'élargir le champ de votre créativité. Pastels et crayons de couleur se marient bien ; posez des aplats au pastel, avant de donner corps à des détails et des valeurs au crayon de couleur. Vous devrez alors opter pour un papier assez granuleux pour les pigments du pastel et assez résistant pour les fondus.

Superposition, mélange et fondu

Fondez plusieurs couleurs pour produire un large éventail de tons et de valeurs, ainsi que des effets dégradés d'ombre et de lumière. En supprimant les traits visibles, il permet d'obtenir un résultat uniforme. Les transitions progressives donnent une surface brillante, prête à accueillir d'autres couches de couleur. Appliquez un fixatif, laissez sécher, puis ajoutez de nouvelles couches.

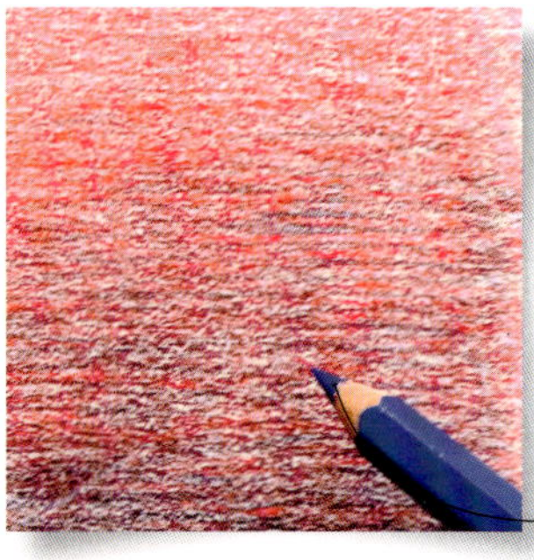

Superposition
Superposez vos couleurs de la plus claire à la plus foncée. Appliquez le pigment le plus uniformément possible. En règle générale, ce procédé se prête mieux aux surfaces lisses.

Saturez la surface de couleur.

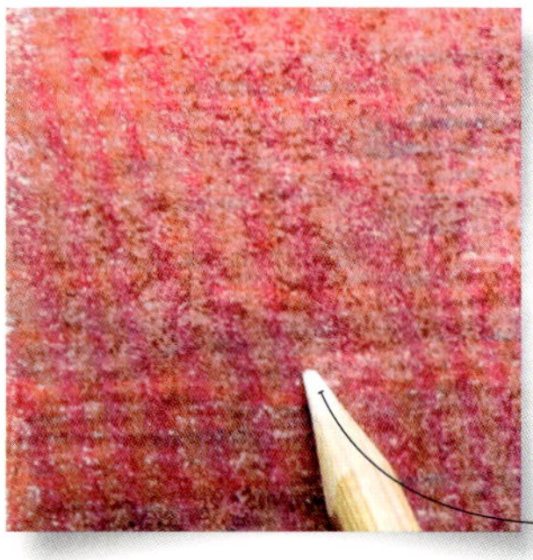

Fondu et mélange
Au crayon mélangeur, fondez et mélangez les couleurs en exerçant une forte pression. Certaines marques de crayon produisent des amas de pigments. Éliminez-les en grattant délicatement l'excédent au scalpel.

Utilisez un crayon mélangeur incolore.

EN PRATIQUE

La composition de galets et de motifs créée par les reflets du soleil à travers l'onde offre une intéressante image abstraite, qui combine aplats au pastel et détails au crayon de couleur.

Matériel

Vaguelettes et galets

- Crayon de graphite HB
- Pastels
- Crayons de couleur
- Crayon mélangeur incolore
- Règle
- Scalpel
- Gomme en plastique et gomme électrique
- Fixatif
- Gouache blanche
- Pinceaux en martre (n° 0 et n° 3)
- Papier cartonné blanc

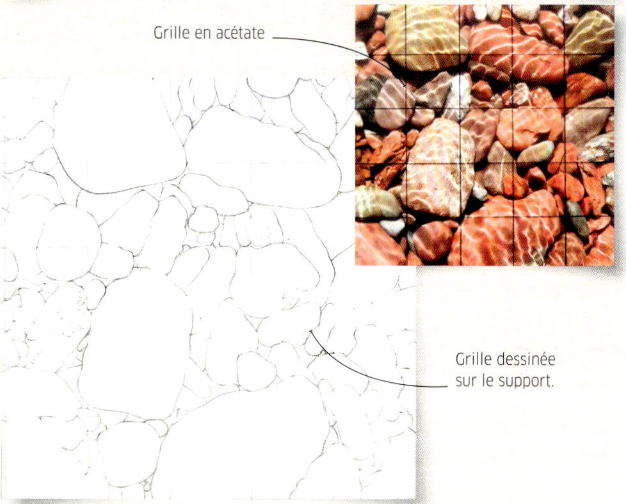

1 Mettre la composition à l'échelle
Pour mettre votre dessin à l'échelle et faciliter la composition, tracez une grille sur une feuille d'acétate, posez-la sur la photographie, puis transférez-la sur votre support et dessinez les galets au crayon.

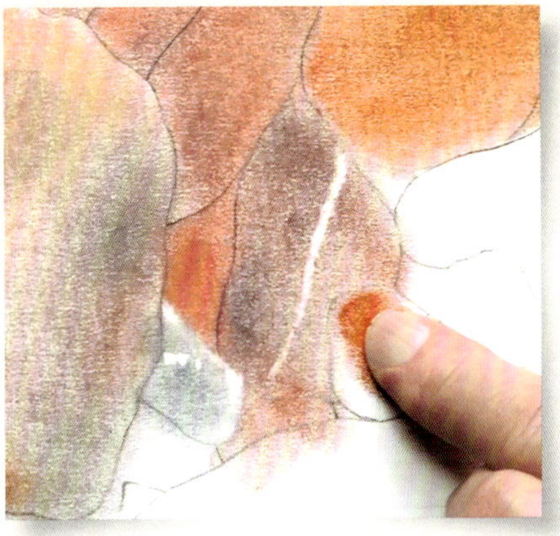

2 Appliquer un pastel doux
De haut en bas, appliquez les pastels au doigt pour fondre et étaler la couleur, en incrustant les pigments dans le papier.

3 Couches de pastel
Terminez d'appliquer le pastel en variant l'intensité avec un mouchoir ou un Coton-Tige et en traçant des contours nets avec la gomme.

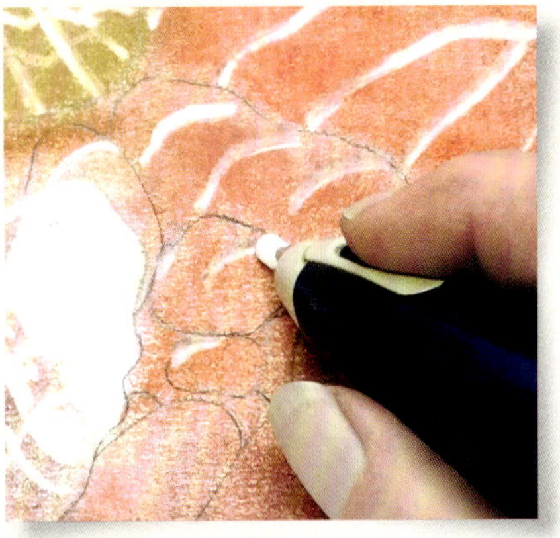

4 Effacer à la gomme
De haut en bas, créez les reflets à la gomme électrique, en variant la largeur des lignes. Appliquez un fixatif.

5 Repasser au crayon de couleur

Travaillez les détails, rectifiez les couleurs et les tons en appliquant de nouvelles couches au crayon de couleur. Posez les nuances et fondez si nécessaire, de haut en bas pour éviter les bavures et salissures. La couche de base au pastel offre une surface lisse pour dessiner.

6 Fondre et estomper

Au crayon mélangeur, fondez les couleurs de manière uniforme, en supprimant tout trait de crayon visible et en estompant le grain du papier. Renforcez les tons foncés entre les galets pour suggérer le volume. Grattez tout excès de pigments au scalpel.

Vaguelettes créées à la gomme.

7 Ajouter des rehauts à la gouache

Au pinceau fin en martre, appliquez la gouache blanche sur les rehauts et les vaguelettes. L'opacité de la gouache reste intacte sur les couches au pastel et au crayon de couleur.

La couche de base au pastel offre une couleur intense.

« Marier différents supports et techniques dans un même dessin permet d'élargir le champ de vos possibilités créatives. »

Les crayons aquarellables

AJOUTER DES LAVIS À VOS DESSINS

Les crayons aquarellables sont aussi polyvalents que l'aquarelle et aussi maniables que les crayons de couleur. Les lavis colorés peuvent vous servir à délimiter de grandes surfaces ; quant à la technique humide, elle produit des couleurs franches et éclatantes. Réalisez des croquis sur le vif, puis retravaillez-les à l'eau de retour dans votre atelier.

Estomper les traits à l'eau

Les crayons aquarellables ont plus d'un tour dans leur sac quand il s'agit d'allier lavis et traits au crayon. Ajoutez de l'eau sur les traits en couleur afin de créer un lavis, ou humidifiez le papier au préalable pour intensifier vos traits.

Poser un lavis
Réalisez un aplat de couleur uni, puis chargez un pinceau d'eau claire et appliquez-le à la surface du papier pour créer un lavis transparent. Pour renforcer la couleur, posez plusieurs couches au crayon avant de les fondre au pinceau humide.

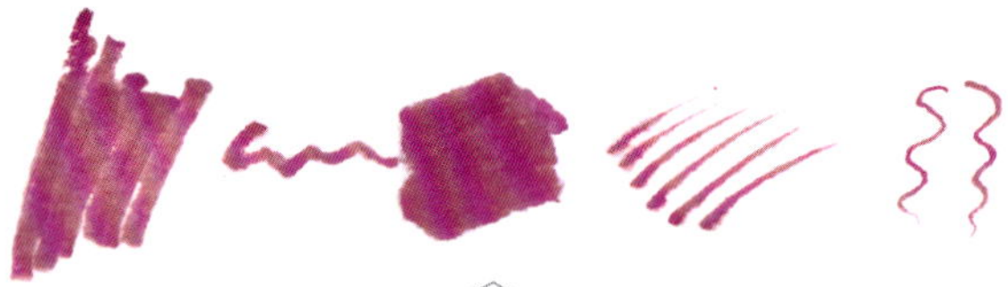

Dessiner sur du papier humide
Humidifiez la surface du papier à l'eau claire et au pinceau humide ou au vaporisateur, avant de dessiner au crayon. Les traits se fondront à la surface du papier, concentrant le pigment pour créer des couleurs éclatantes.

EN PRATIQUE

Ce dessin de nénuphars aux faux airs de motif floral se compose d'une succession de lavis d'arrière-plan rehaussés de détails sur une surface humide, permettant de rendre parfaitement l'éclat des fleurs.

Matériel

- Crayons de couleur aquarellables
- Taille-crayon
- Pinceau aquarelle (poils plats de 3 mm)
- Chiffon
- Eau
- Vaporisateur
- Papier aquarelle pressé à chaud 300 g

Des nénuphars et leurs reflets

Délimitez les feuilles de nénuphars rosées contre l'eau sombre.

1 Ébauche
Dessinez les contours et les zones de contraste au crayon rose vif. N'appuyez pas trop à ce stade afin de ne pas laisser de marques indésirables.

2 Premier lavis
Délimitez les principales zones de couleur au crayon, sans trop appuyer. Une fois les couleurs matérialisées, appliquez de l'eau au pinceau pour créer des lavis et déplacer les couleurs. Inutile d'être trop précis.

3 Créer du relief
Pour assombrir certaines zones et leur donner du caractère, appliquez des ombres et lavis supplémentaires. Rectifiez les traits au pinceau avec un peu plus d'eau. Les lignes initiales éviteront aux couleurs de migrer.

4 Détails contrôlés
Ajoutez à présent des détails, comme les pétales, en les humidifiant au pinceau ou au vaporisateur, avant de les repasser au crayon pour donner vie à des zones colorées plus intenses et précises.

Artiste **Malcolm Cudmore**
Titre ***La Danseuse de flamenco***
Technique **Crayon de couleur**
Support **Papier pressé à chaud 300 g**

Les tons de la peau : peaux mates

« Voir p. 194-197

Les tons des visages sont simplifiés : une palette chaude de roses, de rouges et de sienne brûlée restitue les teintes de peau des artistes.

Le mélange optique

« Voir p. 182-183

L'éclairage artificiel de cette scène souterraine, à moitié plongée dans l'obscurité, jaillit des glacis colorés à l'arrière-plan, qui traduisent la lumière chaude des lampes.

Les couleurs complémentaires

« Voir p. 186-187

Les tons roses, rouges et orange des frous-frous de la danseuse contrastent avec les ombres bleues froides du tissu blanc.

Récapitulatif des techniques

Ce dessin réunit toutes les techniques du crayon de couleur : des formes détaillées y contrastent avec de plus douces, et le meilleur parti est tiré des relations entre les couleurs et des lois de la perspective.

Les effets de traits

« Voir p. 172-173

Des couches de couleur disposées dans différentes directions suggèrent le mouvement. Un assortiment de petits traits esquisse les textures du tissu.

Le dessin monochrome

« Voir p. 174-175

L'arrière-plan est symbolisé par des valeurs et non des couleurs, avec des gris neutres composés à partir de bleus et de bruns ternes, qui contrastent avec l'orange saturé.

Les tons de la peau : peaux claires

« Voir p. 194-197

Les tons de peau pâles des membres du public sont refroidis et assombris par des bleus et des bruns.

Le pastel

Le dessin au **pastel**

L'un des avantages du pastel réside dans son immédiateté : saisissez-vous d'un bâtonnet et mettez-vous à l'œuvre ! Cette prise en main instinctive en fait un outil polyvalent, grâce auquel vous pourrez créer différents effets d'un simple trait – grandes envolées de couleurs fondues ou lignes précises et détaillées. Les couleurs éclatantes du pastel se prêtent à merveille aux mélanges visuels, ce qui permet à l'artiste de peindre et de dessiner en même temps.

Dans les pages suivantes, vous découvrirez les caractéristiques des différents types de pastels, les papiers et les supports à utiliser, et tout le matériel nécessaire. Passez ensuite à la pratique et affinez vos compétences avec plus de 30 techniques, pour débutants, intermédiaires et avancées. Chaque section se referme sur un récapitulatif illustrant plusieurs d'entre elles.

1 Techniques pour débutants

■ Voir p. 216-241

Dans la première section, découvrez comment tracer des traits avec plusieurs pastels. Vous apprendrez ensuite à varier la pression, à fondre et à travailler la couleur, et à réaliser des mélanges de couleurs.

Récapitulatif des techniques pour débutants (p. 240-241)

2 Techniques intermédiaires

■ Voir p. 242-267

Dans la deuxième section, explorez les types de papiers (texturés et colorés), superposez les pastels, créez des textures visuelles réalistes, et osez utiliser les couleurs complémentaires, chaudes et froides.

Récapitulatif des techniques intermédiaires (p. 266-267)

Les artistes ont depuis longtemps jeté leur dévolu sur le pastel, autant pour exprimer leur créativité que pour expérimenter. Mais ce n'est qu'aux alentours des années 1870, lorsqu'Edgar Degas s'est lancé dans ses superbes études impressionnistes de danseuses, que les pastels sont passés d'« outils de croquis » au rang de technique artistique à part entière. D'autres artistes lui ont emboîté le pas, comme Henri de Toulouse-Lautrec, Pierre-Auguste Renoir et Paul Gauguin, tous inspirés par la liberté de couleur et d'expression qu'offrent les pastels.

Des couleurs intenses

À la Renaissance, la palette des pastels se limitait au noir, au blanc et au rouge, bien loin de l'immense éventail de couleurs disponible aujourd'hui. Les pastels consistent en bâtonnets cylindriques de pigments mélangés à un liant ; c'est ce dernier qui donne au pastel ses qualités. Les meilleurs pastels se composent presque uniquement de pigments : c'est ce qui leur donne leurs couleurs si vives et une telle saturation. Vous pouvez encore renforcer la couleur par des fixatifs et des superpositions.

Des outils faciles et polyvalents

Les pastels vont du plus dur au plus tendre, et sont souvent enveloppés dans du papier pour mieux être manipulés et étiquetés. Inutile de s'équiper en pinceaux : les pastels sont faits pour être fondus au doigt, en superposant des couleurs que le cerveau interprétera comme une illusion d'optique. De nombreux artistes apprécient son côté instinctif. Vous pouvez les utiliser pour des dessins abstraits, des paysages de caractère ou des portraits détaillés : ils se prêtent à tous les sujets.

3 Techniques avancées

■ Voir p. 268-293

Cette dernière section expose des techniques plus délicates mais non moins utiles, comme dessiner le mouvement, peindre les teints de peau, créer des points de mire, imiter l'eau et travailler sur une surface texturée.

Récapitulatif des techniques avancées (p. 292-293)

Le pastel

LE MONDE COLORÉ DU PASTEL

Plus expressif que le crayon de couleur et plus accessible que la peinture, le pastel offre un riche éventail chromatique. Différents types de pastel, contenant différents liants, multiplient les possibilités créatives du dessinateur, grâce notamment aux techniques de superposition et de fondu.

Le pastel se présente sous plusieurs formes : pastel sec dur et tendre, pastel gras à l'huile, et pastel aquarellable. Tous contiennent un mélange de pigment et de liant, transformé en bâtonnets faciles à manier. C'est le type de liant qui détermine les propriétés du pastel.

Les propriétés du pastel

Le choix du type de pastel dépend du résultat escompté ou de votre style. Les pastels secs tendres, par exemple, se fondent à l'infini, mais produisent facilement des bavures, ont tendance à casser et à s'effriter, créent de la poussière et nécessitent un fixatif pour conserver les pigments sur le support. Ils sont disponibles dans de nombreuses couleurs.

Quant aux pastels secs durs, ils contiennent davantage de liant et moins de pigment : leurs couleurs ne sont pas aussi intenses, mais ils présentent l'avantage de moins s'effriter. Ils sont parfaits pour les esquisses, les détails et les touches finales.

Les pastels gras à l'huile ne s'effritent pas, ne produisent pas de bavures ni de poussière. Ils contiennent autant de pigment que des pastels secs de qualité, dans des couleurs franches et intenses. Mieux encore, ils n'ont pas besoin de fixatif. Seul inconvénient : comme ils ne sèchent jamais complètement, le dessin fini doit être protégé avec soin. Ils peuvent être dilués avec des solvants pour créer des lavis colorés, et permettent de créer des scènes vivantes en alternance avec des lavis et des frottis.

Les pastels aquarellables offrent un éventail plus limité de couleurs, mais en les diluant à l'eau, puis en les étalant au pinceau, vous pourrez peindre de nombreuses nuances. Si vous aimez travailler au pinceau,

Crayons pastels
Pour dessiner des détails d'une précision extrême, optez pour des crayons pastels, qui se marient très bien avec les pastels secs.

ces pastels sont une mine de créativité, utilisés à sec ou humides.

Bien choisir ses pastels

Il existe deux qualités de pastels : fine pour les débutants, et extrafine, plus onéreuse, pour les artistes chevronnés. Vous pouvez acheter des pastels à l'unité, mais, pour commencer, optez pour une boîte toute prête, que vous compléterez avec les couleurs dont vous aurez besoin au fur et à mesure. Mieux vaut d'ailleurs acheter peu de pastels de qualité plutôt que de nombreux pastels bas de gamme, dont le rendu tend à être décevant. Certains fabricants regroupent les couleurs par thématique : par exemple, si vous aimez dessiner en extérieur, une boîte spéciale paysages ou tons bruns vaut la peine ; si vous préférez réaliser des portraits, une boîte consacrée aux tons de la peau pourra vous intéresser.

Chaque marque utilise sa propre formule et propose ses propres couleurs, dont la prise en main et le résultat varient. Vous pouvez demander à les essayer dans une boutique d'art ou lors d'un cours de dessin avant d'arrêter votre choix.

> « Chaque marque fabrique sa propre formule et ses propres couleurs, dont la prise en main et le résultat varient. »

Pastels tendres
L'intensité, la maniabilité et les possibilités de fondus des pastels tendres en font une technique fantastique. Le choix de couleurs est immense.

Pastels et autres matériels

EXPLOITER AU MIEUX LE PASTEL

Les pastels de qualité sont généralement chers car ils sont littéralement emplis de pigment. Heureusement, pour travailler au pastel, le reste du matériel est abordable et se résume à des fournitures d'art des plus courantes. Avant de vous lancer dans le dessin au pastel, étudiez aussi les meilleurs moyens de protéger vos œuvres.

Les fournitures annexes

En fonction des pastels que vous utilisez, certaines fournitures peuvent faire la différence. Parmi les équipements utiles figurent du ruban de masquage, un scalpel ou un cutter, des pinces à dessin, une planche à dessin et/ou un chevalet.

Travailler sans poussière

Les pastels tendres présentent de nombreux avantages et un seul réel inconvénient : ils créent de la poussière. De minuscules particules de pigment se déposent sur le support, et tout ce qui n'y est pas fixé est susceptible de s'envoler. Suivez ces quelques conseils pour obtenir des dessins propres :

Travaillez à la verticale : travailler sur un chevalet plutôt qu'à plat sur une table permet aux particules de tomber du support, ce qui évite bavures et autres salissures accidentelles.

Retroussez vos manches : pour éviter tout contact avec votre dessin par inadvertance.

Dessinez dans un endroit bien ventilé : pour éviter l'exposition à la poussière.

Protégez vos œuvres : couvrez chaque dessin avec du papier de soie sans acide.

Le matériel utile pour les pastels gras

De l'huile ou de la cire est utilisée pour lier le pigment des pastels gras. Grâce à son onctuosité, celui-ci est déposé en couches épaisses et peut être gratté, selon la technique du sgraffite (voir p. 218-219), pour donner de la texture à certaines zones. Il existe pour ce faire des outils spéciaux, mais vous pouvez vous servir d'un cutter, voire d'un cure-dents.

Si les pastels gras ne produisent pas de poussière, ils ne sont pas propres pour autant : conservez un rouleau

Pastels à l'huile
Disponibles sous forme de bâtonnets cylindriques entourés de papier, ils mêlent pigment, cire et huile. Les pastels à l'huile ont une consistance reconnaissable entre toutes, et rappellent la peinture.

d'essuie-tout à portée de main pour garder vos doigts et pastels propres.

Protéger les dessins au pastel

Les pastels secs nécessitent donc un fixatif pour empêcher les pigments de s'envoler et de tacher ce qui les entoure. Mais sur du papier sablé (voir p. 215 et 244-245), vous aurez moins besoin de fixer votre dessin au fur et à mesure. Le fixatif pour pastel est un produit chimique qui se présente sous forme d'aérosol facile à utiliser : appliquez-le par petites touches dans un endroit bien ventilé. N'oubliez pas que le fixatif fonce les couleurs.

Les pastels gras n'ont pas besoin d'être fixés, mais puisque l'huile qui entre dans leur composition ne sèche pas (contrairement à la peinture à l'huile), le pigment risquera toujours d'être abîmé. Protégez vos dessins avec du papier de soie sans acide ou placez-les sous verre. Non couvert, un dessin attire la poussière. D'ailleurs, mieux vaut abriter tous les dessins au pastel sous verre pour pleinement en profiter.

« Les pastels tendres présentent de nombreux avantages et un seul réel inconvénient : ils créent de la poussière. »

Pastels secs durs et tendres
Les nuances des pastels secs dépendent de nombreux facteurs et varient d'un fabricant à l'autre. Avec l'expérience, vous apprendrez à connaître vos pastels et marques de prédilection.

Les supports pour pastel

CHOISIR LA BONNE SURFACE POUR DESSINER

Étant donné leur tendreté, les pastels requièrent une surface avec un certain mordant pour accrocher le pigment. Au-delà du papier pastel, de nombreux types de supports existent, et vous pouvez dessiner sur toutes sortes de papiers, cartons, surfaces texturées, voire sur du bois.

Le grain du papier

C'est la texture de la surface (le « grain ») d'un support qui accroche le pigment du pastel. Sur un papier très lisse, la plupart du pigment des pastels tendres risque de ne pas adhérer : l'idéal consiste donc en une surface texturée, à grain. Essayez différents papiers jusqu'à trouver celui qui se prête le mieux à votre style.

Les propriétés du papier

Connaître le poids, la résistance et les propriétés du papier est important pour les pastellistes. Puisque vous allez sans doute procéder à de nombreux frottements, fondus et traits énergiques, il vous faut un papier résistant, avec du mordant. Les papiers pastels existent en différentes tailles et formats, à l'unité ou en pochette. Il existe en outre des plaques de gesso apprêtées pour offrir une surface très texturée, mais vous pouvez aussi bien apprêter une surface à votre goût.

Les papiers colorés

Travailler sur des papiers colorés permet de varier le rendu de vos dessins à l'infini (voir p. 246-247). En plus du blanc et du crème, de nombreux papiers pastels existent dans des valeurs intermédiaires et en noir. Pour une bonne base de dessin au pastel, privilégiez les papiers gris, bleus et verts neutres, voire rouges, violets et orange francs.

Des supports à créer soi-même

Vous pouvez créer votre propre surface de dessin, comme du bois apprêté (voir p. 278-281). Les papiers et le carton peuvent être transformés en surface avec

Mi-Teintes Touch de Canson
Ce papier spécialement conçu pour le pastel permet de nombreuses superpositions de pigments et existe en de nombreuses teintes.

Papier sablé Sennelier
Ce papier pastel à grain léger, disponible en de nombreuses couleurs, accroche bien les pigments, ce qui permet de superposer les couleurs et participe à l'atmosphère du dessin.

Apprêter au gesso
Donnez de la texture au carton ou au papier en l'enduisant d'un médium texturé, comme du gesso. Si le résultat est trop brut, vous pouvez l'affiner par ponçage.

un grain suffisant à l'aide d'un apprêt texturé, comme de la poudre de pierre ponce, du médium acrylique (avec du sable), du gesso ou un lavis acrylique semi-opaque. Certains doivent être dilués avant utilisation. N'oubliez pas que les papiers inférieurs à 300 g peuvent avoir besoin d'être entoilés au préalable.

Les carnets de croquis

En règle générale, les carnets de croquis contiennent un papier lisse, léger, loin d'être idéal pour le pastel. N'oubliez donc pas de fixer les pastels si nécessaire ou de glisser du papier de soie entre les pages.

Les papiers pastels spécialisés

Les pastellistes de cet ouvrage utilisent plusieurs papiers adaptés au pastel : leur surface permet de nombreuses superpositions et accroche bien les pigments. Voici une sélection de différents fabricants : Mi-Teintes Touch 350 g de Canson, La Carte 360 g de Sennelier, Pastelmat 360 g de Clairefontaine, et le papier pastel sablé premium 400 g d'UART. Ce dernier est disponible avec des grains différents : du gros grain (240) au grain satiné (800).

Fixatif pour pastel
Faites preuve d'imagination avec les fixatifs (voir p. 216) en vous en servant pour foncer certaines couleurs, ou utilisez-les simplement pour que votre dessin au pastel reste aussi lumineux qu'au premier jour.

Papiers colorés Sennelier
En plus de leur surface sablée idéale pour travailler au pastel, ces papiers sont disponibles dans de nombreuses couleurs, du blanc cassé au gris foncé.

Les traits en couleur 1/2

LES EFFETS AUX PASTELS SECS

Les pastels secs, durs et tendres, se prêtent à différents types de traits. Ce qui frappe avec le pastel, c'est l'éclat du résultat. Découvrez comment fondre ou superposer les couleurs pour introduire une myriade de nuances dans vos dessins.

Détourner les fixatifs

Avec le pastel, les fixatifs deviennent un outil de dessin à part entière. Certes, leur vocation première est de fixer les pigments (notamment en fin de projet), mais ils foncent aussi les couleurs. Ces deux atouts permettent de créer de nombreux effets.

Ajouter du fixatif au pastel
Masquez certaines parties d'un dessin, puis appliquez du fixatif sur les zones restées exposées pour les assombrir. Dans cet échantillon, des aplats de tons clairs, intermédiaires et foncés se fondent ainsi les uns dans les autres.

Bandes de masquage
Vous pouvez utiliser des bandes de papier à dessin blanc, fixées à leurs extrémités par du ruban de masquage, pour délimiter les zones à conserver intactes.

Bandes foncées
Vaporisez ensuite toute la feuille, avant de retirer les bandes pour révéler les zones plus claires, non exposées au fixatif. Les couleurs peuvent migrer.

EN PRATIQUE

Maniez pastels durs et tendres dans tous leurs états, de manière à obtenir des dessins expressifs et captivants. Une fois maîtrisées, ces techniques de base se prêtent à d'innombrables sujets.

Hachures simples et croisées
Tracez des lignes dans un sens (hachures parallèles), puis dans l'autre (hachures croisées) pour combiner les couleurs. Les traits de modelé à la surface de la poire lui donnent un galbe bien défini.

Superpositions et traits envolés
Plutôt que de fondre les nuances en douceur, vous pouvez charger généreusement votre feuille de pastel et laisser les couches de couleur créer une illusion d'optique (voir p. 224-225). Ici, certains traits ont été délibérément laissés visibles (voir p. 228-229).

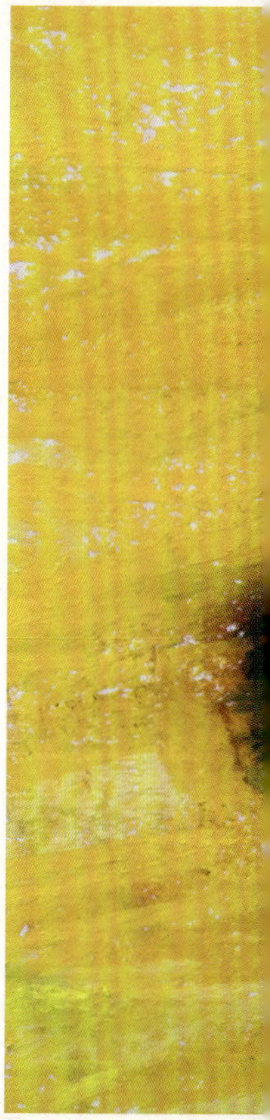

« Découvrez et adoptez les techniques au pastel pour créer des dessins colorés. »

Fondre

Apprenez à fondre deux couleurs pour créer une transition subtile. Du bout du doigt ou au chiffon, frottez délicatement des couleurs juxtaposées pour les estomper (voir p. 224-225).

Frotter

Idéal pour appliquer les couleurs sur une ébauche tout en suggérant une texture, le frottis requiert une main légère. Pour garder intactes des couleurs de fond, recouvrez les pastels durs de pastels tendres appliqués sur la tranche (voir p. 268-269).

Mélange optique

De loin, la juxtaposition de points, de traits ou de lignes colorés donne l'illusion d'un mélange de couleurs ; juxtaposer des aplats de couleurs complémentaires, comme ici, tend à renforcer leur éclat (voir p. 262-263).

Les traits en couleur 2/2

LES EFFETS AUX PASTELS À L'HUILE

Contrairement aux pastels secs (voir p. 216-217), les pastels à l'huile (ou « pastels gras ») offrent davantage de « fluidité », en raison de leur onctuosité.

Les avantages des pastels gras

Certains artistes préfèrent les pastels gras car ils sont plus « propres » : ils ne produisent pas de particules et ne tachent pas les doigts, à condition de ne pas ôter le papier qui les entoure. Mais, en retirant l'enveloppe des pastels gras, vous bénéficierez aussi de nombreuses possibilités.

Hachures croisées
Croisez de petits traits pour guider l'œil vers différentes zones de votre dessin, tout en créant un mélange optique de couleurs.

Sgraffite
Cette technique permet de faire ressortir des détails. Grattez de la pointe d'un scalpel les pastels gras appliqués par couches, et révélez ainsi la couleur inférieure.

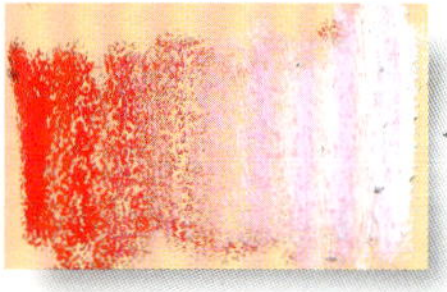

Dégradés
Éclaircissez une couleur (pour obtenir un dégradé, voir p. 22), soit en appliquant moins de pression sur le pastel, soit en le recouvrant de blanc.

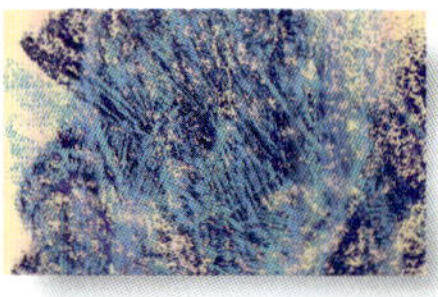

Frottis
Cette technique ludique et lumineuse vise à créer de la texture à l'aide de petits traits. La superposition de deux couleurs très différentes produit ainsi un certain effet.

Fondre à sec
La technique consistant à fondre un pastel dans un autre s'appelle le « fondu à sec ». Vous pouvez aussi amener une couleur dans une autre en la frottant au doigt.

EN PRATIQUE

Cette étude d'une forêt tapissée de jacinthes des bois comprend des zones de soleil direct et des ombres froides : le décor rêvé pour mettre en pratique les techniques de pastel dans un dessin chaud et éclatant.

Matériel

- Pastels à l'huile
- Tortillon ou estompe
- Cutter ou scalpel
- Papier pastel Canson mi-teintes (sable) 350 g

Un sous-bois parsemé de jacinthes

1 Premiers traits
Avec la pointe d'un pastel gras foncé, réalisez une ébauche avec de nombreux traits différents, en variant la pression pour obtenir un dessin de caractère. Ajoutez ensuite des indications de contraste pour la position des arbres, des herbes, du feuillage et des jacinthes.

2 **Couleurs hachurées**
Dans le sens des herbes, des troncs et du feuillage à l'arrière-plan, tracez des hachures croisées de plusieurs couleurs, en laissant ressortir le papier par endroits.

« Essayez-vous à une approche plus fluide, en travaillant l'harmonie des pastels à l'huile. »

3 **Parfait mélange**
Du bout du doigt ou du tortillon (voir p. 213), fondez délicatement les couleurs les unes dans les autres pour un rendu final fluide. Ici, le fondu rend très bien sur les troncs d'arbre.

4 **Touches finales au sgraffite**
De la pointe d'un scalpel, grattez les couches de pastel pour ajouter des détails et des lignes très fines. En grattant jusqu'au papier, vous révélerez sa couleur et donnerez du relief à l'ensemble. Procédez délicatement pour ne pas le traverser.

Les pastels aquarellables

CRÉER DES LAVIS AU PASTEL

Les pastels aquarellables cumulent les avantages du dessin et de la peinture. Utilisez-les pour poser des lavis, dessiner sur papier humide ou à sec, ou estompez-les au pinceau pour des transitions fluides.

Un effet pictural

Considérez chaque pastel comme un tube de peinture : vous pouvez utiliser la couleur pure sur le papier ou délayer des lavis et dégradés sur une palette avant de les appliquer au pinceau. Appliquez tantôt des aplats intenses de pastels secs, tantôt des glacis lumineux pour créer un voile de couleur. Un lavis appliqué au pinceau sec donnera un effet gratté.

Tons unis
Appliquez des touches énergiques de pastels aquarellables pour saturer le papier d'une couleur intense. Privilégiez un pinceau humide afin d'obtenir des teintes denses et éclatantes, et superposez les couches.

Masquer
Appliquez du ruban ou de la gomme à masquer sur les parties à garder vierges, avant de couvrir le tout de pastel sec ou humide. En retirant le masquage, vous obtiendrez des zones blanches.

Créer un lavis
Avec un pinceau chargé d'eau, créez un lavis en mélangeant et en estompant les couleurs pour obtenir des aplats unis et translucides.

EN PRATIQUE

Le mélange de couleurs et de textures de cette nature morte semi-abstraite a requis l'emploi de différentes techniques de pastels aquarellables, à la fois à secs et humides.

Matériel

Une nature morte multicolore

- Pastels aquarellables à l'encre
- Pinceaux à bout rond et plat
- Palette
- Papier aquarelle pressé à froid 300 g 100 % chiffon

1 Dessin initial
Appliquez les principaux aplats de couleur par de délicates touches linéaires au pastel sec, les unes sur les autres. Gardez la main légère lors de la composition initiale, car les traits seront permanents. Vous renforcerez les couleurs par la suite.

2 Technique humide

Préparez des dégradés à partir de copeaux de pastel et posez au pinceau des lavis généreux, en travaillant les couleurs humides pour les fondre sur le papier. Superposez les couches.

3 Sec sur humide

Retravaillez le dessin au pastel sec pour réveiller les tons. Humidifiez les couleurs franches avant de dessiner au pastel sur les zones humides pour obtenir un effet saturé.

4 Texture à sec

Passez des pastels secs sur des traits déjà secs pour rehausser les couleurs claires. Variez la pression, de manière à créer de subtiles variations de couleurs.

Varier la pression

CRÉER DIFFÉRENTS TYPES DE LIGNES

Varier la pression revient à changer de type de pinceau pour élargir votre répertoire expressif, de petites touches aériennes à des traits francs et dynamiques. Vous modifierez ainsi la texture visuelle, la plage de contrastes et les mélanges optiques (voir p. 216-217). En travaillant avec légèreté, vous pouvez multiplier les couches de couleurs, mais, avec une pression plus affirmée, vous poserez plus de pigments, et donc des aplats plus intenses.

EN PRATIQUE

Les formes unies de la camionnette et l'herbe aérienne au premier plan requièrent des coups de pinceau différents. Gardez à l'esprit que plus le pastel est tendre, plus vos traits doivent être aériens.

1 Pression légère Créez des aplats en superposant progressivement les couches. Retirez le papier autour des pastels et appliquez les couleurs de base avec la tranche du bâtonnet. Gardez toujours une pression légère avec les pastels tendres : effleurez simplement la surface de la feuille. Les techniques du frottis et du glacis (voir p. 216-217) se prêtent bien à une couche de base lumineuse.

2 Pression moyenne Augmentez légèrement la pression pour continuer à superposer les couches. Juxtaposez de petits traits multicolores afin de créer un mélange optique (voir p. 216-217), ou fondez les pigments au fur et à mesure, du plus clair au plus foncé.

Matériel

- Divers types de pastels, du plus dur au plus tendre
- Papier pastel sablé 320 g

Une vieille camionnette dans un champ

3 Forte pression
Tracez des traits intenses, opaques et unis au pastel sec bien taillé pour ajouter des rehauts et définir les pourtours. Des touches de couleurs franches fortement appliquées guident l'œil.

4 Traits dynamiques
Accentuez les traits descriptifs de l'herbe à petits coups rapides pour apporter de la texture et du mouvement : vous obtiendrez ainsi des formes douces qui contrastent avec la masse solide du camion.

Superposer ou fondre

FONDRE OU NE PAS FONDRE ?

Étoffez encore votre répertoire avec la technique du fondu, qui constitue une alternative utile à la superposition. Non estompées, toutes les couleurs resteront visibles et contribueront chacune à créer un dessin pétillant. Fondre au doigt, avec un chiffon ou de la mousse, donne un fini plus lisse et détaillé. Autre avantage : les outils sont toujours à portée de main !

SUPERPOSER

Pour réussir une superposition, appliquez les pastels d'une main légère. Le grain du papier reste ainsi accessible aux autres couleurs. Un papier sablé (voir p. 242-245) peut accueillir de nombreuses couches.

Matériel

- Pastels Unison
- Papier pastel sablé premium UART 500 g

Un vase de tulipes

1 Couche de base
Avec la tranche des pastels, délimitez des zones de couleurs simples pour les différentes valeurs (claires, intermédiaires et foncées). Cette ébauche jette les bases du dessin.

2 Superposer des couleurs
Renforcez les couleurs par petites touches pour que l'ébauche reste visible. Travaillez d'abord les grands aplats, puis passez à de petites marques pour figurer les détails et les bords des ombres. Donnez du relief et de l'éclat avec des rehauts nets.

L'effet de votre choix

Quel effet visez-vous : éclatant et expressif, ou subtil et uni ? Les aplats de couleur et les traits francs semblent animés et complexes ; les couches fondues paraissent sourdes et vaporeuses. Faites des essais en interprétant un même sujet avec les deux méthodes, comme ci-dessous, puis comparez les résultats.

Superposer des pastels

Superposez couches et touches de pastel pour préserver l'éclat des couleurs, et obtenir de multiples nuances.

Fondre au doigt

Frottez et estompez les couleurs au doigt, en enfonçant les pigments dans le papier pour des transitions plus fluides.

Fondre avec un outil

Fondre avec un chiffon ou un autre outil lisse convient davantage aux aplats qu'aux détails.

FONDRE

Au doigt ou avec un outil, fondre des couleurs juxtaposées donne un résultat très doux, plus sobre qu'avec la superposition.

Matériel

- Pastels
- Papier pastel sablé 500 g

1 **Ébauche** Délimitez les trois valeurs de base (claire, intermédiaire et foncée) avec la tranche des pastels en une couverture uniforme.

Fondez au doigt pour estomper les couleurs dans de petites zones.

Arrière-plan au fondu doux

2 **Fondre les couleurs** Ajoutez une autre couche de couleur et commencez à la fondre. Pour les grands aplats, préférez un outil : il sera plus simple à nettoyer, et vous garderez ainsi vos doigts et votre dessin propres. Lorsque vous estompez une petite zone au doigt, essuyez-le avant de passer à autre chose pour éviter les bavures.

Comprendre les valeurs

LA LIBERTÉ PAR LA COULEUR

Comprendre les valeurs est essentiel pour concevoir de belles compositions et maîtriser le langage de la couleur. La valeur correspond à la luminosité d'une couleur. Chaque couleur peut faire l'objet d'un spectre de valeurs allant du blanc au noir en passant par des gris. Si une couleur est claire, c'est une valeur claire ; si elle est sombre, c'est une valeur foncée.

Organiser les pastels par valeur

Triez vos pastels selon les trois valeurs : claire, intermédiaire et foncée. Une fois ce tri effectué, vous aurez toujours sous la main la bonne couleur dans la bonne valeur. Les verts ci-dessous illustrent ce principe.

Gamme de valeurs complètes
Les couleurs de cette miniature au pastel comprennent toute la gamme de valeurs : de l'arbre très foncé au ciel très clair, en passant par le sol intermédiaire.

Croquis sombre
La luminosité d'un dessin (voir p. 25) décrit sa valeur globale. Ici, les couleurs sont à l'extrémité foncée du spectre.

Croquis lumineux
On remarque le contraire ici, car l'ensemble du dessin est pâle et lumineux ; les couleurs sont à l'extrémité claire du spectre.

EN PRATIQUE

Pour différencier les valeurs, l'astuce consiste à plisser les yeux : vous verrez alors davantage en noir et blanc qu'en couleur. Regardez votre reflet dans un miroir en plissant les yeux et résumez ce que vous voyez aux trois valeurs : claire, intermédiaire et foncée. Réalisez une miniature rapide : en dessinant les bonnes valeurs en noir et blanc, vous pouvez ensuite appliquer les pastels correspondants pour créer une version en couleur.

La valeur intermédiaire est un gris foncé.

Noir, gris et blanc
Cette grande ébauche tient lieu de version de référence. Esquissez les formes sur du papier sablé. Remplissez ensuite les zones sombres au pastel noir. Faites de même au pastel blanc pour les zones claires, puis au pastel gris pour les valeurs intermédiaires. Vous vous inspirerez du résultat pour créer les autres versions en couleur.

Bleu foncé (sombres)

Dans ce dessin sombre, toutes vos couleurs doivent appartenir à l'extrémité foncée du spectre des valeurs. Choisissez un camaïeu de bleus, allant d'une valeur très foncée jusqu'à un bleu intermédiaire qui servira de pastel le plus clair. Une fois le dessin fini, plissez les yeux pour vérifier que les trois valeurs sont clairement visibles.

Le bleu foncé correspond au noir du premier croquis.

Le rose est la valeur la plus sombre.

Couleurs chaudes (lumineuses)

Contrairement à la version sombre, ce dessin utilise des couleurs situées à l'extrémité claire de l'échelle des valeurs. Ici aussi, en plissant les yeux, vous distinguerez nettement les trois valeurs.

Couleurs pop

Cette version montre que dès lors que vous choisissez la bonne valeur (claire, intermédiaire ou foncée), n'importe quelle couleur peut exprimer votre créativité. Vous remarquerez cependant que toutes ces couleurs vives sont bien à leur place.

Le jaune est la valeur la plus claire.

« Pour différencier les valeurs, l'astuce consiste à plisser les yeux : vous verrez ainsi davantage en noir et blanc qu'en couleur. »

Les traits aériens

UTILISER LA POINTE DU PASTEL

Tracés de la pointe du pastel pour modifier une couleur de base, les traits aériens sont rapides, légers, linéaires et parallèles. Ils peuvent être dynamiques et assumés, ou tout en subtilité. On s'en sert d'habitude pour aviver une zone devenue terne à force d'être travaillée, mais c'est loin d'être leur seul atout.

L'emploi de traits aériens

Les traits aériens peuvent adoucir des bords, réveiller ou donner du relief à une zone terne ou plate, rééquilibrer les couleurs chaudes et froides, enrichir les nuances, atténuer une couleur ou harmoniser un dessin en disséminant une couleur à divers endroits.

Adoucir un bord
Adoucir le jaune en l'amenant dans le vert par petites touches enlevées brise les lignes dures entre les couleurs.

Créer de la variété
Un aplat bleu gagne en caractère une fois additionné d'un autre bleu, plus froid mais d'une valeur comparable.

Réchauffer un aplat froid
Des traits aériens au pastel jaune sur un aplat bleu de valeur comparable réchauffent une partie du dessin.

Atténuer une couleur vive
Des traits aériens au pastel vert sur une zone rouge (deux couleurs complémentaires) permettent d'atténuer l'éclat de cette dernière.

EN PRATIQUE

Cette scène de bord de mer offre l'occasion de mettre en œuvre la technique des traits aériens. Osez expérimenter : vous apprendrez ainsi comment éclaircir, réveiller ou foncer une image.

Matériel

- Pastels
- Papier pastel sablé 400 g

Une plage au Mexique

1 Délimiter les principales formes
La valeur intermédiaire domine, tandis que la valeur foncée est cantonnée à une petite zone. Ce dessin utilise surtout des couleurs de l'extrémité claire du spectre. Appliquez généreusement le pastel par petites touches.

2 Refroidir et réchauffer
La deuxième couleur refroidit la base d'un jaune chaud sans l'éteindre totalement. Laissez le dessin vous guider ; ici, l'ébauche jaune montre la voie.

3 Éclaircir la plage

La plage représentée ici est d'une seule valeur : utilisez les traits aériens pour en éclaircir une petite partie afin d'apporter de la variété et du relief.

4 Réveiller le ciel et la plage

Si le ciel semble un peu plat, appliquez le jaune initial par petites touches par-dessus le bleu pour donner de la vitalité et de l'éclat à cette partie du dessin.

5 Refroidir et assombrir la mer

Utilisez les traits aériens pour refroidir et assombrir la petite bande de mer au-dessus de la barque, sans quoi l'eau pourrait sembler trop claire et chaude pour cette scène.

Délimiter des formes

DÉFINIR DE GRANDES FORMES

Réduisez votre sujet aux trois grandes valeurs (claire, intermédiaire et foncée) en délimitant les grandes formes à l'aide de la tranche de pastels de trois couleurs, chacune correspondant à une valeur. Veillez à garder une pression légère, sous peine d'engorger le grain du papier dès cette première couche.

Une composition contrastée

Lorsque vous travaillez d'après nature ou photo, tentez de ramener la scène aux trois valeurs principales : claire, intermédiaire et foncée. Certains éléments fusionneront, et le résultat final pourrait alors ressembler à un étrange agencement de formes, qui ne rappelle plus du tout le sujet.

Esquisser une miniature
Réalisez un petit croquis à la technique de votre choix (crayon, fusain, plume…) en simplifiant les formes en trois valeurs.

Délimiter les valeurs
Transférez votre dessin sur le papier, puis, au pastel, délimitez les trois valeurs pour qu'elles correspondent à votre croquis.

Superposer les couches
Ajoutez d'autres couches en revenant régulièrement à la miniature pour veiller à bien distinguer les trois valeurs dans votre dessin.

EN PRATIQUE

Ce portrait presque réduit à une silhouette contre une fenêtre différencie clairement les trois valeurs : claire dans la lumière du soleil sur le mur, intermédiaire sur le modèle et le fauteuil, et foncée dans les ombres.

Matériel

Un homme dans un fauteuil

- Pastels
- Petit morceau de fusain de vigne
- Papier à dessin
- Papier pastel sablé 400 g

Les valeurs foncées du cadre de la fenêtre contrastent avec la lumière que celle-ci laisse entrer.

1 Esquisser une miniature
Cette miniature réalisée au crayon sur du papier à dessin montre les trois valeurs de base. Revenez à la photo afin d'arrêter certains choix : quels éléments seront clairs (du ton du papier ci-dessus), intermédiaires, foncés ? Les valeurs intermédiaires doivent être particulièrement nuancées, surtout en cas de variation de couleur.

2 Délimiter les valeurs principales

Transférez le dessin sur le papier pastel par petites touches au fusain. Choisissez trois couleurs pour incarner les trois valeurs et délimitez-les. Inutile de tenir compte des détails ni de recouvrir les contours à ce stade.

3 Ajouter des couches

Complétez les zones de même valeur avec d'autres couleurs. Par exemple, superposez violet et bleu dans les valeurs foncées, rouge et bleu dans les zones intermédiaires, et, enfin, vert et bleu pâles dans les parties plus claires.

4 Contours au fusain

La silhouette prend vie : définissez le visage, les mains et d'autres parties du corps au fusain, puis poursuivez la superposition des couleurs pour les affiner toujours plus, en donnant relief et galbe aux différentes surfaces.

Éclaircir les couleurs

DE L'ART DE MANIER LE PASTEL BLANC

Avec une palette limitée, les couleurs claires – jaune pâle, bleu clair, vert tendre – manquent parfois pour exprimer sa créativité. Éclaircir une couleur en la repassant au pastel blanc suffit souvent à résoudre le problème. Vous pourrez ensuite ajouter d'autres nuances par petites touches.

Par petites touches

Pour manier correctement le pastel blanc, l'astuce consiste à garder une main légère. Ainsi, la couleur d'origine restera visible. Cela permet aussi de préserver le mordant du papier pour ajouter d'autres couleurs sur la couche blanche, si besoin.

Poser la couche initiale
Avec la tranche du pastel, posez des aplats de couleur, par exemple du bleu et du vert comme ici, sur du papier pastel.

Ajouter une couche de blanc
Si vous souhaitez une version plus claire, appliquez une légère couche de pastel blanc sur la première.

Renforcer les couleurs de base
Pour obtenir les nuances adéquates, appliquez davantage de bleu et/ou de vert jusqu'à être satisfait du résultat.

Réveiller les couleurs foncées
Dans un autre exemple, les vert et bleu servent à éclaircir un pastel foncé. Plusieurs couches seront sûrement nécessaires.

EN PRATIQUE

Cette nature morte d'une assiette blanche garnie de beurre jaune pâle sur un arrière-plan clair a été traitée au pastel blanc, tout en travaillant avec une palette limitée.

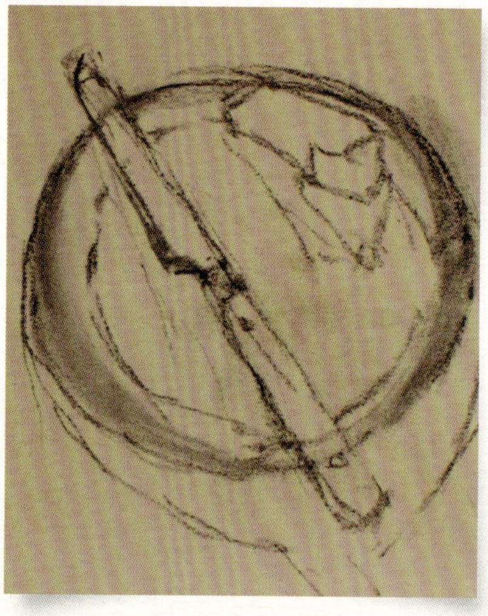

1 Contours au fusain
Esquissez un contour léger et dynamique de la nature morte, en plaçant grossièrement tous les éléments de la composition et en veillant à la justesse des proportions. Délimitez les formes des tons et des couleurs.

2 Trio de couleur
Posez les pastels vert, jaune et bleu dans leur valeur, sans déborder des contours. N'appuyez pas trop à ce stade.

Matériel

- Pastels tendres
- Papier pastel sablé 320 g

Une assiette de petit-déjeuner

3 Couche de blanc

Appliquez minutieusement le pastel blanc en couche pâle pour éclaircir chacune des trois couleurs du dessin. Si vous débordez, contentez-vous d'ajouter à nouveau un peu de la couleur d'origine jusqu'à être satisfait du résultat.

4 Touches finales

Placez les rehauts (le blanc sur le périmètre de l'assiette) et les touches finales sur le couteau (en bleu). Utilisez les pastels par touches minuscules pour obtenir l'effet désiré.

Foncer les couleurs

DES TONS RABATTUS À BASE DE NOIR

Avec une palette minimaliste, vous manquerez peut-être de certains pastels foncés, par exemple pour les scènes nocturnes. De nombreux artistes choisissent de se passer d'un noir dur, pourtant celui-ci est parfois du meilleur effet. Prendre un pastel noir pour teinte la plus sombre offre une base solide. Ajoutez une autre couleur foncée, comme du rouge, du vert, du bleu ou du violet, avant de repasser au noir pour obtenir une teinte intense.

EN PRATIQUE

Au soleil couchant, les éléments du décor se dessinent à contre-jour et les couleurs tendent à disparaître : c'est le moment idéal pour donner vie à des teintes intenses avec une base noire.

Matériel

- Pastels
- Papier pastel sablé à grain 400 g

Une route en soirée

1 Délimiter les valeurs principales
Délimitez les tons foncés au pastel noir pur, les tons intermédiaires en bleu et le ton clair du ciel en jaune. Décrivez en noir les formes des ombres des voitures. Prenez pour base cet bauche assez approximative, mais de couleur uniforme.

2 Ajouter des couleurs au noir
Appliquez des couleurs foncées sur le noir, en modelant les volumes avec des traits. Travaillez sur les tons intermédiaires et clairs pour affirmer les couleurs.
Les nuances des ombres doivent faire écho à celle des objets qui les projettent.

Travailler en noir

Le noir n'a pas de couleur et peut sembler austère. Reprenez les ombres et les aplats sombres pour l'atténuer sans l'éteindre complètement. En ajoutant du noir dans les couches de couleur, vous donnerez vie à des ombres avec naturel.

Noir pur

Appliquez une sous-couche au pastel noir avec une pression uniforme. Couvrez tout le papier en gardant la main légère.

Aplat sombre

Ajoutez une couleur sombre sur le noir. Le ton rabattu ne semblera pas aussi foncé que le noir et ressortira sur l'ébauche.

Donner du relief

Pour intensifier la couleur, appliquez du noir par petites touches, de la pointe du pastel, en appuyant davantage.

Sur la base noire, le vert foncé décrit les formes des arbres qui se découpent contre le ciel clair.

Le bleu sur le noir renforce les ombres sur la route.

3 Donner de la densité

Pour rendre l'obscurité plus dense, ajoutez davantage de noir par endroits sur les couleurs foncées, en les estompant au fur et à mesure. De la pointe du pastel, créez des traits solides en appuyant.

4 Derniers ajustements

Renforcez la lumière à travers les arbres en ajoutant des éclats de couleurs chaudes aux endroits où le ciel est rose.

Créer des couleurs neutres

DES MÉLANGES DE COULEURS SOURDES

À la place d'un pastel brun ou gris, mélangez des couleurs pures pour créer des nuances neutres. En superposant des couleurs complémentaires, comme du rouge sur du vert, vous obtenez une version grisée de la première. Exercez diverses pressions, pour varier les tons.

Les couleurs neutres de différentes valeurs

Pour obtenir des couleurs neutres, cantonnez-vous à une même gamme neutre, à des couleurs de même valeur. Par exemple, mieux vaut mélanger un jaune pur, qui est une valeur claire, à un mauve pâle plutôt qu'à un violet vif pour produire une couleur neutre mais claire. Ci-dessous, trois bleus sont mélangés à un orange de même valeur pour atténuer la couleur de base et la fondre de la pointe du pastel.

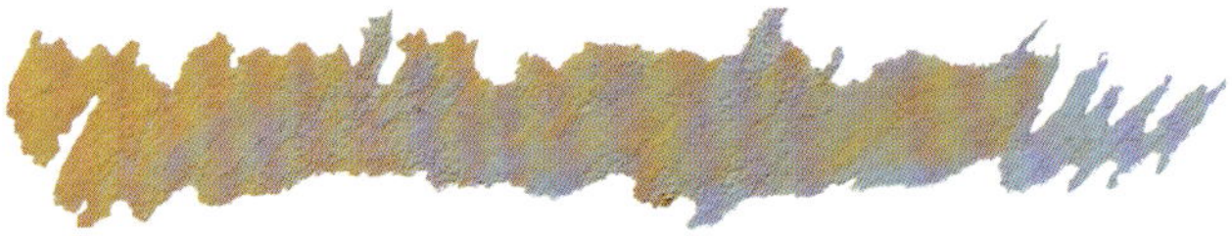

Valeurs claires

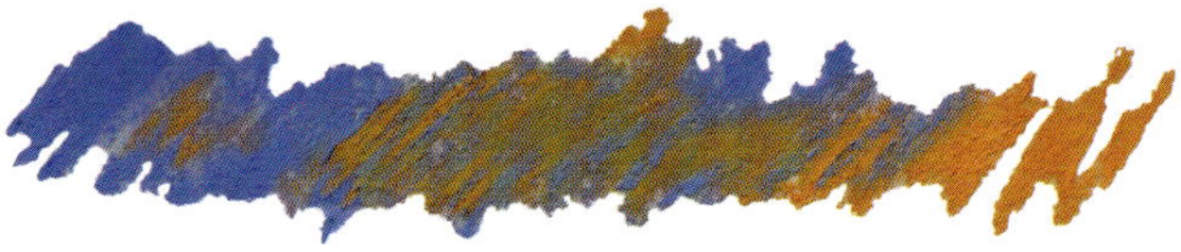

Valeurs intermédiaires

Valeurs foncées

Valeurs claires, intermédiaires et foncées appliquées avec la tranche du pastel

EN PRATIQUE

Dans cette scène de rue, les tons sourds sont rendus grâce à une gamme de couleurs neutres de toutes les valeurs, obtenues à partir de nuances complémentaires. Les valeurs chaudes et froides donnent du relief aux ombres.

Matériel

- Pastels
- Papier pastel sablé à grain 500 g

Une scène de rue, à Budapest

Valeur intermédiaire délimitée par un bleu violet froid.

1 Délimiter les principales valeurs
Commencez par appliquer une base de tons foncés, intermédiaires et clairs pour matérialiser les grandes valeurs. L'extérieur du bâtiment et le trottoir reposent sur une couche froide, tandis qu'un rouge chaud donne une valeur foncée à la voûte.

2 Mélanger les couleurs complémentaires
Ajoutez du jaune au violet, du vert au rouge et de l'orange au bleu clair pour créer des couleurs neutres. Chaque nouvelle nuance atténue la première.

« Vous pouvez créer des couleurs neutres éclatantes et complexes à partir de couleurs pures. »

3 Équilibrer les couleurs neutres
Renforcez les couches avec davantage de couleur, en équilibrant les valeurs chaudes ou froides de même intensité. Dans les ombres, un rouge chaud est travaillé sur le vert, et un bleu froid habille le trottoir.

4 Éclats de couleur
Pour finir, créez des points de mire en ajoutant des touches de couleur pure sur les couleurs neutres. Bien délimitée sur les ombres bleues, la veste jaune saute ainsi aux yeux.

Créer du vert

CRÉER UNE PALETTE DE VERTS

Votre palette contient peut-être quelques verts ayant tendance à manquer de variété. Pour enrichir votre gamme chromatique, n'hésitez pas à mélanger des bleus et des jaunes de manière à créer d'autres verts. Vous obtiendrez aussi des verts intéressants en ajoutant du vert à une couleur de base.

Un spectre de verts

Mélangez tous vos bleus et jaunes dans différentes proportions. Peu importe s'ils n'ont pas toujours la même valeur. Les nuanciers ci-dessous sont composés pour moitié de jaune, et pour l'autre de bleu. Les couleurs ainsi obtenues sont le fruit d'une superposition subtile.

Jaune et bleu de valeur claire

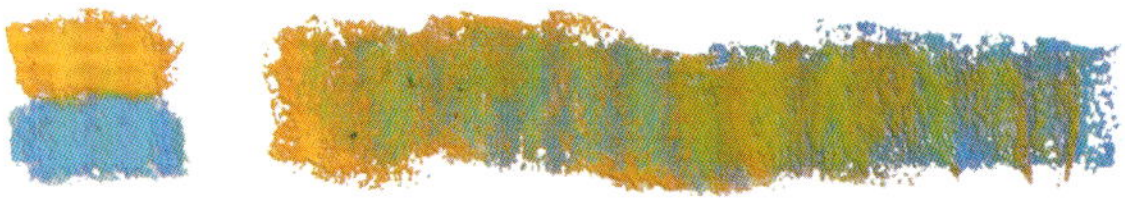

Jaune et bleu de valeur intermédiaire

Jaune et bleu de valeur foncée

Jaune vert et violet de valeur intermédiaire

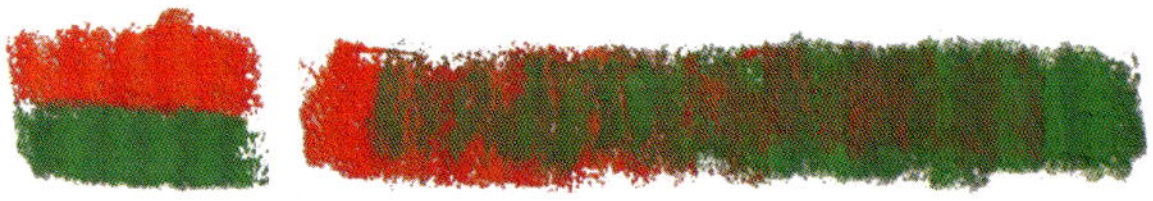

Bleu vert et rouge de valeur foncée

Jaune vert de valeur intermédiaire et rouge violet foncé

EN PRATIQUE

Cette scène de plein air contient de nombreux verts : bâtiments, herbe, palmiers et reflets. Alliez bleus, jaunes et verts pour en tirer une représentation haute en couleur.

1 Délimiter les premières valeurs
Ici, deux jaunes sont juxtaposés en vue de créer avec les bleus une palette verte, tandis que deux rouges forment l'ébauche qui accueillera les verts. Matérialisez les aplats au bon endroit, en imprimant des marques légères et dynamiques.

2 Créer les verts
Ensuite, superposez vos pastels bleus au jaune du ciel et de l'herbe, avant de passer aux effets de l'eau. En appliquant du bleu violet sur le toit de chaume jaune foncé, vous habillerez celui-ci d'une couleur neutre.

Matériel

- Pastels
- Papier pastel sablé à grain 400 g

Un décor tropical luxuriant

3 Mélanger les verts

Sur la base des rouges foncé et clair appliqués précédemment, ajoutez deux verts dans les mêmes valeurs, de manière à les rendre plus naturels, légèrement neutres, et à donner du relief au vert de la maison.

4 Autres superpositions

Reposez vos yeux de tout ce vert en passant aux superpositions à l'œuvre dans les autres zones du dessin : le toit, le ciel, le mur, la clôture et les troncs. Vous pourrez ensuite réévaluer les verts d'un œil neuf.

5 Rectifier les mélanges verts

Prenez du recul en vous concentrant sur les rehauts et les tons foncés. Éclaircissez ou assombrissez les mélanges verts pour obtenir la bonne couleur. Ajoutez d'autres détails à votre dessin jusqu'à être satisfait du résultat.

Artiste **Robert Dutton**
Titre ***Lumière sur la lande***
Technique **Pastel tendre**
Support **Papier pastel Mi-Teintes Touch 350 g (tabac) de Canson**

Superposer ou fondre

« Voir p. 224-225

La superposition d'envolées expressives au pastel crée une transition entre les violets chauds et riches du premier plan et les bleus plus froids de l'arrière-plan.

Éclaircir les couleurs

« Voir p. 232-233

En superposant du blanc ou une couleur claire à des bleus intermédiaires avec la tranche et la pointe du pastel, on obtient un fondu flou, évoquant la bruine.

Les traits en couleur

« Voir p. 216-217

Définir les couleurs avec des lignes directionnelles permet de créer une surface richement texturée, qui rappelle la bruyère et la lande.

Récapitulatif des techniques

Ce dessin d'une lande colorée, aux traits expressifs, met en œuvre des techniques pour débutants abordées dans ce chapitre. Son rendu texturé, tout en superposition, a été obtenu avec des pastels durs et tendres.

Varier la pression

« Voir p. 222-223

L'application de différentes couleurs à des pressions variées fait contraster des zones éloignées et floues avec des éclats intenses de couleur et de lumière.

Les traits aériens

« Voir p. 228-229

Des traits aériens esquissés de la pointe du pastel créent une transition progressive entre des couleurs de différentes valeurs.

Foncer les couleurs

« Voir p. 234-235

La superposition de noir et de pastels sombres à des tons riches et chauds de rouges, d'orange et de jaunes donne des ombres denses et texturées.

La texture du papier

CHOISIR LA BONNE SURFACE

La surface idéale pour le pastel doit avoir de la texture, ou grain. Les papiers trop lisses n'accrochent pas le pastel, ceux trop texturés risquent de « manger » le bâtonnet. Les papiers lisses conviennent aux croquis, tandis que les sablés peuvent accueillir de nombreuses couches.

Les papiers peu texturés

Comparez différents papiers en évaluant la façon dont le pastel glisse sur la surface, l'intensité du trait, la capacité de superposition et la texture. Ici, un bleu, appliqué de la pointe et de la tranche d'un pastel, a été recouvert de vert et estompé.

Le côté lisse du papier Mi-Teintes (crème) de Canson laisse les pastels glisser facilement.

Le papier vélin (blanc) de BFK Rives possède une surface douce et lisse.

La surface veloutée du papier Premium Velour (jaune) de Hahnemühle accroche bien.

Le côté brut du papier Mi-Teintes (crème) de Canson donne une texture intéressante.

Le papier PastelMat (maïs) de Clairefontaine peut accueillir de nombreuses couches de pastel.

Le papier aquarelle pressé à froid (300 g) d'Arches ajoute de la texture.

TRAVAILLER SUR DU PAPIER LISSE

Pour ce dessin, on a utilisé le côté lisse du papier pastel : les pastels tendres ont été appliqués rapidement avec une superposition minimale des couleurs.

Matériel

- Pastels
- Papier pastel Mi-Teintes (crème) de Canson

Des oiseaux en vol

1 **Ébauche légère**
Appliquez des pastels dans les trois valeurs d'une main légère. Le papier n'a que peu de grain : évitez de le combler dès le premier passage, car cela limiterait les possibilités de superpositions.

2 Développer la couleur

Ajoutez des couleurs dans les bonnes valeurs (clair sur clair, foncé sur foncé) pour donner du caractère au dessin. Renforcez les valeurs foncées pour modeler les nuages ; vous pourrez ensuite les éclaircir.

« Les papiers peu texturés conviennent aux croquis ; les sablés accueillent davantage de couches. »

3 Unifier les tons

Passez le nuage au pastel bleu pâle, de manière à unifier et à éclaircir l'ensemble, même les zones qui semblaient trop foncées à première vue.

4 Affiner les formes

Ajoutez des tons clairs pour modeler les principaux volumes, comme la citerne et les arbres à l'arrière-plan, tout en conservant leur valeur. Si vos pastels se mettent à glisser, c'est que le grain est comblé.

TRAVAILLER SUR DU PAPIER SABLÉ

Ce dessin est réalisé sur un papier sablé qui a une surface à grain, gage d'intensité, d'opacité et de davantage de superpositions en comparaison de celui de la double page précédente.

Matériel

1 Délimiter les valeurs principales
Appliquez des couches de pastel saturé dans les trois grandes valeurs et les mêmes couleurs que le dessin précédent. Ici, les collines sont passées d'une valeur intermédiaire à foncée.

2 Ajouter des couches de couleur
Passez une couche de couleur sur les valeurs de base, en ajoutant notamment du turquoise sur le ciel, du bleu clair sur les nuages et du rouge sur la citerne. Appliquez du vert sur les collines pour légèrement les éclaircir et atténuer le bleu foncé. Une couche de vert sur l'arbre au premier plan permet de l'ancrer et de lui donner du volume.

3 Affiner les bords et les couleurs
Ajoutez de l'orange à l'avant de la citerne pour la réchauffer et l'éclaircir, tout en lui donnant du volume. Esquissez les ombres des oiseaux à ajouter à la fin, et travaillez certains détails. Le grain du papier gardera les bords des formes nets.

Des oiseaux sur une citerne

- Pastels
- Papier pastel sablé à grain 320 g

4 Ajouter les touches finales

Ajustez les jaunes du mur avec des touches de couleur. Colorez le ciel pour en affirmer la teinte tout en comblant le grain encore visible du papier. La surface texturée accroche le pigment pour créer une couleur vibrante, toute en profondeur.

Le papier sablé

Une surface texturée accepte davantage de pigment à mesure que celui-ci s'incruste dans le papier, ce qui donne des couleurs intenses et permet des superpositions. Le grain peut créer des couleurs marbrées, qui servent à mettre en valeur la texture et l'éclat d'un dessin. Les papiers sablés donnent des transitions fluides.

Le papier Pastel Premier (chamois) est assez texturé pour se prêter à des corrections.

Le papier pastel sablé premium à grain 400 d'UART peut accueillir de nombreuses couches.

Le papier sablé Mi-Teintes Touch (crème) de Canson possède un grain moyen.

Le papier pastel premium (sable) de Richeson possède un grain assez rugueux.

Le carton pastel La Carte (blanc antique) accroche bien les couleurs.

Le papier Colourfix (naturel) d'Art Spectrum retient relativement bien la couleur.

Dessiner sur du papier coloré

L'INFLUENCE DU PAPIER COLORÉ SUR LE DESSIN

La couleur du papier fait partie intégrante du rendu final de votre dessin. En prenant un même sujet et les mêmes couleurs, on peut illustrer en quoi différents papiers colorés transforment le rendu : prêtez attention à l'éventail d'effets avec une même palette.

EN PRATIQUE

Ce dessin inclut les trois principales valeurs, des couleurs chaudes et froides, une couleur neutre et des couleurs vives. Inspirée par une marguerite rose, la pastelliste l'a interprétée avec sa propre palette.

Papier pastel à grain 280 d'UART : crème

En règle générale, les teintes paraissent foncées sur un papier clair. La plupart des couleurs ci-dessus semblent donc sombres.

Pastelmat de Clairefontaine : bouton-d'or

Un papier crémeux donne un éclat chaud au dessin. Les teintes violettes sont mises en valeur par cette couleur complémentaire.

Pastelmat de Clairefontaine : gris foncé

Avec un papier neutre de valeur intermédiaire, les couleurs claires et foncées ressortent, tandis que celles intermédiaires se fondent dans le papier.

Matériel

- Pastels
- Assortiment de papiers colorés

Une marguerite

Pastel Premier : terracotta
Le rouge et le violet foncé s'effacent sur le papier terracotta, tandis que le vert de la tige tranche sur cette couleur complémentaire de même valeur.

Papier Colourfix d'Art Spectrum : vert olive
Dans la même gamme de valeur que le papier terracotta, cette nuance de fond subtile fait ressortir les couleurs à la perfection.

Papier Colourfix d'Art Spectrum : noir
Toutes les couleurs ressortent avec éclat sur du noir, lequel semble aussi plus présent en comparaison des autres papiers.

Couleurs complémentaires

CRÉER DES EFFETS VISUELS ET DE L'HARMONIE

Juxtaposer des couleurs complémentaires les rend plus éclatantes et rehausse des points de mire : utilisez-les pour attirer l'œil, renforcer des tons rabattus et créer un fil conducteur. Obtenez des nuances neutres harmonieuses en mélangeant des complémentaires et en les juxtaposant par endroits pour réveiller le tout.

Le mécanisme des couleurs complémentaires

Dans un paysage, les couleurs chaudes semblent avancer et les froides s'éloigner. Le rouge et le vert, dont les valeurs sont généralement plus proches que celles des autres complémentaires, tendent à « entrer en résonance ». Pour un effet d'optique réussi, optez pour des couleurs complémentaires dans différentes proportions. Réfléchissez à la composition de l'ensemble avant d'équilibrer l'un ou l'autre duo complémentaire.

Rouge et vert
Le carré rouge semble en suspension dans le carré vert. Cet effet permet de mettre facilement en valeur un élément.

Jaune et violet
Ici, le carré jaune semble plus proche que le carré violet. Cet effet peut servir à donner du relief à un dessin.

Orange et bleu
En décalant le carré orange dans le bleu, on donne davantage d'importance à ce dernier, tout en le réchauffant.

EN PRATIQUE

Ce paysage prend vie grâce à l'utilisation dynamique du rouge et du vert, du bleu et de l'orange, du fondu des couleurs des ombres, et du rappel des couleurs claires au deuxième plan et à l'arrière-plan.

Matériel

- Pastels durs et tendres
- Fixatif
- Papier pastel Mi-Teintes Touch (noir) 350g deCanson

Un paysage à perte de vue

1 Préparer le dessin
Définissez le thème et la composition avec un croquis fluide de couleur intermédiaire. Ici, le violet permet de garder des ombres chaudes, tandis que le papier foncé fait une bonne base au premier plan ombragé tout en donnant de la profondeur au ciel. La ligne d'horizon est haute (voir la règle des tiers, p. 18).

2 Délimiter les espaces
Appliquez des touches de couleurs franches au premier plan et de nuances claires à l'arrière-plan pour donner l'illusion qu'elles se fondent dans le lointain. Des aplats bleus rehaussés de jaune mettent en valeur l'horizon.

3 Créer de la définition
Donnez du relief aux ombres avec des superpositions ou un fixatif. Définissez certaines zones en juxtaposant des couleurs complémentaires, comme le bleu et l'orange des champs, pour qu'elles se détachent des ombres.

4 Créer des points de mire
Appliquez des couleurs complémentaires franches pour attirer l'œil et donner un fil conducteur au paysage. Quelques petites touches sur les toits rouges les font ressortir contre les champs verts : une astuce adoptée par les impressionnistes en leur temps.

La superposition

CONSTRUIRE LA COULEUR AU PASTEL

La superposition donne une luminosité incomparable. Appliquez les couleurs par petites touches, dans la même gamme de température et de valeur, car superposer nuances chaudes et froides tend à les affadir. Délimitez les couleurs aux pastels durs, puis passez aux pastels tendres pour les rehauts, en mélangeant les teintes grâce notamment au frottis.

Matériel

- Pastels durs et tendres
- Fixatif
- Papier pastel sablé à grain 320 g

Une pêche offerte

EN PRATIQUE

La texture veloutée et les couleurs de la peau de pêche prennent vie grâce à des superpositions réalisées à même la page, frottées, puis recouvertes de glacis multicolores pour intensifier le dessin sans perdre en dynamisme. Pour mettre en œuvre cette technique, appliquez des fixatifs au fur et à mesure (voir aussi p. 252-253).

1 Créer des fondus
Optez pour des pastels de même consistance afin de mélanger les couches de couleur directement sur le papier, avec de petits va-et-vient. Créez des fondus (voir p. 224-225) avec votre doigt ou un outil, mais veillez à ne pas affadir les couleurs.

2 Créer des frottis
Passez des couleurs claires sur les foncées pour modifier leur valeur. Procédez par petites touches, en effleurant la surface afin que les premières couches restent visibles. Pour de légers rehauts, appliquez le pastel du bout du doigt.

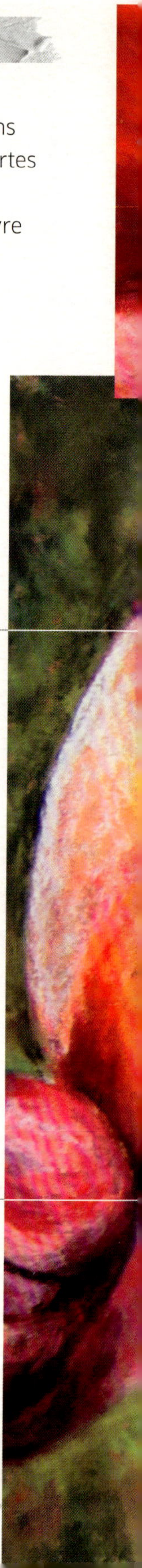

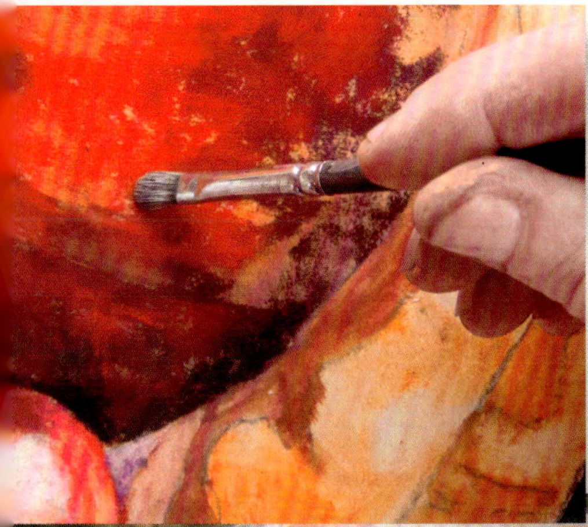

3 Effacer

Pour effacer les traits indésirables ou un excédent de pastel, frottez délicatement au pinceau à poils raides. Les couches précédentes réapparaîtront, comme le grain du papier pour plus de texture.

4 Intensifier

Appliquez un glacis par endroits pour affirmer les couleurs, notamment celles des ombres, ou atténuer une valeur. Si vous superposez des couches épaisses, renforcez les tons et aidez les couches suivantes à adhérer avec un fixatif.

Des fixatifs créatifs

RENFORCER LES TONS POUR PLUS DE RELIEF

Dans la trousse du pastelliste, le fixatif occupe une place de choix. Appliqué au fur et à mesure, il fonce les couleurs et atténue leur éclat. Tirez parti de cet inconvénient apparent pour approfondir des nuances et rehausser des contrastes. Vous pouvez appliquer le fixatif sur toute la surface ou par endroits, en masquant des zones (voir p. 216).

Renforcer les couleurs

Jaugez votre composition en repérant les zones aux couleurs riches ou aux tons foncés. Appliquez des couches de fixatif sur ces parties au fur et à mesure, sans oublier de rectifier les tons clairs pour affirmer les couleurs. Continuez d'intervenir sur les mêmes zones, en renforçant et en fondant les nuances.

Avant le fixatif
Les tons du paysage sont relativement uniformes, avec seulement une transition subtile entre le deuxième plan et le ciel. Les arbres au premier plan dominent la scène, et le rendu global est légèrement déséquilibré.

Tons uniformes

Après le fixatif
Du fixatif a été vaporisé sur toute la surface, ce qui fait ressortir les couleurs du ciel et met en valeur les tons des champs pour les affirmer dans la composition. Les couleurs foncées des bâtiments font écho aux arbres du premier plan.

Couleurs accentuées

EN PRATIQUE

Dans ce dessin expressif d'un paysage marin, à la lumière grandiose, le fixatif fait ressortir le contraste entre les rochers et la mer, et met en valeur le ciel. Le papier gris unifie le tout.

Matériel

Un paysage marin grandiose

- Crayons pastels
- Pastels durs et tendres
- Ruban de masquage
- Fixatif
- Cutter
- Planchette affûtoir
- Papier pastel Mi-Teintes Touch (gris) 350 g de Canson

1 Légère ébauche
Esquissez votre dessin en traçant de larges envolées de la tranche de pastels secs. Prêtez attention aux formes foncées des rochers et à l'écume.

2 Traits expressifs
Donnez du mouvement avec des traits expressifs de la tranche et de la pointe de pastels secs, fondus au fur et à mesure. Laissez visible la teinte du papier comme fil conducteur.

3 Foncer les couleurs
Appliquez un fixatif pour foncer délibérément les zones de votre choix, même les plus claires. Répétez jusqu'à approfondir les couleurs autant que nécessaire.

4 Nouvelles couches
Appliquez d'autres couches de pastel sur les parties passées au fixatif (clair sur foncé ou foncé sur clair), en travaillant dans différentes directions pour révéler le grain.

5 Détails précis
Pour finir, travaillez aux crayons pastels les détails, comme l'oiseau en vol, de manière à créer un point de mire contre l'arrière-plan tumultueux.

Travailler les contours

DES CONTOURS NETS, FLOUS, PERDUS ET CONTRASTÉS

Le contour est une délimitation entre deux formes, dont les valeurs peuvent être identiques ou opposées. En optant pour certains types de contours (nets, flous, perdus ou contrastés), vous donnerez davantage de relief et de dynamisme à vos dessins.

Tirer le meilleur parti des contours

Les couleurs que vous utilisez (ton sur ton ou contrastées), ainsi que les types de contours (flous ou nets) changent du tout au tout le résultat final.

Contours nets

Voici un camaïeu de quatre bleus, chacun d'une valeur différente. Tous sont séparés par des contours nets.

Contours flous

En reprenant les mêmes bleus et en adoucissant leurs contours, on obtient un rendu différent de celui des contours nets.

Contours perdus

Lorsque des formes d'une même valeur se touchent, les contours donnent l'impression de se fondre, même s'ils sont nets.

Contours contrastés

Les contours qui séparent ces deux couleurs de valeurs différentes sont à la fois nets et flous, ce qui n'atténue en rien l'effet tranché.

EN PRATIQUE

Cette scène d'intérieur en partie à contre-jour offre divers types de contours qui mettent en valeur le dessin. Mobilisez vos capacités d'observation pour les identifier et les traduire sur le papier.

1 Délimiter les valeurs principales
En réduisant la scène à ses trois grandes valeurs, vous en saisirez la composition de manière abstraite. C'est à ce stade que les divers types de contours apparaîtront.

2 Adoucir et renforcer les contours
Si un contour net tend à avancer et à attirer l'attention, les contours flous sont plus discrets, comme ceux dans le lointain. L'ombre et la lumière sur la chaise sont ici définies par un contour net.

Matériel

- Pastels
- Papier pastel sablé à grain 400 g

Des chaises devant une fenêtre ensoleillée

Contours perdus à l'extérieur, où les valeurs sont comparables : seule la couleur donne du sens. En plissant les yeux, vous ferez disparaître la plupart des contours.

3 Contours perdus et contrastés

Le rideau et le mur en haut à droite du dessin perdent leur contour : plissez les yeux et ils disparaissent. Plus bas, la lumière qui entre par la fenêtre accentue le contraste entre le rideau et le mur.

4 Modifier les bords

Les ombres au sol sont assez nettes sur la photographie, mais les reproduire à l'identique attirerait trop l'attention sur cette zone. De même, il convient d'adoucir la transition entre le mur et le sol.

Créer une perspective atmosphérique

LA COULEUR AU SERVICE DE LA DISTANCE

La perspective atmosphérique, ou aérienne, consiste à moduler les couleurs pour simuler la distance : les nuances lointaines semblent plus claires et sourdes que celles franches au premier plan.

Matériel

- Pastels durs et tendres
- Fixatif
- Papier pastel Mi-Teintes Touch (noir) 350 g de Canson

Un champ de fleurs

EN PRATIQUE

Dans ce paysage champêtre, les collines au loin s'estompent dans le ciel clair, dans un rendu presque brumeux. Cette évanescence contraste avec le premier plan sombre et les fleurs d'un jaune éclatant.

Ce tronc d'arbre ancre le paysage.

1 Formes principales
Jetez les bases de votre dessin en esquissant à traits légers l'horizon et les arbres à la lisière du champ. Le violet clair ressort bien sur le noir et est idéal pour cette ébauche.

> « Les ombres doivent être fortes au premier plan, avec des couleurs sombres et saturées, et claires au loin, avec du blanc pour créer des dégradés. »

2 **Couleurs chaudes et froides**
À main levée, de la tranche du pastel, délimitez les couleurs chaudes (comme le champ jaune), puis les nuances froides (le ciel et les collines au loin).

3 **Renforcer les couleurs et les détails**
Renforcez les couleurs au premier plan pour créer l'illusion de la distance. Ajoutez des détails sur les zones foncées du premier plan et appliquez des dégradés à l'arrière-plan.

4 **Rehauts et ombres**
Observez la lumière et les ombres. Les ombres au premier plan sont plus intenses pour donner l'illusion de la profondeur. Gardez aussi des rehauts éclatants aux premier et deuxième plans.

La texture de la fourrure et des cheveux

UTILISER DES TOUCHES DESCRIPTIVES

Rendre la fourrure au pastel invite à une approche plus interprétative qu'au crayon, avec des touches fluides dans de nombreux tons. Tracez dans le sens du poil des traits expressifs aux tendres, et réservez les pastels durs aux détails.

Observer la texture

Étudiez l'aspect global de la fourrure et notez les tons et couleurs présents, sans oublier les rehauts, marques d'une fourrure lustrée ou brillante.

Fourrure mouillée
Mouillée, la fourrure a tendance à former de petits pics. Dessinez des angles aigus en appliquant des touches de pressions différentes, aux pastels durs et tendres. Laissez certaines zones très claires pour simuler un éclat mouillé sur la fourrure.

Fourrure courte
Identifiez toutes les couleurs de la fourrure et superposez-les par petites touches. Faites des traits précis aux crayons pastels pour rendre la fourrure courte plus variée.

Fourrure longue
La crinière d'un lion peut être rendue par de longs traits fluides tracés de la pointe et de la tranche de pastels durs et tendres. Maintenez le pastel au contact du papier en appuyant doucement.

EN PRATIQUE

Cet écureuil roux a été dessiné par des marques expressives, associant fusain et pastels durs et tendres, sur un papier aquarelle doux. Le grain du papier confère encore davantage de texture au dessin.

1 Jeter les bases
Commencez par de légers traits descriptifs au fusain pour définir la forme principale, ainsi que les tons les plus sombres et les ombres. Retravaillez si besoin, en ajoutant des rehauts ou en corrigeant vos marques préliminaires à la gomme.

2 Construire le volume
Sur l'ébauche au fusain, définissez la forme du corps à l'aide de différents tons, en alternant pastels durs et tendres. Concentrez-vous sur le volume.

Matériel

- Pastels durs et tendres
- Crayons pastels
- Fusain tendre
- Gomme
- Planchette affûtoir
- Fixatif
- Papier aquarelle pressé à froid 240 g

Un écureuil roux

3 Mettre en valeur la fourrure

Matérialisez les zones sombres soyeuses au fusain, puis ajoutez des traits aux pastels clairs pour un effet lustré. De petites touches aériennes aux crayons pastels renforceront l'effet touffu.

4 Définir le museau

Définissez le museau avec des contours nets aux pastels durs et aux crayons pastels. Laissez un peu de papier blanc visible pour faire pétiller l'œil, et ajoutez du bleu pour accentuer le réalisme du reflet.

5 Tonal shadows

Use sharpened dark pastels to add gentle shading to the shadow areas, particularly on the rock. Use fixative to darken colours where needed.

Les couleurs chaudes et froides

UTILISER LA TEMPÉRATURE DES COULEURS

Prêtant attention à la direction tonale de votre sujet pour mieux choisir une palette adaptée. Comprendre la température des couleurs vous permet de les mettre au service de l'atmosphère de vos dessins. Tenez aussi compte de la couleur du papier, qui offre un fil conducteur tout trouvé.

La température des couleurs

Nous assignons une température aux couleurs : le rouge est souvent perçu comme chaud, et le bleu comme froid. Mais chaque couleur se décline en version chaude et froide. Le jaune de cadmium, par exemple, est un jaune chaud, à l'inverse du jaune citron, qui est froid. En vous familiarisant avec la température des couleurs, vous apprendrez à distiller une ambiance et à accentuer les contrastes dans vos dessins.

Du chaud au froid
Chaque nuancier primaire se décline d'une version froide à gauche à une version chaude à droite. Si vous mélangez des couleurs chaude et froide, laissez une direction tonale l'emporter. Mélanger chaud et froid en proportions égales ne donnerait qu'un résultat sans relief ni saveur.

LES COULEURS FROIDES

Le papier gris acier plante le décor de cette scène hivernale. Le lac et le ciel sont habillés de bleus et gris glacés, tandis que l'étincelle chaleureuse des voiles rouges refroidit le bleu dominant par effet de contraste.

1 Tons froids
Jetez la composition sur le papier avec des marques fluides dans des couleurs froides. Appliquez des tons pâles dans le ciel pour matérialiser le pourtour des collines, puis définissez l'horizon au loin avec les tons les plus clairs et froids.

2 Couleurs de l'eau
La surface du lac reflète le ciel ; lorsque vous appliquez une couleur sur les nuages, veillez donc à la rappeler sur l'eau. Rappelez aussi les tons sombres des collines.

Matériel

- Pastels durs et tendres
- Fixatif
- Papier pastel Mi-Teintes Touch (gris acier) 350 g de Canson

Un lac en hiver

3 Couleurs claires et foncées

Affirmez les ombres froides et définissez les silhouettes foncées des collines et des arbres nus contre le ciel. Cherchez où poser des rehauts et appliquez des touches éclatantes.

4 Détails chauds

Pour contrebalancer les tons froids dominants, appliquez une nuance chaude sur les arbres et les collines au loin. Dessinez les voiles avec un mélange de rouge-violet et de terre de Sienne brute pour créer un point de mire dont la chaleur rend le dessin harmonieux.

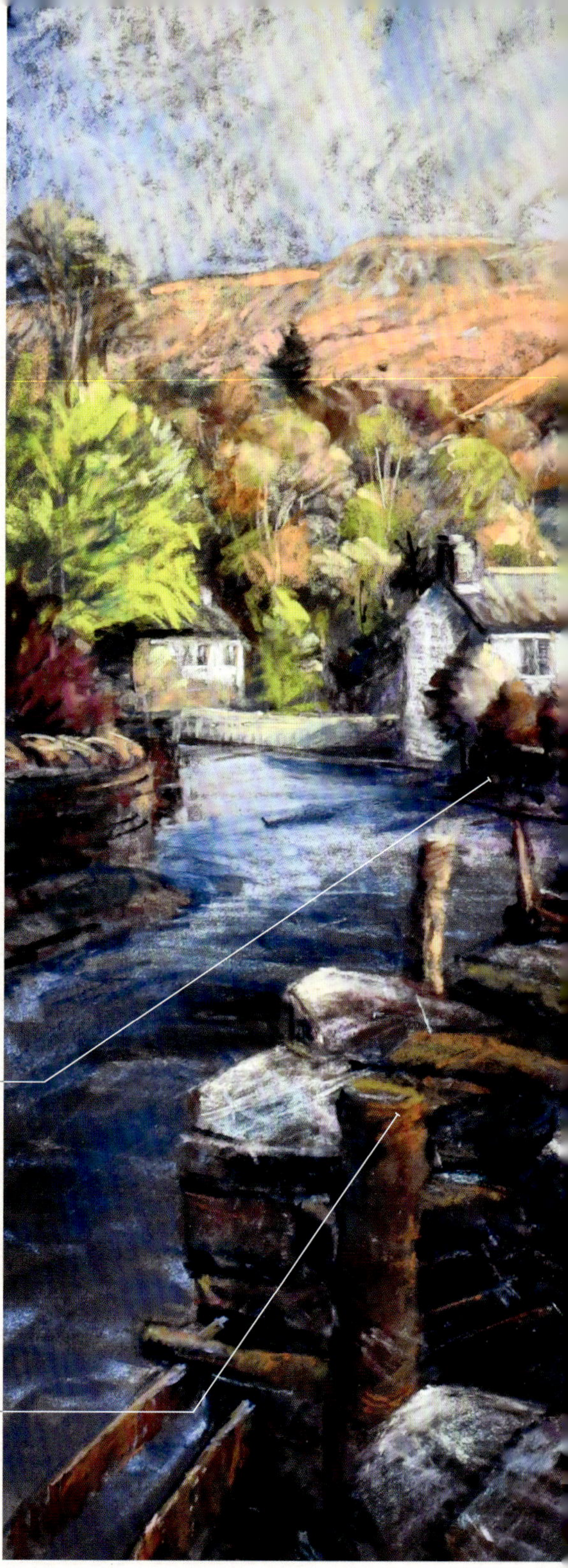

LES COULEURS CHAUDES

Cette scène automnale à la lumière vive contre des ombres foncées et froides est à dominante chaude. La présence de tons bleus froids rend ce paysage encore plus éclatant et profond tout en le tempérant, sans que les tons chauds n'écrasent l'ensemble.

Matériel

Terre naturelle · Brun foncé · Incarnadin · Brun terre · Blanc · Bleu de phtalo

Bleu violet · Rose permanent · Vert foncé cinabre · Vert clair permanent · Vert

Vert tilleul · Blue violet · Terre naturelle · Jaune mimosa · Violet

Un paysage automnal

- Pastels durs et tendres
- Fixatif
- Papier pastel Mi-Teintes Touch (sépia) 350 g de Canson

1 Base chaude
Le papier de ton intermédiaire offre un arrière-plan harmonieux. Commencez par délimiter les tons chauds, du plus clair au plus foncé, avec des variations subtiles pour suivre les formes principales. Prêtez attention aux couleurs chaudes dans les ombres, par exemple celles du mur en pierre.

2 Contrastes froids
Appliquez délicatement une première couche froide sur le ciel et la rivière, avant d'ajouter des tons froids sur la base chaude pour définir les arbres, les collines et le premier plan. Exploitez les contrastes intéressants.

« La direction tonale crée une atmosphère au service de l'ambiance et du ton de vos dessins. »

3 Réveiller les tons
Ajoutez de nouvelles couches chaudes et froides pour donner de l'intensité au dessin. Prêtez attention aux violets chauds des ombres et accentuez-les à l'aide d'un glacis ou de fixatif pour sublimer le contraste avec la lumière du soleil.

4 Affiner les détails
Aux derniers stades de votre dessin, ajoutez des rehauts éclatants de la pointe des pastels, ainsi que des détails comme les fenêtres des maisons et les rameaux. Ce sont ces points de mire qui feront tout le sel de la composition.

Des effets expressifs

POSER DES LAVIS AU PASTEL

Les pastels aquarellables permettent à la fois de dessiner et de peindre, en associant de délicats lavis à des coups de pinceau dynamiques. Travailler dans les grandes lignes offre une plus grande liberté d'expression, avec de nombreux traits fluides, parfaits pour saisir la faune sauvage.

Les différentes techniques de glacis

Un glacis est un voile de pigments appliqué sur une autre couleur (lavis) pour lui donner du relief. Les associations entre glacis et lavis permettent d'obtenir différents rendus ; utilisez-les pour foncer ou rectifier les valeurs, et créer du volume.

Foncer les couleurs
Ici, la sous-couche claire est accentuée par un lavis plus foncé (glacis). La nature transparente du glacis donne de délicats changements de tons.

Rectifier les couleurs
Grâce au glacis, la superposition de couleurs primaires donne des teintes secondaires qui modifient à leur tour la température des sous-couches.

Glacis opaque
Un glacis plus opaque (épais) posé sur un lavis amène votre dessin dans la troisième dimension. Des coups de pinceau à poils raides renforcent la texture.

EN PRATIQUE

Les plumes douces et denses de cette superbe chouette sont rendues par des superpositions de lavis, puis par l'application de pastels à sec, pour mieux saisir la texture et ajouter des détails.

Matériel

- Pastels aquarellables
- Pinceaux plats et ronds
- Palette à godets et grande palette pour aquarelle
- Papier aquarelle pressé à froid 100 % chiffon 300 g

Une chouette

1 Préparation
Jetez les bases de votre composition en esquissant les contours et les tons sombres. Préparez tous les lavis en mélangeant des copeaux de pastel à de l'eau dans des godets.

3 Superposer les lavis

Poursuivez la peinture avec des couches de pigments denses appliqués à coups de pinceau expressifs. Alternez couleurs franches et lavis dilués, surtout à l'arrière-plan, en variant les tons à l'aide des glacis.

4 Effets doux

Passez aux plumes duveteuses : en tenant un pastel sec comme un crayon, superposez délicatement des mélanges de pigments. Avec un petit pinceau chargé d'eau claire, déplacez et fondez les pastels à la surface, de manière à créer des transitions en douceur.

5 Texture brute

De la tranche d'un pastel sec, dessinez la texture brute de l'écorce. Superposez les applications de pastels à sec pour renforcer les couleurs et accentuer les textures du dessin.

2 Coups de pinceau fluides

Dessinez et peignez en même temps, en posant de nombreuses lignes et lavis unis au pinceau. Laissez les couleurs se fondre pour obtenir des traits intéressants.

« Les **glacis** et les **lavis** obtenus à partir de **pastels aquarellables** produisent un rendu digne d'une **peinture.** »

Artiste **Gail Sibley**
Titre ***Soirée estivale à Budapest***
Technique **Pastel**
Support **Papier pastel sablé à grain 320 g**

La superposition

« Voir p. 250-251

La superposition de jaune, de bleus pâles, de violets et de verts donne du relief à l'ensemble de la scène.

Créer une perspective atmosphérique

« Voir p. 256-257

Des couleurs froides et claires, d'infimes variations de valeurs et le flou des silhouettes créent de la profondeur.

La texture

« Voir p. 258-259

Un papier sablé accroche les pastels tendres à mesure que vous les superposez, rendant le fixatif superflu et contribuant aux effets texturés et marbrés.

Récapitulatif des techniques

Cette scène de fin d'été met en œuvre plusieurs techniques intermédiaires. Des superpositions de couleurs offrent des notes éclatantes, et le contraste de textures et de valeurs contribue au sentiment d'espace.

Les couleurs complémentaires

« Voir p. 248-249

La sous-couche rouge du feuillage automnal accentue le vert complémentaire des arbres, et attire l'œil sur eux.

Travailler les contours

« Voir p. 254-255

Les contours flous des silhouettes suggèrent le mouvement, tandis que les contours durs des troncs d'arbres et de leurs ombres offrent un contraste net.

Les couleurs chaudes et froides

« Voir p. 260-263

Le bleu froid et le rouge chaud de ce tronc reflètent autant la chaleur du sol que le froid du ciel, créant un trait d'union entre eux.

Le frottis

UTILISER DÉLICATEMENT LA TRANCHE DU PASTEL

Pour réussir un frottis, il faut faire preuve de doigté. La pression doit être légère comme une plume. Le frottis consiste à recouvrir une sous-couche d'une fine couche de couleur, pour obtenir un résultat semi-opaque. Son but premier est d'ajouter de la couleur et de la texture.

Une mine d'effets

Le but du frottis n'est pas de recouvrir les sous-couches, mais de les sublimer. Pour frotter, préférez la tranche du pastel à la pointe. Que vous fassiez des mouvements verticaux, horizontaux, en diagonale, voire circulaires, la clé est de travailler avec délicatesse.

Pour refroidir
Un bleu clair est frotté de manière presque imperceptible (à droite) sur une sous-couche d'un jaune chaud pour la tempérer.

Pour réchauffer
Ce pastel bleu foncé est réchauffé par de l'ocre, frotté sur la sous-couche (à droite).

Poser un voile de couleur
Éclaircissez une couleur foncée, comme le rouge ci-dessus, en le frottant d'un pastel blanc (à droite).

Donner du relief
Frotter du vert acidulé sur une partie de la couche turquoise donne du relief à l'ensemble.

EN PRATIQUE

Les aplats sont parfaits pour expérimenter les effets du frottis – éclaircir, unifier ou réchauffer une couleur froide, ou créer du relief.

Matériel

- Pastels
- Papier pastel sablé à grain 320 g

Un chat dans une vasque

1 Délimiter les valeurs principales
Délimitez les trois grandes valeurs. Ici, des bleus font office de valeurs foncée et intermédiaire, tandis qu'un vert froid sert de valeur claire.

2 Ajouter de la chaleur
Posez ensuite des verts chauds sur les bleus froids (au mur), un orange et un jaune chauds intermédiaires sur le chat, ainsi qu'un bleu pâle sur le mur baigné de soleil.

3 Frotter pour éclaircir

Pour éclaircir la partie du mur située au-dessus du chat, trop sombre et surchargée, recouvrez-la d'un frottis à l'aide de pastel bleu clair froid.

4 Rééquilibrer les températures

Avec autant d'ombres bleues, le dessin pourrait devenir glacial ; réveillez donc la chaleur sous l'évier et au pied du mur d'une touche de rouge.

5 Animer l'évier

Si l'évier semble sans relief, rappelez le jaune foncé et le turquoise intermédiaire en les frottant au-dessus de la vasque en béton pour dynamiser le tout.

Créer un point de force

UNE INVITATION AU VOYAGE PICTURAL

De nombreux éléments travaillent de concert pour créer de la tension, retenir l'attention et guider le regard : la composition, les relations de taille, les contrastes, le traitement des lignes et des contours, la perspective et les lignes de fuite. Maniez-les avec doigté et l'œil du spectateur se déplacera naturellement dans votre dessin.

Retenir l'attention

Les contrastes spectaculaires attirent davantage l'œil que les zones de valeur uniforme. Dans cette roseraie (ci-contre), les lignes verticales font un contraste de taille avec la haie basse, et la récession des couleurs et des détails renforce l'impression d'espace, avec à la clé un décor offrant un beau relief.

Détails qui attirent l'œil

Les contrastes marqués peuvent réveiller n'importe quelle composition, mais utilisez-les avec parcimonie. Parsemez votre dessin de zones de contraste marqué (comme ici dans les couleurs et les valeurs) pour attirer l'œil.

Les valeurs foncées ressortent dans le dessin.

Détails plus subtils

Pour équilibrer un dessin, certaines zones doivent au contraire rester discrètes : l'œil y fait une pause avant de passer à autre chose. Des zones claires de même valeur offrent un répit et mettent en valeur les éléments sombres.

Les couleurs de même valeur semblent se fondre.

EN PRATIQUE

Testez différents points de vue avant de choisir l'angle qui aura le plus d'impact. Ici, l'allée centrale et les haies guident l'œil vers le deuxième plan.

1 Identifier les valeurs

Commencez par réaliser une étude de contraste. Évaluez la gamme complète des valeurs de votre composition pour mieux les traduire en couleur. Sur du papier noir, jetez la structure initiale au pastel clair, avant de revenir sur les tons sombres avec un bleu foncé.

2 Repérer les formes fortes

Dans cette composition, le point de vue contient des carrés imbriqués qui vont en rétrécissant. Trouvez les formes fortes et dessinez-les en premier. Créez des dégradés pour les haies, par exemple, car elles deviennent de plus en plus pâles en s'éloignant.

Matériel

- Pastels durs et tendres
- Fixatif
- Papier pastel Mi-Teintes Touch (noir) 350 g de Canson

La roseraie du château de Ripley

3 Créer de la texture

Donnez du caractère et de la texture à des formes de même valeur avec des touches de pastel dans des directions différentes.

4 Accentuez la profondeur

en suivant les lignes de fuite suggérées par la tonnelle, les briques, la haie. Veillez à ce que les couleurs s'estompent le long de ces lignes.

5 Dans l'ombre

Juxtaposez éléments foncés et clairs pour réveiller la scène et guider l'œil. Appliquez cette technique pour finaliser les ombres et les rehauts sur tout le dessin.

Travailler avec les ombres

LA DIRECTION DE LA LUMIÈRE DANS UNE COMPOSITION

La position du soleil dicte la longueur des ombres, qu'il s'agisse d'un paysage ou d'une nature morte sous une lumière naturelle. Prêtez attention aux endroits où tombent les ombres, et mettez formes et tons au service de votre composition. Les contrastes durs du soleil au zénith dessinent des formes tranchées qui guident l'œil, tandis que, dans les tons plus subtils du début de soirée, des ombres de caractère côtoient une lumière diffuse.

EN PRATIQUE

La lumière hivernale projette à travers les arbres un motif d'ombres complexes le long de la route ensoleillée. Le rappel des couleurs froides du ciel dans les ombres donne un fil conducteur à cette composition.

Matériel

- Pastels durs et tendres
- Fixatif
- Papier pastel Mi-Teintes Touch (noir) 350 g de Canson

Une route de village

1 Établir les tons
À main levée, tracez les grandes lignes de la composition dans une couleur intermédiaire pour unifier les différents éléments du dessin. Prêtez attention aux rehauts et aux ombres foncées, et dessinez les ombres des branches et de la clôture sur la route au premier plan avec des formes négatives.

Couleurs chaudes et froides
Au fur et à mesure, tracez des traits dans différentes directions pour symboliser les taches de lumière, en alternant entre zones chaudes et froides (chaudes au soleil et froides à l'ombre) pour bien les contraster.

Construire les ombres

Pour composer une scène inondée de soleil, prêtez attention au moment de la journée, à la position et à l'angle de l'astre, mais aussi à la force et à la longueur des ombres portées. En tenant compte de leur forme, de la profondeur du ton, ainsi que de la nature de la surface ombragée, vous exprimerez des ombres qui ancrent les objets et donnent le *la* de la scène.

Forme des ombres
Le soleil bas sur la gauche projette des ombres presque identiques à la forme des objets, avec des pourtours flous et des tons plus foncés à la base.

Ombres courtes
Le soleil au zénith projette les ombres les plus courtes et foncées. Le contraste entre ombre et lumière est à son comble.

Longues ombres
Alors que le soleil descend, les couleurs s'accentuent, les ombres s'allongent et prennent des formes intéressantes.

Renforcer la couleur
Vaporisez les zones de votre choix au fixatif pour foncer les couleurs et renforcer les ombres (voir p. 252-253). Mêlez pastels durs et tendres pour créer des couches de couleur qui attirent l'œil.

Augmenter le contraste
Utilisez les couleurs les plus foncées et claires pour donner de la clarté et du relief. Adoucissez les bords des ombres et fondez les transitions en frottant doucement les couleurs froides sur les chaudes, ou vice versa.

Dessiner le mouvement

GROS PLAN SUR LES SUJETS

Représenter des sujets en mouvement en public constitue l'un des exercices les plus passionnants et les plus délicats qui soient. Réalisez des croquis de passants sur le vif ou donnez à voir une scène plus statique qui vous permettra de changer de point de vue pour croquer à la perfection la relation entre les sujets et leur environnement.

Des croquis d'observation

Pour dessiner une scène animée d'après nature, mieux vaut prendre des photos de référence et réaliser des croquis de plusieurs points de vue afin de saisir différentes orientations et options de composition. Observez le placement de vos sujets, en prêtant attention à l'espace, à l'échelle, aux ombres et aux proportions de chaque élément, comme les chaises ou les bâtiments, et en utilisant des groupes ou des sujets individuels pour guider l'œil à travers la composition.

Les lignes de fuite fortes servent d'échelle de référence pour les sujets entre le premier plan et l'arrière-plan.

Travailler rapidement

Ne vous laissez pas décourager par les sujets qui quitteraient la scène au beau milieu de votre dessin. Faites des croquis rapides et de nombreux dessins préparatoires dans votre carnet pour construire et choisir une composition finale.

EN PRATIQUE

Face à une scène animée, travaillez rapidement. Pour réaliser ce dessin, mieux vaut simplifier les formes et garder un minimum de détails ; limiter votre palette est aussi une bonne idée pour un croquis sur le vif.

Matériel

Un café, place Saint-Marc, à Venise

- Pastels durs et tendres
- Fixatif
- Scalpel pour tailler les pastels
- Planchette affûtoir
- Papier pastel Mi-Teintes Touch (gris) 350 g de Canson

Délimitez les formes des points fixes.

1 Formes de base

Observez la scène et déterminez votre composition : que souhaitez-vous inclure ou omettre ? Délimitez les formes de base de la tranche de vos pastels. Réalisez un croquis rapide des figures et des objets, à l'échelle avec leur environnement.

2 Construire la structure

Mettez l'accent sur le ton, les formes et les couleurs. Observez la façon dont la lumière et les ombres tombent, et placez-les approximativement, surtout celles qui ancrent les sujets dans le sol. Gardez certaines ombres claires et équilibrez l'ensemble de la scène.

3 Interactions entre les sujets

Prêtez attention à la position des sujets (assis, debout ou en mouvement) pour développer des interactions entre eux, et utilisez les formes négatives, entre ombre et lumière, afin de placer différents éléments. Accentuez les tons au premier plan pour plus de relief.

4 Détails et rehauts

Choisissez les détails et rehauts qui harmoniseront votre dessin, sans insister sur une partie donnée. Privilégiez un trait aérien pour donner l'impression d'un instantané de la scène.

Les bâtiments impressionnistes

DONNER UNE ÂME AUX PAYSAGES URBAINS

Des couches fondues de pastels durs et tendres ancrent un paysage urbain, tout en restant impressionnistes. Des lignes dures et des techniques de masquage définissent les volumes, tandis qu'une palette minimaliste harmonise le tout. Un point de vue en plongée accentue le côté grandiose.

Définir les formes

Par essence, les bâtiments sont en trois dimensions : vous pouvez exprimer leur forme et leur ton par des contrastes marqués entre leurs contours bien définis au premier plan et l'arrière-plan plus clair. Les ombres jouent un rôle essentiel dans la définition des formes : les contours sont tantôt durs et bien ancrés, tantôt doux et fondus.

Formes contrastées
Une forme sombre chevauchant une forme claire donne une impression de contraste net : elle semble plus foncée, et la différence entre la zone claire et la masse sombre attire l'œil.

Formes floues
Lorsqu'une forme claire semble se fondre dans une autre, il s'agit d'un contraste faible. Ci-contre, les bâtiments à l'arrière-plan sont à faible contraste puisque beaucoup se fondent dans le ciel au bout de la rue.

EN PRATIQUE

Donnez une âme à votre paysage urbain en fondant des aplats de couleurs. Définissez des ombres et des lignes dures au ruban de masquage, avant d'ajouter des petits détails pour harmoniser l'ensemble.

Matériel

- Pastels durs et tendres
- Fixatif
- Ruban de masquage
- Papier à dessin
- Papier pastel Mi-Teintes Touch (noir) 350 g de Canson

Une vue de New York

1 Aplats de couleurs intenses
Dessinez les éléments en veillant à leurs proportions. Concentrez-vous sur les formes principales et posez des aplats de couleurs riches avec une palette minimaliste. Faites de petites envolées de la tranche de vos pastels.

2 Fondre les couches
Une surface chargée de pigments aide à fondre les couleurs suivantes. Tracez des traits dynamiques, et non fondus pour mettre en valeur le grain du papier.

« Une **palette minimaliste** et des **contrastes** donnent de l'**ambiance** et du **mystère** à un paysage urbain. »

3 Modeler les formes
Passez aux pastels durs pour donner l'illusion de surfaces et d'arêtes claires et foncées, en définissant le contour des formes au premier plan, telles que l'angle des bâtiments et des toits.

4 Contours nets
Pour un bord net, comme le côté d'un bâtiment, utilisez une technique de masquage avec du papier à dessin fin découpé. Maintenez-le avec du ruban de masquage et passez le pastel le long du papier.

5 Foncer les ombres
Foncez les ombres avec du fixatif à leur point d'attache, avant de fondre les tons pour adoucir progressivement leurs bords, plus clairs.

6 Touches finales
Définissez les petits détails, comme le marquage au sol, de la pointe d'un pastel dur pour donner quelques points de mire.

Les surfaces texturées

DESSINER SUR BOIS AU PASTEL

Le bois est un support polyvalent qui permet de donner de la texture au dessin au pastel. Procédez par petites touches sur une surface brute pour créer des effets marbrés, ou superposez des aplats en fondant plusieurs couches de pastel. Quant à l'arrière-plan en bois, il donnera lui aussi du caractère au dessin.

Préparer un support en bois

Vous pouvez construire un support en bois à l'aide de planches de même épaisseur. La plupart des essences conviennent. Nettoyez le bois en profondeur, puis, pour une couleur de fond uniforme, appliquez un lavis de thé bien noir, ou créez une teinture de fer en laissant mariner de la paille de fer dans du vinaigre. Apprêtez le bois avant de dessiner au pastel.

Fixer les cales
Choisissez vos planches, et coupez-les à la bonne taille si nécessaire. Nettoyez et préparez le bois avec une teinture si besoin. Placez le support sur des cales en bois et clouez-le depuis l'avant.

Clous plantés sur l'avant.

Apprêter le support
Pour obtenir un rendu texturé, préparez la surface en appliquant une couleur de fond acrylique pour pastel avec un grand pinceau. Laissez sécher. Fixez des crochets aux cales pour suspendre votre dessin.

Couvrez tout ou partie de la surface.

EN PRATIQUE

La nature rustique du bois se prête parfaitement au sujet de ce dessin. Des couches de couleur intense donnent vie au plumage éclatant du gallinacé.

Matériel

- Pastels durs, tendres et extra tendres.
- Apprêt acrylique
- Pinceau à poils raides
- Isopropanol
- Pinceaux
- Fixatif
- Support en bois

Un coq de basse-cour

Ébauche
Apprêtez la surface en bois. Esquissez approximativement le coq. Délimitez les couleurs principales en commençant par les plus foncées, pour poser une sous-couche couvrante sur le support en bois.

2 Superposer les couches
Appliquez une pression moyenne à forte sur la sous-couche pour incruster les pigments dans le grain du bois. Posez un lavis d'isopropanol pour fixer les couleurs, en commençant par les tons les plus clairs.

3 Mélange optique
Appliquez du fixatif pour continuer à affirmer les couleurs. Variez les envolées pour créer des mélanges optiques, gages d'éclat et de texture. Fondez les couches tendres avec le pastel dur.

4 Rehauts doux
Créez des rehauts éclatants au pastel tendre pour matérialiser les taches des plumes de la poitrine. Pour éviter de ternir les couleurs, dégagez au préalable les rehauts au pinceau à poils raides, si nécessaire. Continuez à superposer les couleurs, de la plus foncée à la plus claire, en les fondant dans le bois : inutile d'estomper au doigt car le bois accepte les pigments en quantité.

5 Frottis
Avec de légers traits directionnels, frottez du pastel clair pour figurer les rehauts des plumes sur le corps et la queue. Ces touches irrégulières doivent laisser visible une partie des sous-couches colorées pour les sublimer en relief.

« Un support brut renforce l'effet texturé, et offre une base à de nombreuses couches de couleur riche. »

Les tons de la peau

LES SUBTILITÉS DU DESSIN DE LA PEAU

Pour reproduire les tons de la peau, l'observation est la clé. Il existe une gamme infinie de teints, depuis les clairs et pâles jusqu'aux foncés et riches, tous aussi uniques que le sujet du dessin en fonction de la température, de la lumière, des reflets colorés et du contexte. Pour créer une palette de tons naturels, cherchez du côté des jaunes et verts pour les teints mats, ou des violets et bleus pour les peaux foncées.

Évaluer les tons de la peau

Pour évaluer la couleur de la peau, procédez comme vous le feriez avec n'importe quel autre sujet. Pour commencer, déterminez la couleur locale (la vraie couleur de la peau) avant de décider si elle est claire ou foncée, saturée ou sourde, puis choisissez une palette en conséquence.

Peaux claires — Peaux mates — Peaux foncées — Peaux brunes

Les peaux claires

Étude des contrastes

Même pour exprimer une peau claire, mieux vaut faire un croquis qui détermine les trois valeurs principales. Ce portrait comporte de nombreux rehauts dans les cheveux et sur les reflets de la peau.

Des couleurs pâles et froides apparaissent dans les ombres.

Des tons chauds et clairs suggèrent une peau translucide.

Palette claire

Certains teints pâles sont si transparents que les vaisseaux sanguins et la racine des cheveux sont visibles sous la peau. Associez des rouges chauds à des bleus et verts froids afin de créer une palette pour peaux claires. Les zones d'ombre doivent rester assez lumineuses.

Les peaux mates

Étude des contrastes

C'est dans les cheveux, les yeux et les lèvres que l'on trouve les principales couleurs foncées de cette étude. La peau est d'une valeur intermédiaire relativement uniforme, mais prêtez attention aux couleurs présentes dans les ombres et les rehauts afin de bien décrire les volumes.

Palette mate

Les peaux mates reposent sur des rouges chauds et ont tendance à tirer sur des bruns sourds, aux côtés de jaunes et de verts chauds pour les tons intermédiaires et les rehauts. Le modelé rouge foncé sur les joues et le nez rappelle les lèvres et la robe.

« La lumière modifie l'aspect des tons de la peau. À une palette toute faite, préférez vos talents d'observation et tenez compte des subtilités de votre sujet. »

Les peaux foncées

Étude des contrastes

Même si une peau foncée implique beaucoup de couleurs sombres, les différents tons restent visibles. En règle générale, les couleurs claires sont rares et surtout présentes dans les rehauts.

Un rouge terre chaud offre une valeur intermédiaire.

Les verts et bleus froids suggèrent une barbe.

Un bleu violet foncé décrit les ombres froides.

Blanc de Troyes, Sable, Vanille, Ocre rouge, Brun terre, Bordeaux, Brique, Ocre rouge, Ocre rouge clair, Vert avocat

Vert de gris, Azur, Pastel, Bleu ciel, Bleu horizon, Lavande, Violet, Lie de vin, Prune, Rouge violet

Palette foncée

Les tons foncés des bruns chauds et des violets et bleus froids sont la base de la palette de ce type de peau. Un rouge chaud fait son apparition : il peut être sourd sur la peau et lumineux sur les lèvres, les narines et au coin des yeux. Bleus et violets foncés se mélangent dans les valeurs les plus sombres.

Les peaux brunes

Études des contrastes

Même lorsque le sujet est baigné de lumière, on peut toujours discerner des zones de valeurs foncées, intermédiaires et claires. Les rehauts sont relativement clairs par rapport à la palette générale de tons intermédiaires des peaux brunes.

Vanille, Brun terre, Ocre rouge, Marron

Magenta foncé, Rouille, Ocre rouge, Fumée

Azur clair, Ardoise, Bleu horizon, Vert lichen

Gris foncé, Lavande, Grenat, Prune

Palette brune

Bien qu'en majorité chaude avec des rouges sourds et des bruns chauds, cette palette inclut des notes froides de bleu et de vert. Elle comporte davantage de tons intermédiaires et les couleurs foncées ne s'étendent pas jusqu'aux couleurs les plus sombres. Les rehauts contiennent des jaunes très doux et des bleus pâles.

Portrait fini
La chaleur de ce portrait est accentuée par l'arrière-plan froid.

Dessiner l'eau

SAISIR L'EAU VIVE OU CALME

L'eau peut se comporter de multiples façons, qu'il s'agisse d'un lac d'huile ou d'une mer déchaînée, de fleuves ou de marées. Le moment de la journée, la direction de la lumière, les conditions météorologiques et les courants influencent tous les couleurs, les motifs et les formes qui se reflètent sur l'eau, qu'elle soit vive ou calme.

L'eau avec et sans reflet

L'aspect de l'eau et de ses reflets dépend de ce qui déplace la masse d'eau (comme la marée ou un courant sous-marin), ou de ce qui bouge ou en trouble la surface, tel le vent ou un objet qui la traverse (par exemple un bateau). En observant les motifs, la direction de la lumière et les couleurs de l'eau, vous créerez des dessins saisissants de réalisme.

Parfaitement calme
Ici, l'eau est presque lisse et les reflets sont dignes d'un miroir. Leur ton semble légèrement plus sourd, mais les volumes sont reflétés presque à la perfection, avec très peu de distorsions.

Surface troublée
Lorsque le vent ou un objet perturbe la surface de l'eau, celle-ci se trouble, tout comme les reflets. Des lignes fluides ou brisées expriment cet effet, et les reflets perdent en netteté, tout en restant visibles.

Surface agitée
Les vaguelettes traduisent une surface mouvementée dont les reflets peuvent s'effacer. Cherchez les couleurs du ciel qui se réfractent sur l'eau, en les rappelant par des glacis marbrés.

L'EAU VIVE

Traversés par des bateaux, des vents et des courants, les canaux de Venise sont parfaits pour mettre en pratique les techniques de dessin de l'eau vive.

1 Formes initiales
Commencez par placer les bonnes couleurs aux bons endroits sur votre dessin. À ce stade, privilégiez des marques fluides et suggestives, qui dégageront une belle énergie, au lieu d'essayer d'inclure chaque détail. Les couleurs éclatantes ressortent bien sur le papier noir.

> « Prêter attention au motif des vagues et aux couleurs sombres qui marquent leurs creux. »

Matériel

- Pastels durs et tendres
- Crayons pastels
- Fixatif
- Papier pastel Mi-Teintes Touch (noir) 350 g de Canson

Grand Canal, Venice

2 Traits directionnels

Définissez les volumes à l'aide de traits directionnels de couleurs et largeurs différentes. Tracez des traits latéraux gris sourd pour donner vie aux reflets doux des plans lointains, et pour créer de la profondeur.

3 Fixer et frotter

Appliquez un fixatif pour maintenir la sous-couche. Appliquez des pastels clairs et intermédiaires dans différentes directions pour suivre la lumière qui se brise à la surface de l'eau, en prêtant attention à la direction des courants.

4 Derniers détails

Ajoutez des rehauts finaux avec tout le spectre des couleurs. Prêtez attention au motif des vagues au premier plan et aux couleurs sombres qui marquent leurs creux. Redéfinissez les détails au crayon pastel si nécessaire.

>

LES EAUX CALMES ET RÉFLÉCHISSANTES

Les eaux calmes offrent de nombreuses caractéristiques de surface. Ici, le reflet éclatant contraste avec les formes noires et profondes des palmiers. Le choix des couleurs dépend du moment de la journée autant que de la saison ; ce bassin a été dessiné le matin : les couleurs sont nettes, franches et saturées.

Matériel

- Pastels
- Fixatif
- Papier pastel Mi-Teintes Touch (noir) 350 g de Canson

Un étang avec des reflets

1 Ombre et lumière

Définissez les zones d'ombre et de lumière avec des tons chauds au premier plan et froids à l'arrière-plan. N'oubliez pas les ombres des palmiers, dont les reflets contrastent avec les rehauts vifs. Appliquez des traits dans différentes directions, en alternant zones chaudes et froides. Privilégiez des marques fluides et variées pour créer une impression d'ensemble.

2 Couleur et forme

Mettez l'accent sur les valeurs extrêmes, puis passez aux intermédiaires. Superposez les couches de couleurs différentes, de la pointe et de la tranche des pastels. Posez un fixatif et laissez sécher. L'œil ayant tendance à suivre le mouvement des traits, appliquez-les vers le bas pour créer des reflets en profondeur, et travaillez dans la largeur pour les plus clairs en surface.

3 Détails de surface

Toutes les couches appliquées jusqu'à ce stade donnent une illusion de profondeur de l'eau. Passez à présent aux détails de surface, en ajoutant des éclats de lumière pour traduire l'impression de brillance. Appliquez les tons plus chauds par frottis de la tranche de pastels tendres clairs, et gardez des couleurs marbrées pour que la profondeur de l'eau reste visible.

4 Touches finales

Prenez du recul après les derniers ajustements : affirmez les tons foncés, ajoutez des rehauts, et mettez en valeur certains détails avec des couleurs complémentaires tels les nénuphars jaune pâle contre l'eau mauve. Pour les poissons, des éclats rouges vont attirer l'œil vers les parties foncées et donner du relief.

« En choisissant un horizon élevé, vous mettez l'accent sur les reflets dans l'étang. »

Passer à l'abstraction

SIMPLIFIER ET INTERPRÉTER

Pour travailler de manière plus abstraite, simplifiez votre sujet (paysage, silhouette ou nature morte), en éliminant les détails jusqu'à revenir à l'essence de la forme. Délaissez le réalisme en testant des couleurs alternatives et des traits interprétatifs.

Faire des expériences abstraites

Choisissez une image et réalisez des miniatures de différents détails, avec des formes simplifiées et contrastées, en changeant la tonalité, la température et la valeur des couleurs.

Référence initiale.

Miniature
Dessinez le paysage en monochrome, en privilégiant les lignes, les formes et les motifs essentiels.

Étude naturelle
Adoptez une palette naturelle, en délimitant la lumière et l'ombre sous forme de couleurs inspirées de celles du cliché de référence.

Étude éclatante
Passez à des couleurs absentes au naturel. Osez une palette décalée, premier pas vers l'abstraction.

EN PRATIQUE

Les lignes verticales et les contrastes de ce paysage forestier sont traduits par une palette abstraite de couleurs éclatantes et de traits à main levée.

Matériel

- Pastels
- Papier pastel sablé à grain 400 g

Un sous-bois moucheté de lumière

1 Palette de couleur
Choisissez votre palette et appliquez les couleurs de base. Ici, des bandes de rouges et orange chauds contrastent avec des verts et bleus froids. Ancrez les couleurs en les frottant avec du papier essuie-tout.

2 **Superposer les marques**
Sur le frottis de base, ajoutez des marques envolées et marbrées, rappelant les couleurs de l'ébauche.

3 **Lignes verticales**
Réduisez les troncs d'arbre à leur essence par des lignes aléatoires tracées d'une main légère.

4 **Dépasser la photo**
Éloignez-vous de l'image de référence pour interpréter librement les couleurs au bas du dessin et faire les derniers ajustements.

Artiste **Gail Sibley**

Titre ***Maisons sur pilotis, en Birmanie***

Technique **Pastel Unison Colour**

Support **Papier pastel sablé à grain 320 g**

Les bâtiments impressionnistes

« Voir p. 276-277

Pour dessiner les bâtiments, différentes nuances ont été généreusement appliquées à l'aide de traits impressionnistes.

Le frottis

« Voir p. 268-269

L'omniprésence du ciel exige un vaste éventail de couleurs. Ici, un camaïeu de bleu clair a été frotté sur une sous-couche jaune de même valeur.

Dessiner l'eau

« Voir p. 286-289

L'eau immobile du lac est propice à de beaux reflets seulement troublés par le sillage du bateau qui glisse à sa surface.

Récapitulatif des techniques

Ce décor aux tonalités éclatantes fait appel aux techniques avancées présentées dans cette section. La perspective linéaire guide le regard à travers la scène, dont les sujets constituent des points de mire.

Créer un point de force

« Voir p. 270-271

Dans ce dessin, l'œil est guidé jusqu'au toit sur la droite, puis revient vers la gauche en suivant les bâtiments qui s'éloignent et l'orientation des bateaux.

Travailler avec les ombres

« Voir p. 272-273

Même si l'ombre sous le bateau est foncée, l'eau projette un reflet lumineux, qui réchauffe et éclaircit ses couleurs.

Dessiner le mouvement

« Voir p. 274-275

Les sujets de cette scène, saisis en pleine action, donnent de la vie et du caractère, ainsi que des points de mire narratifs.

Glossaire

Les termes renvoyant à leur propre définition sont indiqués en **gras**.

Clair-obscur
Méthode consistant à faire contraster ombre et lumière pour un résultat dramatique.

Composition
Disposition des différentes parties d'un dessin, de façon à créer un ensemble.

Composition dynamique
Lignes diagonales fortes au service de l'énergie et du dynamisme du dessin.

Contours (durs ou flous)
Définition d'un sujet grâce à des lignes nettes et tranchées (dures) ou douces (floues), à l'aide de différentes techniques.

Contraste
Luminosité ou obscurité relative d'une couleur, et gradations de valeurs dans un dessin.

Contre-jour
Éclairage des objets depuis l'arrière, ce qui plonge leurs détails dans l'obscurité et crée une composition de caractère.

Couleur désaturée
Couleur atténuée en la mélangeant avec sa couleur complémentaire. Mélanger deux couleurs complémentaires produit un « gris coloré ».

Couleurs analogues
Groupes de nuances voisines sur la roue des couleurs, composés d'une couleur primaire, secondaire et tertiaire.

Couleurs chaudes
Couleurs orangées ou rougeâtres. Les couleurs chaudes semblent s'approcher et peuvent servir à créer une perspective atmosphérique.

Couleurs complémentaires
Couleurs qui se font face dans la roue des couleurs : rouge et vert, jaune et violet, bleu et orange.

Couleurs froides
Couleurs bleutées. Elles semblent s'éloigner dans un tableau, ce qui donne l'illusion d'une perspective atmosphérique.

Couleurs neutres
Couleurs qui n'apparaissent pas sur la roue des couleurs, comme le blanc, le noir, le gris et les bruns.

Couleurs primaires
Les trois couleurs (jaune, rouge et bleu) impossibles à créer en mélangeant d'autres couleurs. En mélangeant deux couleurs primaires, on obtient une couleur secondaire.

Couleurs secondaires
Couleurs sur la roue des couleurs réalisées en mélangeant deux couleurs primaires : vert (bleu et jaune), orange (rouge et jaune) et violet (rouge et bleu).

Couleurs tertiaires
Nuances situées entre les couleurs primaires et secondaires sur la roue des couleurs. On les crée en mélangeant une grande quantité de couleur primaire à une quantité moindre de couleur secondaire.

Dégradé
Couleur éclaircie avec du blanc.

Délimiter
Méthode qui consiste à appliquer des aplats de couleur sur un dessin pour définir les principales zones de valeurs claire et foncée.

Direction tonale
Propriétés chaudes et froides d'une couleur en comparaison de nuances semblables. Le jaune de cadmium foncé tend vers l'orange chaud, tandis que le jaune citron tire sur le vert froid.

Du plus clair au plus foncé
Technique pour affirmer la couleur en allant vers la nuance la plus foncée.

Du plus foncé au plus clair
Méthode qui consiste à superposer les couleurs des plus foncées aux plus claires.

Échelle
Représentation correcte des différents éléments d'un dessin, proportionnés les uns aux autres.

Effacer
Méthode qui consiste à retirer les traits de fusain à la gomme, souvent pour dessiner au sein des tons existants, et créer des rehauts et des contrastes.

Espace négatif
Espace entre les objets, aussi important que les formes positives dans une composition.

Espace positif
Pourtour positif d'un objet, qui lui donne sa forme.

Estompe
Bâtonnet pointu de papier doux serré, utilisé pour fondre, étaler, effacer ou dessiner sur le fusain.

Fondu
Méthode permettant à deux couleurs de fusionner progressivement dans un dessin.

Forme
Volume solide d'un objet en trois dimensions.

Formes des ombres
Formes utilisées pour définir des zones tonales dans un dessin.

Frottis
Fines couches irrégulières de couleur appliquées sur une surface déjà peinte, tout en laissant apparaître la sous-couche colorée.

Glacis
Application d'une couche transparente ou d'un lavis de couleur.

Gomme à masquer
Latex liquide appliqué sur le papier pour créer des réserves dans le crayon, l'encre ou le lavis qui le recouvre afin de garder le papier intact.

Grain
Texture de surface du papier. Certaines techniques, comme le fusain et le pastel, ont besoin d'un papier avec un grain plus rugueux pour accrocher le pigment.

Graphite
Forme de charbon mélangé à de l'argile et de l'eau avant combustion, pour en faire un outil de dessin ; serti dans du bois, il sert de mine au crayon de papier.

Hachures
Séries de lignes parallèles dessinées pour indiquer des ombres et des formes. Elles peuvent produire différents effets selon la force, la longueur, la direction et l'angle des lignes.

Hachures croisées
Méthode consistant à dessiner des hachures quadrillées pour obtenir des zones denses et sombres.

Image de référence
Croquis, cliché ou référence que l'auteur prend pour modèle pour dessiner.

Modeler
Méthode qui consiste à utiliser les tons ou les couleurs pour créer l'illusion du volume par l'ombre et la lumière.

Monochrome
Technique consistant à dessiner avec une seule couleur.

Nuance
Synonyme de couleur.

Ombre
Zone sombre projetée en faisant obstruction à la lumière, sur un objet ou par celui-ci.

Ombrer
Technique consistant à donner forme et volume aux objets par des traits de différentes densités et pressions.

Palette
Gamme de couleurs choisie pour réaliser un dessin ou une peinture.

Papier 100 % chiffon
Papier fait à la main à partir de chiffon en coton, doté d'une couleur naturelle et d'une surface texturée.

Papier aquarelle
Papier de qualité destiné à l'aquarelle, qui se prête aussi au dessin. Le papier lisse pressé à chaud convient au crayon ; le papier pressé à froid a une surface plus brute, mieux adaptée au fusain et au pastel, ou permettant de créer des effets de texture à la plume.

Papier pressé à chaud
Papier à la surface très lisse, qui convient bien aux dessins au crayon ou au stylo-plume, et aux lavis.

Papier pressé à froid
Papier texturé présentant une surface rugueuse, qui accroche bien les pigments et convient aux détails.

Papier sablé
Papier à grain idéal pour le pastel, car sa surface texturée accepte de nombreuses couches de pastels durs et tendres.

Perspective
Méthode qui consiste à créer une impression de profondeur sur une surface plate en modelant les formes, et en utilisant la perspective linéaire et atmosphérique.

Perspective atmosphérique
Effet par lequel les objets au premier plan semblent plus chauds, détaillés et sombres que ceux à l'arrière-plan, visant à créer une illusion de profondeur, surtout dans les paysages.

Perspective linéaire
Représentation des trois dimensions et de la profondeur par illusion d'optique, dans laquelle des lignes parallèles semblent converger au loin.

Pigments
Particules de couleur qui peuvent être utilisées dans les techniques de dessin et de peinture ; on les additionne généralement de liant.

Point de fuite
En perspective linéaire, point vers lequel les lignes parallèles semblent converger au loin.

Point de vue
Position choisie par l'artiste pour dessiner une scène ou un sujet. Elle peut être en plongée, contre-plongée ou à hauteur d'œil.

Pointillisme
Application de petits traits ou points pour symboliser la forme et le ton, ou former un champ de couleur par illusion d'optique.

Points de force
Points d'intérêt qui attirent l'œil dans une composition, grâce à la perspective, à la couleur ou à une forme complexe.

Pourtour
Ligne tracée autour d'une forme courbe pour créer l'illusion du volume.

Pression
Degré de force appliqué pour tracer des traits, qui influence leur intensité et leur densité.

Raccourci
Effet de perspective par lequel une ligne ou une forme est dessinée plus courte qu'en réalité pour donner une illusion de recul ou de projection.

Règle des tiers
Technique de composition divisant l'image en tiers horizontaux et verticaux pour obtenir une grille. Les points de mire sont placés le long des lignes extérieures, et les points de force aux intersections.

Rehaut
Ton le plus clair de la composition. On l'obtient en laissant le papier blanc, en effaçant des tons à la gomme ou en ajoutant des touches blanches.

Réserve
Méthode qui consiste à préserver des rehauts sur le papier en appliquant une substance imperméable au crayon, à l'encre ou au lavis.

Roue des couleurs
Outil visuel qui illustre la relation entre les couleurs primaires, secondaires, tertiaires et complémentaires.

Saturation
Intensité et pureté d'une couleur appliquée sur une surface.

Sgraffite
Technique qui consiste à gratter la couche supérieure du dessin pour révéler la sous-couche contrastante ou le papier.

Sous-couche
Premier dessin (souvent monochrome ou au crayon tendre) qui sert de base aux éléments de la composition.

Superposition
Ajout d'une couleur sur une sous-couche pour donner de la profondeur aux couleurs ou les enrichir.

Surface
Tout support plat sur lequel on dessine, comme du papier ou du bois.

Technique
Outil utilisé pour dessiner, comme le crayon à papier, le fusain, le stylo-plume ou le pastel.

Technique humide
Méthode qui consiste à ajouter des couches de lavis, d'encre, de pastel ou de crayon aquarellable sur du papier ou un lavis humide, pour obtenir des bords flous.

Technique sèche
Méthode qui consiste à ajouter un lavis sur une couleur déjà sèche. Cette technique donne des couleurs éclatantes avec des bords nets.

Température des couleurs
Perception chaude ou froide d'une couleur. La roue des couleurs va de rouges et jaunes chauds à des bleus froids.

Ton rabattu
Couleur foncée avec du noir.

Tonalité
Luminosité globale d'une peinture : une peinture principalement claire a une tonalité élevée ; une peinture sombre a une tonalité basse.

Tons intermédiaires
Gamme de tons entre les plus clairs et les plus foncés.

Tortillon
Outil semblable à une estompe, mais plus petit.

Traits envolés
Méthode recourant à des lignes ou des tons clairs pour créer des transitions fluides entre des couleurs et des contours flous.

Valeur
Position tonale des couleurs sur une échelle allant de la plus claire à la plus foncée.

Vignette
Petit croquis préliminaire utilisé pour évaluer les principaux éléments d'une composition en termes de ligne, de ton et de couleur.

Viseur
Outil (souvent un rectangle de carton) permettant d'encadrer ou d'isoler des parties d'un sujet, et de faciliter la composition.

Index

D

E

F

G

R

S

Les artistes

Cynthia Barlow Marrs est membre élue de la Société des beaux-arts graphiques (SGFA)-La Société du dessin, seule société artistique britannique exclusivement versée dans le dessin. Elle a fait partie de son conseil d'administration au rang de responsable des médias numériques. Installée en Angleterre, Cynthia participe chaque année à des expositions collectives à Windsor et à Londres, en plus d'exposer ses œuvres à titre individuel et collectif dans la vallée de la Tamise. Ses dessins sont apparus dans le livre *Encre et stylo* de James Hobbs ; quant à ses travaux en plein air, ils ont été publiés dans l'édition d'été 2016 du magazine américain *Drawing*. Les œuvres de Cynthia sont prisées des collectionneurs privés du monde entier.

Cynthia a écrit et dessiné les illustrations du chapitre sur l'encre et le stylo, hormis en pages 152-153 ; retrouvez aussi ses travaux dans le chapitre sur les bases en pages 11, 15, 22-23 et 28 (en haut).

Graham Brace a été graphiste pendant 30 ans avant de devenir paysagiste et illustrateur à plein temps en 2000. Ses derniers travaux mettent l'accent sur les formes et motifs naturels nichés dans le paysage. Membre fondateur de la Société britannique du crayon de couleur (UKCPS), il vit et travaille dans le parc national côtier du Pembrokeshire, au pays de Galles.

Graham a illustré les techniques au crayon de couleur en pages 198-201.

Malcolm Cudmore a mené un début de carrière éclectique, tantôt musicien, acteur, administrateur d'art ou magicien professionnel, avant de trouver la plénitude en tant qu'artiste et professeur particulier à plein temps. Installé dans la belle vallée de Waveney à la frontière entre Norfolk et Suffolk, dans l'est de l'Angleterre, il est spécialisé dans l'art figuratif qu'il dépeint d'un œil juste. Ses thèmes de prédilection comprennent l'eau et le paysage, les animaux des bois et les sujets. Peignant et dessinant autant que possible d'après nature, il s'inspire des grands maîtres néerlandais, des artistes du XIXe et du début du XXe siècle, et de nombreux artistes réalistes contemporains. Il a reçu la médaille d'argent de l'UKCPS.

Malcolm a illustré les techniques au crayon de couleur en pages 170-175, 178-179 et 186-187, et le dessin récapitulatif des techniques des pages 192-193 et 204-205.

Robert Dutton a travaillé plus de 25 ans comme graphiste et illustrateur avant de devenir peintre à plein temps. Ses peintures au pastel et techniques mixtes ont reçu de nombreuses récompenses prestigieuses. Il écrit régulièrement pour le magazine *The Artist* et enseigne autant à domicile que de par le monde. Robert expose dans des galeries au Royaume-Uni et on trouve ses œuvres dans de nombreuses expositions et événements, comme The Pastel Society des Mall Galleries de Londres.

Robert a écrit et illustré la majorité du chapitre sur le pastel, des techniques pour débutant au dessin récapitulatif en pages 216-221, 240-241, 248-249, 252-253, 256-265, 270-277 et 286-289.

Katarzyna Kmiecik est une illustratrice et architecte originaire de Pologne. Née à Puławy, elle a étudié l'architecture à l'université de technologie de Varsovie. En août 2012, elle a fondé une école d'art, KRESKA, où elle enseigne le dessin en perspective à des adolescents et des adultes.

Katarzyna a dessiné les illustrations en pages 48-49, aussi reproduites en pages 12-13.

Mark Langley, installé dans le Derbyshire (Angleterre), puise une grande partie de son inspiration dans le parc national de Peak District. Il est renommé pour ses travaux au crayon de couleur, au style unique en partie dessiné, qualifié d'« expressionnisme photoréaliste ».

Mark a illustré les techniques au crayon de couleur en pages 190-191.

Ashley Mortenson, non contente d'être médecin, est aussi artiste. Elle a décroché son diplôme des beaux-arts à l'institut Pratt (New York), en 1998. En 2016, après des années de médecine, elle est retournée à ses premières amours, à savoir l'art. Elle travaille principalement au pastel sur papier et bois de récupération. Elle aime dessiner ce qu'elle découvre dans son jardin.

Ashley a écrit et illustré le chapitre sur le pastel en pages 222-223, 250-251 et 278-281.

Kate Parkin est diplômée de ferronnerie et d'orfèvrerie de la faculté d'art de Camberwell. Elle travaille depuis 20 ans pour le secteur de l'édition en tant qu'auteure et styliste pour des magazines de décoration. Kate a récemment rafraîchi ses compétences en dessin en prenant part à des cours d'illustration. Ses techniques de prédilection sont l'aquarelle et le crayon de couleur.

Kate a écrit le chapitre sur les bases en pages 10-29, et illustré les pages 14 (gauche) et 19.

Charlie Schaffer a obtenu son diplôme des beaux-arts (peinture) à l'université de Brighton en 2014. Il vit et travaille désormais dans un atelier à Whitechapel. Il a participé à de nombreuses expositions, notamment celle de la Société royale des portraitistes, et aux côtés du collectif du London Group. Il a reçu de nombreuses accolades, comme celle du Jeune Artiste de l'année du Prix Lynn Painter-Stainers en 2014, et a été nominé pour le prix EWAAC Japan en 2017. Il est également apparu à deux reprises dans l'émission *Portraitiste de l'année* de la chaîne Sky Arts.

Charlie a écrit et illustré les techniques des chapitres sur l'encre et le stylo en pages 152-153, et sur le crayon de couleur en pages 176-177, 182-185, 188-189, 194-195 et 202-203.

Gail Sibley est réputée pour son travail sur les couleurs vives. Elle est convaincue que c'est en comprenant les valeurs que l'on peut s'affranchir des contraintes des couleurs. Née en Jamaïque, Gail a obtenu une licence d'art et un master en histoire de l'art à l'université Queen's (Canada). Elle expose au Canada et à l'étranger, et ses œuvres se retrouvent chez des collectionneurs du monde entier. Entre la peinture et l'enseignement (en personne et en ligne), Gail tient un blog respecté : HowToPastel.com. Elle vit à Victoria (Canada).

Gail a écrit et illustré la majorité du chapitre sur le pastel, notamment en pages 224-239, 242-247, 254-255, 266-269 et 290-293. Retrouvez aussi ses dessins en pages 22-23.

Katie Sollohub, installée dans le Sussex, s'emploie à décrire et à immortaliser ses lieux de vie et de travail par le dessin, la peinture, le théâtre, la photographie et la poésie. Elle se livre à une routine de dessin quotidienne, à la fois numérique et sur papier. Katie est aussi une enseignante motivante, qui utilise ses propres expériences et habitudes pour faire avancer ses élèves dans leur cheminement créatif.

Katie a écrit et illustré la section sur le dessin numérique en page 27.

Rupert Smissen est un illustrateur installé à Londres. Il a étudié à la faculté d'art de l'université de Norwich, où il a reçu un diplôme en illustration avec les félicitations du jury. Il aime dessiner au crayon de couleur et voyager.

Rupert a illustré la couverture ainsi que la technique du crayon de couleur en pages 196-197.

Jake Spicer est un artiste, un auteur, un illustrateur et un professeur de dessin installé à Brighton (Royaume-Uni). Il est le professeur en chef à l'école de dessin indépendante Draw, et le codirecteur de The Drawing Circus. Les travaux personnels de Jake mettent l'accent sur les portraits et le dessin de personnes.

Jake a écrit les chapitres sur les bases, le crayon de graphite, le fusain et le crayon de couleur ; il a écrit et illustré le chapitre sur le crayon de graphite (hormis en pages 48-49), l'ensemble du chapitre sur le fusain et le récapitulatif des techniques au crayon pour débutant en pages 180-181. Retrouvez aussi son dessin d'après nature en page 14, et l'un de ses carnets de croquis en page 23.

Remerciements

L'éditeur souhaite remercier les artistes suivants d'avoir accordé leur aimable autorisation de reproduction : Kevin Johnston pour sa photographie, qui a inspiré le dessin en pages 222-223 ; Mark Vangrunsven pour sa photographie de coq en pages 278-281 ; Ofelia Warren pour sa photographie en page 283 ; et Craig Boyko pour sa photographie en pages 284-285. Nous remercions aussi Graham Webber, qui a travaillé sur le tome précédent, *Les Secrets de l'artiste peintre*, pour son aide et ses conseils lors de la préparation de cet ouvrage ; Gary Ombler pour les photographies supplémentaires ; Corinne Masciocchi pour la révision ; et Vanessa Bird pour l'index ; et enfin, et pas des moindres, Emily Reid des archives média de DK.